# ENTENDIENDO LA CIENCIA Y SUS MATEMÁTICAS

# (PREPARACIÓN COMPLETA PARA LA UNIVERSIDAD)

INFORMÁTICA CUÁNTICA

¿ESTÁ EL UNIVERSO HECHO DE "INFORMACIÓN"?

¿ES LA "MATEMÁTICA" LA "CLAVE SECRETA"?

SÍ ES ASÍ ¿QUÉ SIGNIFICA?

¿POR QUÉ SE HABLA DEL UNIVERSO COMO UN COMPUTADOR CUÁNTICO?

¿HAY OTROS UNIVERSOS Y OTRAS DIMENSIONES?

¿SE PUEDE VIAJAR EN EL TIEMPO?

CONSIDEREMOS LO QUE SE HA DESCUBIERTO HASTA AHORA

A Elena y Marta

2

# El viaje más fascinante

"Ven, pequeña Elena

y la pequeñita Marta

que también ella venga


y otra vez

pasearemos bajo los abetos

entre las alheñas y los mirtos

junto a los arbustos y los setos.

Venid y volaremos

Atravesaremos juntos el espejo

Tomaremos los fragmentos de los sueños rotos

juntaremos los pedazos del amor deshecho

Y otro mundo

de colores irisados

se fundirá en un abrazo de pureza blanca

en radiantes ojos de pupilas dilatadas

tornando en risa el lamento

cambiándolo en otras lágrimas

Y vosotras

primavera de la vida

florecitas rotas de un otoño seco

cobraréis aliento

esparciréis fragancia al caprichoso viento

y daréis color a un mundo desierto

Pintaréis los cuadros más hermosos

de ternura, compasión y besos

cantaréis las más bellas canciones

compondréis los más bonitos versos

A lo lejos

la sonrisa del amigo

anunciará el fruto del amor sincero

En el aire

la alegría de los niños

nos invadirá de sentimientos nuevos

el gozo correrá por las colinas

mariposas, pájaros de luz, peces de fuego

centellearán en torno nuestro

y saldremos a explorar el infinito a través del Universo

Viajaremos en los bosques de la mente por sus senderos eternos

se revelarán nuevos misterios

nos desbordará el entendimiento

Buscaremos la oculta simetría

que moldea el mundo

imprimiéndole su sello de armonía

desde el reino inaccesible de máxima energía

el origen de toda la belleza

el dominio donde empieza

la impactante y sublime sinfonía

Y se irán cerrando las heridas

y el rocío de los ojos correrá por las mejillas

como torrente de gozo

como manantial de risas

Vibrarán los corazones con latidos no previstos

surgirán desconocidas emociones

se abrirán las más extrañas dimensiones

la eternidad brotará en todas las direcciones


Ven, pequeña Elena

y la pequeñita Marta

que también ella venga."


## INTRODUCCIÓN

Cuando era niño me llamó la atención la idea que expresó un orador, cuando dijo que resultaba sorprendente pensar que todo cuanto conocemos, en el Universo y en la Tierra, toda la inmensa variedad de estructuras distintas y todas sus capacidades, estaba construido con solo tres partículas fundamentales.

Era como un juego de construcción LEGO, en el que usando piezas iguales, que puedes combinar de formas distintas, es posible construir prácticamente infinitas formas de apariencia diferente.

Algún tiempo después leí en un libro sobre "Electricidad", que lo que se había descubierto sobre la materia eran "realidades que parecen fantasía", y explicaba que las mismas "partículas" con las que se construía todo ni siquiera eran "materia"; había que pensar en ellas más bien en algo así como fuerzas invisibles, manifestaciones de energía, interactuando unas con otras, intercambiando propiedades entre sí, influyéndose mutuamente.

Cuando se comprende, aunque solo sea parcialmente, de acuerdo al nivel de entendimiento al que se ha llegado hasta ahora, la manera en que tales interacciones generan las impresiones que experimentamos, por ejemplo cuando vemos y tocamos un objeto material cualquiera, en realidad nos damos cuenta de la lógica que tiene. Si tuviésemos que pensar en las "partículas elementales" como "pequeñas bolitas de **materia**", nuestra comprensión de lo que **realmente es** la "materia" no habría aumentado mucho; solo habríamos trasladado la incógnita a otro nivel, de "tamaño" más reducido, pero no podríamos decir mucho más sobre lo que es la materia que lo que ya sabíamos antes: básicamente, lo que se ve y se toca.

El comprender cómo se generan las sensaciones táctiles y visuales, y todo lo demás que experimentamos, a partir de esas "fuerzas invisibles o manifestaciones energéticas", sí es un avance auténtico, profundo, y realmente valioso en nuestro entendimiento.

Y la historia de cómo se ha obtenido esa comprensión, y de los métodos que se han utilizado, puede resultar muy interesante. Lo que podríamos llamar "la novela del Universo" podría ser tan cautivadora como cualquier otra novela.

Probablemente muchas personas piensen que reducir emociones sublimes, como el amor, o lo que experimentamos al contemplar una hermosa puesta de Sol, o al escuchar una pieza musical que nos estremece, a simple "física, química y matemáticas", es algo que suprime el encanto de esas emociones, que comprender cómo se generan puede hacer que ya no las experimenten igual.

Quizá eso se deba a que esas palabras: "física, química, matemáticas…etc.", lo primero que traen a nuestra mente son páginas de libros llenas de extraños símbolos y ecuaciones incomprensibles. Pero la física, la química y las matemáticas no son realmente eso. Eso solo son lenguajes simbólicos que los investigadores utilizan para representar las relaciones que descubren en el mundo real. Y esas relaciones son las responsables de las emociones mencionadas y de todo lo demás.

Los químicos y los matemáticos también se enamoran, también disfrutan de la belleza y variedad de las puestas de Sol, y experimentan como cualquier otro toda la gama de intensas emociones que diversas interpretaciones musicales generan en nosotros.

Desde luego los que investigan en esos campos y en otros, saben mejor que nadie que efectivamente, en la generación de las emociones, en la facultad de pensar y razonar, y en todo lo demás, debe haber más, mucho más que lo que se ha descubierto hasta ahora, pues si de algo podemos estar seguros, es de que falta mucho por conocer y entender, prácticamente en todos los campos, y los investigadores profesionales son los que mejor conocen qué preguntas todavía claman por una respuesta, cada uno en la especialidad a la que se dedica.

Como dijo Albert Einstein, hablando del campo al que él se dedicaba: "El físico es el que realmente sabe dónde le aprieta el zapato".

Una idea similar se puede aplicar a todos los aspectos de La Realidad que se siguen estudiando.

Pero hablemos de algunas de las cosas interesantes que se han descubierto.

Consideremos por ejemplo, dos emociones, que en principio no parecen tener nada en común: el amor y el miedo.

Dos jóvenes, una chica y un chico, se han enamorado el uno del otro, pero cada uno de ellos no está seguro de si el otro siente lo mismo.

Al encontrarse experimentan cierto nerviosismo, y notan que sus corazones palpitan con más rapidez; puede que incluso alguno de ellos se ruborice; ¿qué está ocurriendo en su interior?; seguramente muchas cosas, y seguramente no las conocemos ni entendemos todas; pero se sabe algo sobre la causa de las manifestaciones externas mencionadas; cerca de los riñones hay unas glándulas, las glándulas suprarrenales, que producen una sustancia llamada adrenalina. La proximidad de la persona por la que se sienten atraídos, el verla, el oírla, provoca en su interior una serie de cambios; el cerebro, y más concretamente la parte de él que controla las emociones, envía una señal a través de los nervios para que se derrame adrenalina en el torrente sanguíneo. Cuando las sustancias interaccionan ejercen entre ellas fuerzas de atracción o repulsión, y dan lugar a reacciones diversas. La estructura de las moléculas es la que determina el efecto que se produce por la operación de esas fuerzas. El efecto de la adrenalina es que los vasos sanguíneos se encogen o se expanden, dependiendo de los receptores químicos en los que actúe, los receptores adrenérgicos, de modo que actúa como vasoconstrictor cuando y donde hay presentes receptores "alfa", pero puede actuar como vasodilatador, si interacciona con receptores "beta". Los cambios producidos en los vasos sanguíneos, requieren un reajuste del ritmo cardiaco, lo que explica el aumento de las palpitaciones del corazón. El estrechamiento de los vasos sanguíneos aumenta la presión arterial, pero si se dilatan o expanden se requiere un aporte mayor de fluido para que la presión arterial no baje; si baja demasiado podría originar incluso un desmayo; son esos efectos de la adrenalina los responsables de las palpitaciones rápidas que la chica y el chico tal vez sientan, y también del enrojecimiento del rostro y el acaloramiento que le acompaña, si el efecto es muy acusado y se produce lo que llamamos rubor.

Curiosamente, es también una descarga de adrenalina, lo que se produce cuando percibimos que estamos en una situación de riesgo o peligro, cuando sentimos miedo; Aparentemente, el propósito es que el aporte sanguíneo adicional nos mantenga en estado de alerta, y todos nuestros recursos corporales, nuestros músculos incluidos, dispongan de la energía necesaria por si tenemos que huir o defendernos.

En los organismos pluricelulares complejos, la variedad de estructuras que las moléculas tienen que formar, así como la variedad de funciones muy específicas que tienen que desempeñar, explica por qué existe un número enorme de moléculas orgánicas distintas, ácidos nucleicos que contienen mucha información, pues son los "planos" para construir proteínas, enzimas y moléculas de muchos tipos, con estructuras muy precisas, dependiendo del papel que tengan que desempeñar.

Esta elevada complejidad, y quizá alguna otra idea tal vez equivocada, hizo que los químicos pensaran en un tiempo que nunca llegarían a descifrar la estructura de las moléculas orgánicas, pero eso fue cambiando poco a poco, y en la actualidad los biólogos moleculares disponen de una amplia variedad de técnicas, así como de conocimientos teóricos, que han permitido incluso secuenciar completamente el ADN, la secuencia completa del genoma de los seres humanos.

Una clave importante fue descubrir el papel del carbono, presente en todas las moléculas orgánicas; el hidrógeno, el oxígeno y el nitrógeno le acompañan por regla general; estos cuatro elementos, C, H, O y N, son esenciales en las moléculas de la vida, aunque otros elementos también son necesarios.

Se puede construir una variedad enorme de estructuras distintas, usando solo C, H, O y N; el carbono desempeña el papel central; es como la columna vertebral de la molécula. La razón de esto está en su valencia.

La valencia de un elemento es un número que indica la cantidad de enlaces que sus átomos pueden realizar con los átomos de otros elementos, y depende del número de electrones de la última "capa", o nivel energético más exterior, del átomo de dicho elemento.

En la Tabla Periódica de los elementos, hay solo unos pocos que no son activos químicamente; son los llamados gases inertes o gases nobles, y ocupan solo una columna de la Tabla. Todos los demás son químicamente activos, de modo que se asocian con otros elementos formando moléculas, por medio de ceder o compartir electrones.

Podemos alegrarnos de que esto sea así, puesto que si todos los elementos de la Tabla Periódica fuesen inertes, como los gases nobles, no habría reacciones químicas y no habría vida.

La preparación de un plato suculento en la cocina, la digestión, el metabolismo, el consumo de energía de nuestros músculos cuando hacemos deporte o cualquier otra actividad física, y hasta el gasto energético de nuestro cerebro, que utiliza hasta un 20 % de la energía disponible, todo son reacciones químicas, y sin duda disfrutamos de muchas de esas actividades físicas o intelectuales; y hasta el disfrute que sentimos tiene que ver con la química; algunas de las actividades mencionadas generan la liberación de dopamina, una sustancia que provoca una sensación de calma y bienestar.

La razón de que los elementos reaccionen entre sí, cediendo o compartiendo electrones, se comprendió cuando se descubrió la teoría cuántica, como se explica más adelante, y esto permitió entender la Tabla Periódica, las propiedades de los elementos, y las reacciones químicas. La teoría cuántica reveló que los electrones de un átomo se disponen en diferentes "capas" o niveles energéticos, y cada uno de ellos solo permite (y de hecho requiere) un número máximo de electrones; en la primera, la más cercana al núcleo, el número máximo de electrones que se pueden colocar es 2, y en la siguiente 8. Los gases inertes tienen sus capas ya completas, pero el resto de los elementos no, de modo que tienen una tendencia natural a asociarse con otros elementos, para que su capa más externa alcance la estructura energéticamente estable de los gases nobles.

Es el número de electrones de la última capa del átomo de cada elemento, el que determina sus propiedades químicas, los enlaces que puede establecer y con qué elementos reacciona. Aquellos que tengan pocos electrones en ella, tenderán a desprenderse de ellos para alcanzar una estructura estable. En cambio, los que tengan un número que no llegue a ocho, pero se aproxime, se asociarán con otros elementos y formarán compuestos, y las moléculas que se formen conseguirán así la estabilidad energética requerida.

La valencia intermedia del carbono (4), le proporciona la mejor capacidad posible, pues puede formar enlaces con muchos elementos, incluso enlaces con otros átomos de carbono. Es idóneo para formar moléculas que contengan muchos átomos, y por eso está presente en las moléculas orgánicas; la gran variedad de estructuras de los organismos vivos, vegetales y animales, y la complejidad de los fenómenos químicos que tienen lugar en ellos, requiere la correspondiente variedad de estructuras moleculares, cada una compuesta de muchos átomos, organizados en cada una en una disposición que tiene que ser muy específica.

Se descubrieron compuestos que contienen los mismos átomos y en cantidades iguales, y sin embargo presentaban propiedades distintas. Se les llamó "isómeros" (de las palabras griegas que significan "partes iguales").

Esto mostraba que para representar un compuesto, no bastaba con las fórmulas simples iniciales que solo indicaban los elementos presentes y el número de átomos de cada elemento del compuesto.

Se desarrollaron las "fórmulas estructurales", en las que se indicaba además cómo estaban colocados los átomos en las moléculas del compuesto.

Dos compuestos podían tener los mismos átomos y en igual cantidad, pero colocados de forma distinta, lo que explicaba la diferencia en sus propiedades.

En las fórmulas estructurales los enlaces entre átomos se representan por medio de guiones; el número de guiones indica si el enlace es simple, doble (cuando se comparten dos electrones), o incluso triple.

Al principio, las fórmulas estructurales de sustancias orgánicas que se estaban estudiando, tenían la apariencia de largas cadenas, con átomos enlazados en la cadena central, y otros en los laterales y extremos de la cadena.

Pero surgió un problema al estudiar el benceno, cuya molécula contiene seis átomos de carbono y seis de hidrógeno.

Los modelos iniciales de la fórmula estructural del benceno indicaban que tenía la posibilidad de formar más enlaces que los que realmente mostraba la observación. La explicación fue propuesta por el químico alemán Friedrich Kekulé en 1865. Según él mismo relató, mientras viajaba medio dormido en un ómnibus, en su mente imaginaba cadenas de átomos de carbono danzando de diferentes maneras, y una de ellas dio una vuelta y se enlazó al otro extremo formando un bucle cerrado, como un anillo. Esto condujo a una fórmula estructural para el benceno que sí concordaba con las propiedades observadas.

Cada átomo de carbono dispone de 4 enlaces; los seis átomos se enlazan formando un hexágono en el que se alternan enlaces simples con enlaces dobles, de modo que cada átomo solo utiliza 3 de sus enlaces para formar el hexágono, y a cada uno le queda un enlace libre que apunta hacia el exterior del hexágono, y al que se une un átomo de hidrógeno.

Faltaba por aclarar algo sobre los enlaces, que tuvo que esperar a la llegada de la teoría cuántica. Los enlaces dobles son más cortos que los simples y es fácil romper una de sus conexiones dejando libre un enlace que puede dar lugar a otras interacciones. Pero en el anillo de benceno ninguno de los enlaces parecía mostrar más propensión que otro a ser liberado; era como si la fuerza de los enlaces fuese la misma, sin importar si eran simples o dobles. La teoría cuántica reveló que los electrones tienen propiedades ondulatorias, y cuando dos ondas se suman en fase, se refuerzan entre sí, fenómeno conocido como "resonancia", por su analogía con las ondas sonoras, que producen un sonido más fuerte cuando dos o más ondas suman sus energías. La "función de onda" de una estructura cuántica es una superposición de todas las posibles ordenaciones de los elementos de la estructura. Aplicando este concepto al anillo hexagonal del benceno, hay que considerarlo como una superposición de dos posibilidades, en cada una de las cuales los enlaces simples y los dobles intercambian sus posiciones, y la superposición de ambas produce una "resonancia híbrida" que otorga la misma fuerza a todos los en laces del anillo. Se produce así una estructura muy estable.

El entendimiento del anillo de benceno fue el comienzo que permitió descifrar la estructura de moléculas cada vez más complejas, muchas de ellas conteniendo más de un anillo o ciclo, compuestos homocíclicos, heterocíclicos, etc.

La combinación de técnicas experimentales cada vez más potentes, junto a un entendimiento teórico cada vez más extenso y profundo, ha hecho posible manipular los ingredientes fundamentales de la realidad, las "fuerzas fundamentales", para obtener productos y resultados que, en muchos casos, han sido usados para mejorar la vida de las personas; la medicina, por ejemplo, puede combatir ahora con éxito, enfermedades que en el pasado fueron plagas mortíferas, que causaron la muerte de miles o hasta millones de personas; el conocimiento aumentado también ha hecho posible el desarrollo tecnológico actual, que ha puesto a disposición de la humanidad la posibilidad de realizar cosas que hubieran sido consideradas prodigios, prácticamente milagros, por personas del pasado.

La ciencia ha desvelado que la realidad en la que vivimos es un auténtico "País de las Maravillas" donde ocurren y pueden ocurrir todo tipo de cosas extrañas, aunque no todas son buenas; algunas, de hecho, son terribles; después de todo, Alicia también pasó miedo cuando estuvo en el País de las Maravillas, cuyos habitantes parecían estar todos locos; y en ese aspecto puede que nuestro mundo no se diferencie mucho. Desgraciadamente , lo que se ha conseguido no beneficia por igual a toda la sociedad humana, y hay muchos desequilibrios. Esta historia tiene también su "lado oscuro", que requeriría un libro aparte si se quisiese relatar con más detalle. Intereses egoístas y un conocimiento incompleto pueden conducir a un agotamiento de los recursos de nuestro planeta; y, como en el cuento de "El aprendiz de brujo", se han desatado enormes poderes que no se sabe bien como controlar, y que incluso se han usado a veces para causar mucho daño.

Si los ingredientes fundamentales de la realidad son esas "fuerzas invisibles" de las que hemos hablado, y la variedad de maravillas del mundo natural solo depende de la manera en que se dispongan y organicen, la posibilidad de un control completo sobre ellas, permitiría realizar prácticamente cualquier cosa imaginable.

Pero el ingrediente fundamental podría ser algo aún más básico: la información. Después de todo, no son los átomos y moléculas en sí mismos, los que hacen posible la enorme variedad de estructuras y funciones que existen, sino más bien, la información que se almacena en ellos, en la manera en que están dispuestos y organizados. Lo más importante, por ejemplo en el ADN, no es que esté formado por grupos de azúcar y fosfato, y por largas cadenas de cuatro nucleótidos distintos, sino el hecho de que esos nucleótidos son los soportes en los que se almacena una cantidad inmensa de información, toda la necesaria para construir un organismo complejo entero. Y la información está en el orden preciso en que están colocados los nucleótidos, en una disposición muy aperiódica, que podría parecer aleatoria, y sin embargo es ahí donde reside su enorme capacidad de almacenar datos. Los átomos y moléculas pueden ser reemplazados por otros iguales, y de hecho lo son; ellos son el "hardware", por decirlo así; pero si el reemplazo conserva el orden original, la información, el "software", no se pierde, y eso es lo que realmente importa. El soporte físico de un ordenador puede dañarse y tener que ser reemplazado, pero si se conserva la información en una copia de seguridad, todo lo que importa se puede reconstruir de nuevo.

El ingrediente más fundamental de la realidad podría ser el "qubit", o "bit cuántico", la unidad básica de información; y a nivel teórico, la informática cuántica está muy desarrollada. La dificultad para construir un ordenador cuántico se debe a que, según los conocimientos actuales, se requiere aislar el soporte físico para que la coherencia de las ondas cuánticas se mantenga el tiempo suficiente, sin ser afectada por el entorno. Esto solo se ha conseguido hasta ahora, a un pequeño nivel, en condiciones de alto vacío y temperaturas muy bajas.

Pero el entendimiento teórico ya puede ser útil para comprender mejor el Universo y sus procesos, pues todo lo que hemos relatado parece indicar que La Realidad se puede considerar como una inmensa red de intercambio de información, como Internet, pero mucho más complejo.

El hecho de que los ordenadores clásicos (no cuánticos), sean ya tan útiles a los científicos para estudiar el funcionamiento del Universo, sugiere una idea muy interesante.

Actualmente se hacen simulaciones por ordenador de muchos de los procesos del mundo real, como los procesos físicos que acontecen en el espacio exterior, la evolución del tiempo atmosférico, el plegamiento de las proteínas, predicción de genes, y muchas otras cosas, y los resultados que se obtienen se aproximan mucho a lo que realmente ocurre, y conducen en muchos casos a predicciones fiables.

Se ha llegado a pensar que si se hiciese una simulación por ordenador del Universo entero, que fuese absolutamente perfecta, el Universo real y la simulación serían idénticos, totalmente indistinguibles.

La conclusión que se sigue de esto es evidente: el Universo real es como un gran ordenador; las condiciones iniciales son los datos de entrada; el "programa" son las leyes físicas, y los datos de entrada son sometidos a la operación de esas leyes, son procesados por ellas, y arrojan unos resultados determinados; dichos resultados son las cosas que existen y componen toda La Realidad.

Pero si las leyes más fundamentales no son las de la física clásica, sino las de la física cuántica y la relatividad, la simulación perfecta solo podría conseguirse con un ordenador cuántico, y parece que tenemos que pensar en el Universo como un gran ordenador cuántico, cuyas capacidades y poderes son inmensamente superiores a las de los ordenadores de que dispone la humanidad actualmente.

Índice

# EL
# UNIVERSO......................................................................................................

Nuestra galaxia: La Vía Láctea

La refracción de la luz

¿Cómo se midió la velocidad de la luz?

¿Cómo se formó el Sistema Solar?

## LA TIERRA...................................................................................................................

El tiempo geológico

La orogénesis

La Tierra en el comienzo

La deriva continental

¿Cómo se conoce la composición interna del planeta?

La Tectónica de Placas

¿Cómo se calcula la edad de la Tierra?

¿Cómo se calculó en la antigüedad el tamaño de la Tierra?

¿Cómo se determinan los grados de inclinación del eje terrestre con respecto al plano de su órbita en torno al Sol?

¿Qué es la precesión de los equinoccios y a qué se debe?

## LA MATERIA...............................................................................................................

Los principios matemáticos

Mecánica estadística. La teoría cinética de los gases

La hipótesis de Avogadro.

Los pesos atómicos relativos. Definición de mol

El concepto de "campo cuántico"

Las fuerzas nucleares

Física de partículas

La unificación de las fuerzas

Unificación electrodébil

Cromodinámica cuántica

Las GUT y el modelo estándar

Gravedad cuántica, supersimetría, supergravedad y supercuerdas

Supercuerdas

## MOLÉCULAS
## ORGÁNICAS...........................................................................

Genética y Biología molecular

Las leyes de Mendel

Moléculas orgánicas

La teoría cuántica y la Tabla periódica

¿Qué representa la "función de onda"?

Interpretaciones de la teoría cuántica

¿Qué es la realidad?

¿Crea el "cerebro" la realidad? (Cerebro, tiempo y realidad)

SISTEMA                             NERVIOSO                          Y
ORGANISMO.......................................................

FISIOLOGÍA : El cuerpo humano

# MATEMÁTICAS

# ματεματιςασ

## APRENDIENDO EL LENGUAJE DE LA NATURALEZA

### EL DESCUBRIMIENTO DE LAS MATEMÁTICAS

## MATEMÁTICAS SIN FÓRMULAS

Calculando áreas y volúmenes

¿Qué es una ecuación?

¿Qué es una función?

El cálculo infinitesimal

Repaso general y uso de fórmulas

Derivada de un producto de funciones

Derivada de la función inversa

## DERIVADAS Y ECUACIONES DIFERENCIALES

Solución de ecuaciones diferenciales

Principio de superposición

Soluciones particulares

Solución general

Condiciones iniciales y condiciones de contorno o de frontera

El oscilador armónico

Aplicaciones en física clásica y cuántica

# El Universo como un computador cuántico

# EL UNIVERSO

Casi todo el mundo ha tenido alguna vez la experiencia de observar el cielo lejos de la ciudad. En una noche clara, a simple vista se pueden ver miles de estrellas. Se aprecia también una mancha blanquecina que cruza el cielo, llamada la Vía Láctea.

Desde el punto de vista de un observador terrestre, la "bóveda" celeste efectúa un giro cada noche de este a oeste, en bloque, es decir guardando las estrellas la misma posición relativa unas con respecto a otras, lo que ha permitido desde la antigüedad agruparlas en constelaciones, que sirven para identificar las diferentes zonas del cielo. Además del giro nocturno de este a oeste, la "bóveda" parece efectuar un giro anual en torno al horizonte.

## El modelo geocéntrico

La explicación del cosmos que parecía más cercana a la experiencia era la de una Tierra estática alrededor de la cual giraban los astros. Los griegos ya supusieron que la Tierra podía ser esférica tal como lo eran el Sol y la Luna.

En los eclipses de Luna, cuando la Tierra proyectaba su sombra sobre la superficie lunar (al interponerse entre el Sol y la Luna), la sombra era curva, lo que demostraba la esfericidad de la Tierra (solo una forma casi esférica proyectaría la sombra de una curva como la que se observaba, al ser iluminada desde cualquier ángulo). Eudoxo propuso un modelo del Universo en el que unas esferas transparentes giraban alrededor de la Tierra. Algunas de estas esferas tiraban del Sol, la Luna y los planetas (o estrellas errantes), de manera que explicasen sus movimientos, tal como se observaban desde la Tierra. El modelo constaba de 27 esferas. A medida que se hicieron más observaciones, Aristóteles y el astrónomo Calipo, tuvieron que ajustar el modelo añadiendo más esferas. Aristarco propuso un sistema heliocéntrico (con el Sol en el centro), pero finalmente prevaleció durante siglos el sistema geocéntrico (la Tierra en el centro). Había unas pocas estrellas que no parecían tener un movimiento regular: los planetas. Algunas veces avanzaban en una dirección y luego retrocedían. Tenían movimientos retrógrados. El astrónomo griego Claudio Ptolomeo, para explicar estos movimientos, incluyó en el sistema geocéntrico epiciclos (círculos pequeños sobre un círculo mayor, como en la figura); se suponía que en su giro en torno a la Tierra, el planeta recorría uno de los círculos pequeños y luego pasaba al siguiente. Además añadió la idea de que algunas esferas podían ser excéntricas (con el centro desplazado), para ajustarse más a las observaciones.

A medida que se hacían mejores observaciones los astrónomos ptolemaicos tuvieron que ir añadiendo nuevos epiciclos al modelo, y éste se fue complicando cada vez más.

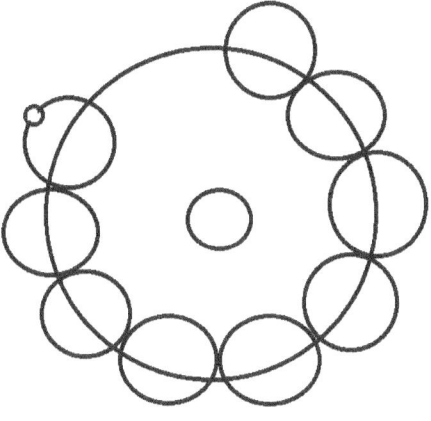

Los epiciclos de Ptolomeo

## El modelo de Copérnico simplifica el sistema

Copérnico (Nicolás Kopernik), que vivió de 1473 a 1543 de nuestra era, comprendió que un sistema heliocéntrico (Sol en el centro) podía explicar las cosas con más simplicidad. Por ejemplo, los movimientos retrógrados del planeta Marte se debían a que este giraba en torno al Sol en una órbita más grande que la de la Tierra, por lo que a veces parecía adelantarse y otras retrasarse, como ocurre con los corredores en una pista de atletismo.

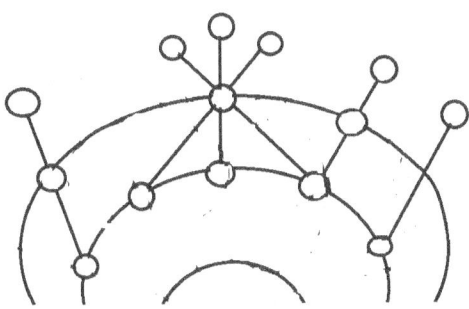

(Figura: los aparentes movimientos retrógrados de Marte se deben a que tanto Marte como la Tierra, giran en torno al Sol en órbitas de diferentes tamaños).

El debate abierto fomentó el aumento de las observaciones para decidir qué modelo era el correcto. El astrónomo alemán Tycho Brahe realizó y registró durante su vida registró durante su vida múltiples y minuciosas observaciones que serían de gran utilidad a su sucesor, Johannes Kepler.

### El orden descubierto por Kepler

Estudiando las minuciosas observaciones de Brahe sobre Marte, Kepler consiguió determinar la forma de la órbita del planeta, y descubrió que no era circular sino elíptica; el Sol se encuentra en uno de los focos de la elipse, de modo que el planeta no se encuentra siempre a la misma distancia del Sol. Al estudiar su modelo, junto con los datos de las observaciones descubrió que el planeta viaja más rápido cuando está más cerca del Sol. Si la distancia aumenta la velocidad disminuye, y si la distancia disminuye la velocidad aumenta, de modo que hay una compensación entre distancia y velocidad, que conduce a una ley de conservación: el radio imaginario que une al Sol y al planeta barre áreas iguales en tiempos iguales, como se ve en la figura.

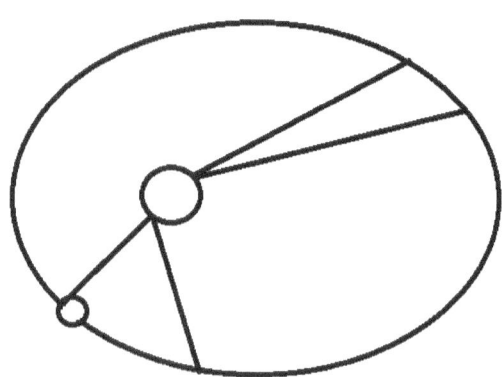

Después de varios años más de estudio, Kepler descubrió otra regularidad: Los cuadrados de los periodos de revolución de los planetas (o sea, el tiempo que tarda cada uno en completar una vuelta alrededor del Sol), son proporcionales a los cubos de sus distancias medias al Sol. Esta ley permitía establecer la escala del sistema solar, es decir, las distancias relativas entre los planetas (por ejemplo, si un planeta tarda un tiempo determinado más que otro en dar la vuelta al Sol, es porque está más alejado en una proporción que se podía calcular a partir de esta tercera ley). Como los periodos de revolución se podían observar desde la Tierra, en el momento en que se conociese la distancia entre solamente dos planetas, se podrían determinar todas las demás. Estas son las llamadas: "3 leyes de Kepler del movimiento planetario": (1) Las órbitas de los planetas en torno al Sol son elípticas, y el Sol se encuentra en uno de los focos de la elipse; (2) El radio imaginario que une al Sol y al planeta barre áreas iguales en tiempos iguales; (3) Los cuadrados de los periodos de revolución de los planetas son proporcionales a los cubos de sus distancias medias al Sol. Son leyes empíricas (es decir, descubiertas por el experimento o la observación), pero se desconocía su causa: Kepler intuyó que algún tipo de fuerza estaba implicada. Pero se necesitaba conocer más sobre el movimiento y sus causas.

## Los estudios de Galileo sobre el movimiento

El filósofo griego Parménides había enseñado que las cosas verdaderamente "reales" deberían ser inmutables, de modo que solo hay apariencia de cambio. Probablemente para explicar y reconciliar la permanencia y el cambio, Leucipo y su discípulo Demócrito, propusieron y enseñaron que todo está compuesto por átomos indivisibles e inmutables. Si cambia la ordenación de los átomos cambia la apariencia exterior, pero la "realidad" subyacente es inmutable.

Aristóteles por su parte, propuso que todo lo constituyen cuatro elementos (aire, agua, tierra y fuego). En contraste con las cosas terrenales los cielos eran inmutables y eternos, y estaban compuestos por un quinto elemento o "quintaesencia" llamada éter. Cuando Galileo enfocó el telescopio (recientemente inventado) al cielo, descubrió muchas cosas interesantes. Descubrió que en la Luna había montañas, cráteres y valles como en la Tierra. Descubrió también que había varios satélites girando en torno a Júpiter, lo que demostraba que no todo gira en torno a la Tierra, como suponía el sistema geocéntrico. Observó que Venus presentaba fases como la Luna, lo que se podía explicar suponiendo que Venus giraba en torno al Sol en una órbita más interna que la de la Tierra (ver figura).

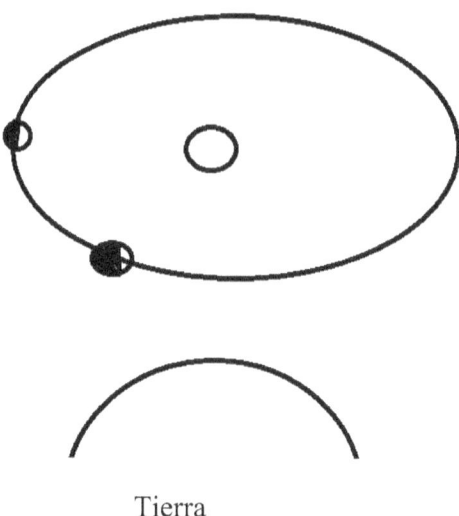

Tierra

Cuando enfocó el telescopio a la Vía Láctea vio que lo que parecía gas, era en realidad un conglomerado inmenso de estrellas. Todo parecía indicar que, como sostenía el sistema heliocéntrico, la Tierra era un planeta más en el Sistema Solar.

Pero una Tierra en movimiento tenía sus implicaciones: ¿por qué no sentimos el movimiento de la Tierra?. Hoy día esto es más fácil de aceptar que en la época de Galileo. Por ejemplo, si viajamos en avión, a veces nos parece que está casi parado. Solo sentimos el movimiento en ascensos, descensos, tal vez en virajes, o si hay turbulencias. Pero en la época de Galileo, cuando una de las formas más corriente de viajar era en carruajes tirados por caballos a través de caminos pedregosos, el movimiento sin duda se sentía. No obstante, sin dejarse llevar por las apariencias, Galileo estudió cuidadosamente el asunto.

¿Qué hace distinguir el movimiento del reposo?. Según Aristóteles los cuerpos tenían una tendencia natural a permanecer en reposo, pues se requiere fuerza para moverlos. Esta tendencia a permanecer inertes fue llamada inercia. Los elementos tenían gravedad y levedad. La tierra y el agua caían, el aire y el fuego ascendían. Según Aristóteles un cuerpo caería con mayor o menor rapidez según su composición, o sea la cantidad de elementos graves o leves que lo constituyesen. Parecía lógico, pero Galileo hizo experimentos para comprobar si era así. Una forma de hacerlo, era dejar caer diferentes objetos y cronometrar cuánto tardan en llegar al suelo. Pero en la época de Galileo no era tan fácil medir el tiempo, puesto que no existían los relojes y cronómetros de hoy. De modo que Galileo "diluyó" la fuerza de gravedad, dejando rodar objetos por planos inclinados. Comprobó que, a diferencia de lo que se creía, todos los cuerpos caen a la Tierra con la misma aceleración. El valor de la aceleración que la Tierra imprime a los cuerpos es siempre 9,8 metros por segundo al cuadrado (el cuerpo se acelera o incrementa su velocidad en 9,8 metros por segundo en cada segundo). A veces una hoja de papel tarda más en caer, que un papel arrugado en forma de bolita, pero esto se debe solo a la resistencia del aire. Si arrugamos los dos comprobaremos que tardan el mismo tiempo en llegar.

Ese descubrimiento era una clave importante, y estaba basado en un experimento real. Pero Galileo hizo también "experimentos mentales", imaginando situaciones ideales. Por ejemplo pensó: ¿qué experimentaría alguien que estuviese dentro del camarote de un barco sin ventanas?. Si el movimiento del barco fuese muy suave, completamente uniforme, rectilíneo, el ocupante no podría distinguir el movimiento del reposo; no sabría si el barco está quieto o se mueve. Son solo los cambios de velocidad o dirección los que sentimos, pero el movimiento rectilíneo uniforme es indistinguible del reposo.

## La unificación de Newton

Copérnico y Kepler habían descubierto que la búsqueda de simplicidad matemática era una buena guía en el estudio y comprensión del mundo. El Sistema Solar parecía complicado solo porque lo observamos desde un objeto que también se mueve. Colocando al Sol en el centro, los movimientos de los planetas se veían mucho más sencillos, y regidos por solamente tres leyes matemáticas simples y elegantes: las leyes de Kepler.

Por otra parte, los descubrimientos de Galileo nos enseñan a no dar por sentadas las cosas que consideramos "normales", a hacer experimentos, como si le hiciésemos preguntas a la naturaleza y nos dejásemos enseñar por ella. Desde niños nos acostumbramos a que ciertas cosas ocurren siempre de la misma manera (por ejemplo, los objetos que se sueltan caen hacia abajo, hacia la Tierra; hay que aplicar una fuerza para levantarlos o moverlos). Siguen una norma o patrón. Consideramos eso el comportamiento "normal" de las cosas; pero eso no significa que entendamos por qué ocurre así; simplemente lo damos por sentado: así son las cosas. Cuando investigamos para aprender más es como si estuviéramos explorando un territorio desconocido: no sabemos lo que vamos a encontrarnos. Podemos encontrar cosas que nos sorprendan, y nos resulten hasta misteriosas, en relación con lo que estamos acostumbrados a percibir, como un viajero que encuentra animales y plantas que nunca antes había visto, quizá con capacidades y comportamientos que no se hubiese podido imaginar. Aunque no entienda plenamente su funcionamiento, después de pasar tiempo allí lo considerará algo "normal". De igual manera, si descubrimos leyes nuevas y la prueba indica que esas leyes son las que se cumplen en el mundo natural, las aceptamos, aún si no las comprendemos plenamente por el momento, y mientras seguimos esforzándonos por aumentar nuestra comprensión, debemos dejar que sea el mundo natural el que nos enseñe cuál es su "norma", su funcionamiento y sus leyes.

Cuando se acumularon las evidencias de que la Tierra es esférica, algunos encontraron difícil de aceptar la idea, el hecho de que vivimos sobre la superficie de una gran esfera. Les parecía increíble que hubiese personas viviendo "cabeza abajo". Sin embargo con razonamientos semejantes a los que usó Galileo para explicar que no es posible distinguir entre el reposo y el movimiento uniforme, se puede comprender que si hay una "fuerza" de atracción dirigida hacia el centro de la Tierra, los habitantes en cualquier punto experimentan los mismos efectos. Todo lo que les rodea comparte con ellos su inclinación, en cualquier parte de la esfera terrestre, así como la dirección y sentido de la fuerza de atracción, de modo que no sienten ni perciben ningún efecto distinto al que se experimenta en cualquier otro punto del globo. Puede que los antípodas estén "cabeza abajo" con relación a nosotros, pero no están "cabeza abajo" con relación a la Tierra. Hoy día lo comprendemos y lo aceptamos como normal.

Al igual que la Tierra atrae los objetos hacia su centro, ¿pudiera haber también una fuerza dirigida hacia el Sol, que fuese responsable del orden descubierto por Kepler?. Newton analizó esta pregunta. Los descubrimientos de Galileo eran claves importantes: un sistema en reposo y un sistema en movimiento uniforme son equivalentes. De modo que hay que matizar la ley de inercia de Aristóteles, que se podría expresar así: "un cuerpo permanece en su estado de reposo a menos que actúe una fuerza sobre él". En realidad habría que ampliar esta definición así: "un cuerpo permanece en su estado de reposo *o de movimiento rectilíneo uniforme* a menos que actúe una fuerza sobre él". Según esta "ley de inercia" ampliada, un cuerpo no se resiste al movimiento sino al *cambio de movimiento*. Esto está de acuerdo con la experiencia, puesto que se requiere una fuerza no solo para mover un objeto, sino también para frenarlo, acelerarlo o cambiar su dirección. El rozamiento, por ejemplo, es una fuerza de frenado. Si reducimos el rozamiento, como en una pista de hielo, es más difícil que un objeto se frene. En el caso ideal en el que el rozamiento se redujese a cero, un cuerpo seguiría indefinidamente en movimiento rectilíneo uniforme. Es esta "inercia", o resistencia al cambio de movimiento, la que sentimos cuando vamos en un coche, cuando acelera, frena o gira. La ley de inercia así enunciada es la primera ley del movimiento de Newton.

De acuerdo con esto, un planeta seguiría en movimiento rectilíneo uniforme si no existiese una fuerza dirigida hacia el Sol, que le desvía de su movimiento rectilíneo, haciéndole de hecho "caer" hacia el Sol, aunque su distancia y velocidad evitan que se precipite contra el Sol, pero se mantiene girando en torno a él.

Cuanto mayor sea la aceleración (o cambio de movimiento) que queramos obtener, y mayor sea la masa del cuerpo, tanto mayor será la fuerza necesaria para acelerarlo. Esta es la segunda ley del movimiento de Newton, que se puede expresar así:

FUERZA = MASA x ACELERACIÓN

Por otra parte, es un hecho, que no siempre que aplicamos una fuerza obtenemos movimiento. Por ejemplo, tal vez presionemos con nuestro dedo en una roca y ésta no se mueva; más bien la roca nos dejará unas marcas en el dedo, como si ella hubiese ejercido fuerza sobre nosotros. Así mismo, si dejamos una botella en una mesa o en el suelo, hay una fuerza que atrae la botella hacia el centro de la Tierra; sin embargo la botella permanece inmóvil, no atraviesa el suelo o la mesa. Hemos de suponer por lo tanto que la mesa o el suelo ejercen una fuerza igual y de sentido opuesto sobre la botella. Esta es la tercera ley de Newton, conocida como el principio de acción y reacción.

En resumen, podemos decir que todos los cuerpos ejercen influencia unos sobre otros mediante fuerzas que pueden modificar su estado de movimiento.

Si el Sol atrae a los planetas, y la Tierra atrae a los objetos y criaturas, parece una propiedad universal de la materia. Sin embargo aquí en la Tierra no tenemos que hacer ningún esfuerzo para evitar quedarnos pegados unos a otros. Por lo tanto la fuerza de atracción debe ser muy débil entre masas pequeñas, y aumentar con el aumento de las masas. De acuerdo con la $2^a$ ley de Kepler la fuerza disminuye con la distancia. Newton usó la $3^a$ ley de Kepler para calcular en qué proporción disminuye, y encontró que disminuye en proporción al cuadrado de la distancia. Pudo entonces expresar esta ley con una fórmula matemática sencilla:

$$F = G . M m / r^2$$

"F" es la fuerza de atracción, "M", la masa del Sol, "m" la masa del planeta, "r" la distancia que los separa, y "G" es una constante que mide la intensidad de la fuerza entre dos masas unitarias, a una distancia unidad. Esta es la ley de la Gravitación Universal.

Como el valor de la aceleración de la gravedad en la Tierra se conocía (9,8 m/ seg.$^2$), si Newton estaba en lo cierto, se podía comparar ese valor con la aceleración de la Luna, que completa una órbita en torno a la Tierra en un mes lunar. Cómo su distancia se conocía era fácil calcular su velocidad orbital. El cálculo demostró que efectivamente, la Luna giraba alrededor de la Tierra, debido a una fuerza de atracción de la misma intensidad que la que produce la aceleración de la gravedad terrestre, reducida en proporción al cuadrado de su distancia a la Tierra. Así comprobó que la misma fuerza que hace caer los objetos a la Tierra, es la que mantiene a la Luna en su órbita.

Pudo usar las fórmulas o expresiones matemáticas de las leyes de Kepler, para comprobar si el valor numérico de la aceleración de la gravedad terrestre era el que se necesitaría para mantener a la Luna girando en torno a la Tierra, justo a la velocidad a que lo hace. La fuerza de atracción disminuye en proporción al cuadrado de la distancia, puesto que la fuerza se distribuye en torno al punto desde el que emana, entre una superficie esférica imaginaria que aumentará al aumentar el radio (siendo la fórmula de la superficie esférica, $4\pi r^2$); cuanto mayor sea el radio menos fuerza le corresponderá a cada porción de la superficie esférica (dicha fuerza variará en proporción inversa al cuadrado del radio). Obtuvo esto a partir de la 3ª ley de Kepler; comprobó así numéricamente que la Luna es atraída hacia la Tierra con una fuerza del mismo valor que la que atraía los objetos aquí en la Tierra, de modo que los movimientos celestes y terrestres se regían por las mismas leyes físicas.

Esto indicaba que las tres leyes de Kepler sobre el movimiento de los astros eran en realidad consecuencia de una sola ley, la ley de Gravitación Universal. Además los movimientos terrestres y los celestes obedecían las mismas leyes. Los descubrimientos de Kepler y los de Galileo quedaban recogidos y eran explicados por las leyes de Newton (las tres leyes del movimiento y la de Gravitación Universal).

Lo que comprobó Galileo experimentalmente, el hecho de que todos los cuerpos caen hacia la Tierra con la misma aceleración, independientemente de que su masa sea mayor o menor, tendría la siguiente explicación: es un hecho que si queremos mover una gran roca tenemos que emplear mucha más fuerza que si movemos un pequeño guijarro, de modo que cuanto mayor es la masa de un cuerpo, podemos decir que se resiste más a ser movido o acelerado. De modo que si dejamos caer un cuerpo desde lo alto hacia la Tierra, bien sea libremente, o dejándolo rodar por una rampa inclinada, la fuerza de atracción entre el cuerpo y la Tierra será mayor cuanto mayor sea la masa del cuerpo en cuestión, pero por otro lado, al ser mayor su masa también se resistirá más a ser acelerado; la fuerza de atracción entre la Tierra y un cuerpo de masa más pequeña, será menor, pero también será menor su resistencia a la aceleración, y en la misma proporción en la que disminuye su masa, de modo que ambos efectos se compensan y el resultado es que todos los cuerpos , sea cual sea su masa, caen a la Tierra con la misma aceleración.

Unos pocos principios bastaban para explicar una amplia variedad de fenómenos. Se había conseguido una gran unificación.

### *¿Cómo se miden las distancias a los astros?*

La observación desde la antigüedad de los cielos llevó a una clasificación de lo que se observa en ellos, así como de las regularidades de sus aparentes movimientos; pero sobre la base de los descubrimientos de Kepler, Galileo y Newton, el conocimiento sobre el Universo ha aumentado a un ritmo acelerado desde entonces hasta nuestros días.

Las primeras estimaciones de las distancias desde la Tierra a los astros más cercanos se hicieron por métodos geométricos, midiendo el paralaje, el aparente desplazamiento de un objeto con respecto al fondo más lejano, cuando se le mira desde dos ángulos distintos; ese desplazamiento será mayor cuanto más cerca esté el objeto, y cuanto mayor sea la separación entre los dos lugares desde los que se le observa; ya en la antigüedad se hicieron cálculos de la distancia a la Luna, satélite de la Tierra, y por tanto el objeto astronómico más cercano.

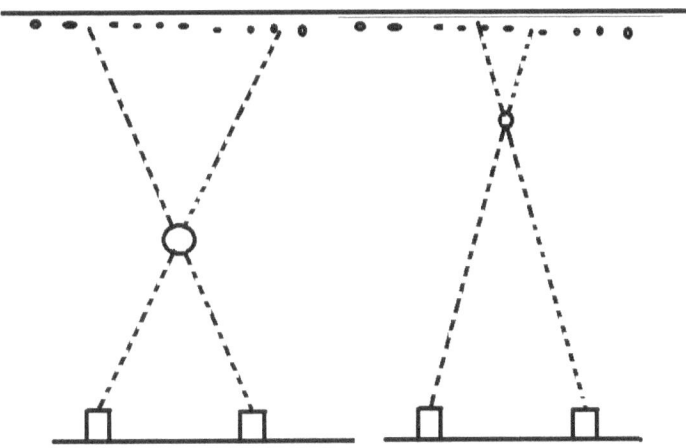

Usando las fórmulas matemáticas de los triángulos, la trigonometría, se puede calcular a qué distancia están. En tiempos más recientes se sigue usando el método del paralaje, pero muchos de los objetos están tan lejos que su desplazamiento aparente es muy pequeño o totalmente inapreciable.

Para valorar a qué distancia están se mide el brillo o intensidad luminosa con el que son percibidos desde aquí, no solo el de los que se captan a simple vista, que son pocos relativamente, sino sobre todo el de la increíble cantidad de ellos que se captan con los grandes telescopios; el brillo de un objeto que emite luz, es decir, la intensidad de la luz, va disminuyendo gradualmente cuanto más lejos está de nosotros, pues la luz emitida se va distribuyendo sobre una superficie cada vez mayor; si el astro emite su luz en todas direcciones, radialmente, la luz se distribuirá sobre el área de la superficie de una esfera imaginaria en torno al astro, y ese área será mayor cuanto mayor sea la distancia; como la fórmula para hallar el área de una superficie esférica es "$4 \pi r^2$", la intensidad de la luz que emite disminuirá en una cantidad proporcional al cuadrado del radio, siendo "$4 \pi$" una cantidad constante, y el valor del radio es la distancia que nos separa del objeto; así, si supiéramos el valor real de la intensidad de la luz que emite un objeto astronómico, podríamos estimar a qué distancia está, midiendo su brillo aparente; la intensidad luminosa real se calcula por diversos conocimientos que se han obtenido en física y astrofísica, ciencia que estudia, entre otras cosas, los procesos y leyes que dan lugar a la formación y funcionamiento de los astros y agrupaciones de astros, basándose principalmente en la luz visible que nos llega de ellos, otras radiaciones que no vemos, y el conocimiento de las leyes físicas, que se ha obtenido aquí en la Tierra, sobre la materia, y la luz y radiaciones que esta emite. La "ley de desplazamiento de Wien", por ejemplo, relaciona la longitud de onda de las radiaciones con la temperatura del cuerpo que las emite: al aumentar la temperatura, las longitudes de onda se desplazan hacia valores más cortos, y por tanto frecuencias y energías mayores; en el caso de la luz visible, las frecuencias altas (longitudes de onda cortas) corresponden al extremo azul y violeta del espectro, y las frecuencias bajas al extremo rojo; se puede calcular por tanto la temperatura del Sol y las estrellas a partir de la luz y radiaciones que recibimos de esos astros.

El descubrimiento de la llamada "ley de Hubble", que condujo a la teoría del Big Bang, como se explica más adelante, suministra otro método para tener idea de las enormes distancias que nos separan de otras galaxias, pues dicha ley establece una relación entre la velocidad a la que se alejan las galaxias y la distancia que nos separa de ellas.

Otro método utilizado tiene que ver con un tipo de estrellas llamadas "variables cefeidas"

### Las variables cefeidas

Son estrellas, cuya luminosidad aumenta y disminuye de forma periódica; las primeras se descubrieron en la constelación de Cefeo, y fueron llamadas "variables cefeidas"; como parece que la relación periodo-luminosidad es la misma en todas las estrellas de este tipo, se pueden valorar las distancias de las galaxias que contienen estrellas variables, a partir de su periodo y su brillo aparente, comparándolo con el de estrellas variables más cercanas, cuya distancia se ha podido conocer por otros métodos . Al parecer, la razón de esta variación periódica de su brillo se debe a que pasan por fases en que la cantidad de hidrógeno de qué disponen para fusionar en helio, disminuye de tal modo que se producen otras reacciones nucleares.

### ¿Cómo se forman las estrellas?

Se piensa que las estrellas nacen por la agregación de materia interestelar, debida a la atracción gravitatoria; cuando las partículas se llegan a comprimir mucho, y por tanto disponen de poco espacio para moverse, los choques entre ellas elevan tanto la temperatura que se alcanza la energía suficiente para que los átomos de hidrógeno, el material más abundante, se fusionen para producir átomos de helio, generando una gran cantidad de energía, y una presión hacia afuera que compensa la atracción gravitatoria y mantendrá a la estrella brillando por millones de años, hasta que agote su combustible nuclear; cuando no haya más hidrógeno para fusionar en helio, la gravedad volverá a imperar y la estrella implosionará; pero lo que ocurre entonces depende del tipo de estrella, determinado principalmente por su masa inicial; las estrellas más grandes consumen antes su hidrógeno, porque sus reacciones nucleares tienen que compensar un tirón gravitatorio mayor.

Durante sus millones de años de vida, las elevadas presiones y temperaturas en las partes más internas de las estrellas han fusionado núcleos atómicos y generado elementos más pesados que el helio; es así como se piensa que se han producido los elementos de la tabla periódica, hasta los más pesados; además las reacciones nucleares generan otros productos, como por ejemplo neutrinos; dependiendo del tipo de estrella, los productos acumulados reaccionarán contra la implosión prolongando la vida de la estrella; algunas pasarán por una fase de mucha densidad, como las estrellas de neutrones, pero algunas terminarán en una gran explosión de supernova, que sembrará el espacio con los materiales de su interior, de los que se podrán formar nuevos sistemas estelares y planetarios.

Los astrónomos han captado la luz y otras radiaciones de estrellas de diferentes tipos, o de diferentes fases en el ciclo de vida de estrellas del mismo tipo; los espectros obtenidos, lógicamente, son distintos, y esto ha permitido clasificar las estrellas por tipos espectrales; como parece lógico que las que coincidan en tamaño y temperatura tendrán un ciclo vital similar, pasarán por las mismas fases y tendrán el mismo brillo absoluto, obtenido por cálculos para los diversos tipos, a partir de los valores de masa, presión, temperatura, reacciones etc. (y cotejados con datos observacionales de estrellas cuya distancia se ha conocido por otros medios, como paralaje, o la relación periodo-luminosidad de las variables cefeidas), de acuerdo a lo que se ha explicado, comparando éste con su brillo aparente se podrá estimar su distancia; los tipos espectrales se colocan en un diagrama, llamado diagrama de Hertzsprung-Russell; colocando la estrella bajo estudio en el lugar que le corresponde en el diagrama por su tipo espectral, se sabrá en qué fase de su ciclo vital está, y estimar así su posible distancia y otros datos.

## Galaxias, cúmulos galácticos y supercúmulos

La observación ha mostrado desde hace tiempo que las estrellas, junto con los astros asociados a ellas, se agrupan en formaciones gigantescas que, en general, giran en torno a un centro común, llamadas galaxias; a su vez las galaxias se agrupan en cúmulos galácticos y estos en supercúmulos; las grandes agrupaciones que se pueden observar y detectar parecen distribuirse en formaciones semejantes a filamentos, con grandes vacíos, aparentemente, entre ellos, y también formaciones que parecen grandes murallas; en años recientes las observaciones parecen revelar la existencia de lo que se ha llamado "materia oscura", cuya presencia sería necesaria para explicar la velocidad de objetos astronómicos, que debería ser mucho menor a la observada, de acuerdo con las leyes físicas que conocemos, a menos que tal materia esté presente, y su cantidad tendría que ser bastante mayor que la de la materia visible.

## ¿Cómo surgió la teoría del Big Bang?

Se descubrió en las primeras décadas del siglo XX que todas las galaxias, aparentemente se están alejando "de nosotros", o más bien se alejan unas de otras, con una velocidad proporcional a su distancia (las más lejanas parecen separarse a más velocidad); esta curiosa "velocidad proporcional", cuya expresión matemática se conoce como "ley de Hubble", se entiende mejor si suponemos que se trata, no de la separación y alejamiento de objetos normal, del tipo que nos es familiar, sino más bien de la expansión o estiramiento del espacio entre ellas, el espacio que las contiene, como si este fuese una especie de "tejido" al que están adheridas, que se está expandiendo (a menudo se ilustra con un globo, cuando está siendo hinchado, con las galaxias dibujadas en la superficie del globo; supongamos que hinchamos el globo hasta duplicar su tamaño; todas las "galaxias" pintadas en él duplicarán también su separación mutua, de modo que las que estaban separadas por una unidad de longitud, ahora lo estarán por dos, pero las que estaban separadas por dos unidades de longitud, ahora lo estarán por cuatro, y así sucesivamente); la ilustración ayuda a entenderlo, pero recordando que las galaxias no están en una superficie bidimensional sino en el espacio tridimensional.

Curiosamente, pocos años antes de este descubrimiento, el físico Albert Einstein había desarrollado la teoría de la Relatividad General, en la que el "espacio" se puede estirar o encoger; si esto nos suena raro seguramente es porque estamos acostumbrados a pensar en el espacio vacío, como "la nada", pero hace tiempo que la ciencia lo considera como algo más bien "lleno" de fuerzas que existen y operan entre los objetos que percibimos, aunque las fuerzas mismas sean invisibles; esta expansión se dedujo porque el color de la luz que llega desde las galaxias, que depende de la longitud de onda de las ondas de luz, se desplaza hacia el extremo rojo del espectro luminoso; cuando un objeto que emite ondas (de cualquier clase: sonido, luz etc.) se aleja, cada pulsación se produce un poco más lejos, de modo que la distancia entre dos pulsaciones consecutivas (que es lo que mide la "longitud de onda") es mayor; por el contrario si el objeto se acerca, cada pulsación se produce más cerca de donde se produjo la anterior, y la "longitud de onda" se acorta (efecto Doppler); en el caso de la luz visible, al color rojo le corresponde una longitud de onda más larga, y el desplazamiento al rojo y la velocidad a que lo hace parece indicar que las galaxias se alejan (como la "ley de Hubble" establece una relación entre distancia y velocidad de alejamiento, la medida de desplazamiento al rojo también permite estimar la distancia de las galaxias).

En años recientes, observaciones de algunas galaxias y agrupaciones, parecen indicar que la velocidad de expansión está aumentando y ha llevado a pensar en la existencia de una "energía oscura" como impulsora de ese incremento; la cantidad de energía oscura se supone mucho mayor que la cantidad de materia, incluso incluyendo la materia oscura; esta idea de un Universo en expansión, indicaría que cuanto más nos remontemos en el pasado más cerca estarían unas galaxias de otras, y llevando la idea al límite, todo el Universo conocido tendría que haber estado concentrado en un solo "punto", desde el que comenzó su expansión, en lo que se conoce como el Big Bang.

### *Modelos de Universo*

La cosmología es la ciencia que estudia la estructura, formación y comportamiento del Universo en conjunto, el Universo a gran escala; basándose en las observaciones y datos recogidos, los cosmólogos proponen y estudian diversos modelos de Universo, aplicando las leyes físicas que conocen, expresando esas leyes en forma matemática, para ver si los resultados de la operación de esas leyes, encajan con las observaciones.

Se intenta también averiguar cuál será el destino del Universo, si la expansión continuará llevando a un enfriamiento cada vez mayor, y por tanto a una muerte térmica (Big Freeze, o Gran congelación), o si por el contrario la expansión se detendrá e invertirá llevando a una Gran implosión (Big Crunch).

El estudio cuidadoso, desde el punto de vista teórico, del modelo cosmológico estándar del Big Bang, y el intento de solucionar las cuestiones que se plantean en él, así como de encajar también las nuevas observaciones, junto con sugerencias que provienen de diversas teorías en las que se estudia la materia a nivel subatómico, ha llevado a suponer que tal vez el Big Bang no fue único, y por diversos caminos, y en diversas teorías, se propone la existencia de otros "universos", que compondrían lo que actualmente se denomina el "multiverso".

La existencia de "universos paralelos" se propuso como una interpretación de la teoría cuántica, la interpretación de "muchos mundos" de Hugh Everett, posterior a la interpretación inicial, llamada "la interpretación de Copenhague", por el papel predominante que desempeñó en ella el físico danés Niels Bohr. En la teoría cuántica un sistema físico, que puede ser una sola "partícula", o pueden ser muchas, debe ser descrito por una "función de onda"; la "función de onda" de un sistema de muchas partículas contiene todas las posibles configuraciones en que se puede hallar el sistema al efectuar una observación o medición, de modo que contiene configuraciones que forman aparatos de laboratorio, gatos, observadores y Universos enteros. Según la interpretación de Copenhague, cuando se hace una observación o medición, solo una de las alternativas contenidas en la "función de onda" se realiza (llega a ser real); según la interpretación de "muchos mundos" se realizan todas, en diferentes "universos" que coexisten pero no se perciben mutuamente.

Pero otras teorías también han conducido a pensar en la existencia de otros tipos de "universos".

Más allá del modelo estándar de la física de partículas, se ha llegado a teorías como la teoría de cuerdas, supercuerdas y teoría M; más adelante veremos cómo surgieron estas teorías, pero por ahora solo hablaremos de por qué han conducido a la idea de un "multiverso"; en estas teorías las partículas elementales no son consideradas como "puntos"; se considera que tienen una longitud diminuta, y por eso se las llama "cuerdas"; para conservar ciertas simetrías que se consideran esenciales en física, estas teorías tienen que incluir en sus fórmulas algunos términos que compensan "anomalías" que surgen en ellas y conducen a que una simetría esencial no se mantiene, cuando las restricciones impuestas por la teoría cuántica se aplican a las cuerdas (cuando se cuantizan las cuerdas); tales términos tienen un efecto compensador en las fórmulas, y la simetría requerida se recupera; como veremos más adelante, tales cantidades compensadoras se pueden considerar de diferentes maneras; puede pensarse que representan "partículas" o "campos", que la teoría sugiere que deberían existir, pero que aún no han sido descubiertos; en la historia de la ciencia esto ha ocurrido a veces; por ejemplo la existencia del neutrino se predijo teóricamente antes de que fuera descubierto; en un tipo de desintegración radiactiva parecía violarse la ley de conservación de la energía, y Wolfgang Pauli propuso que la energía que aparentemente faltaba, tal vez correspondía a que en el proceso podría estar presente una partícula, que por carecer de carga eléctrica y tener una masa muy pequeña no era detectada; si se incluía esa partícula la ley de conservación se mantenía; el neutrino fue descubierto posteriormente.

Los "campos" adicionales a los que se recurre en la teoría de cuerdas se pueden considerar como magnitudes escalares; un "campo escalar" puede ser, por ejemplo, la temperatura, puesto que se puede especificar una distribución de temperaturas en una región, dando solamente un número en cada punto de la región, que indica el valor de la temperatura en ese punto, tal como es indicada por un termómetro provisto de una escala de temperaturas (de ahí la palabra "escalar"); pero hay otros "campos" que requieren más de un número para ser especificados, por ejemplo los "campos vectoriales"; un campo de fuerza eléctrica o gravitatoria tiene, en cada punto de la región en que se encuentra, un valor especificado por un vector; los efectos de las fuerzas dependen no solo de su magnitud, sino también de la dirección y sentido en que actúan, de modo que para especificar un "campo vectorial" se requieren tres números en cada punto del espacio; dando el valor de las tres coordenadas o componentes del vector; referidas a un sistema de tres ejes perpendiculares entre sí, tanto la magnitud, como la dirección y sentido del vector en el espacio tridimensional, quedan plenamente especificadas.

Como un campo escalar es un campo de una sola componente, la introducción de cada "campo compensador" que se hace en la teoría de cuerdas, puede considerarse como la introducción de alguna "magnitud escalar", pero también puede considerarse como que se ha añadido una "componente" adicional al "espacio" en el que "viven" las cuerdas, y por lo tanto una "dimensión" o "grado de libertad" adicional; si los objetos físico-matemáticos de esta teoría (originalmente las "cuerdas"), disponen de grados de libertad adicionales, tales grados de libertad también pueden efectuar el trabajo de compensación requerido, como si esas "dimensiones extra" cancelaran el efecto no deseado de los términos que dan lugar a las "anomalías"; en un "espacio" con más "dimensiones" tales efectos pueden disiparse y cancelarse en ellas; de modo que originalmente se consideró que la teoría era consistente si se desarrollaba en un espacio con más dimensiones que nuestro espacio físico tridimensional, o el espacio-tiempo de cuatro dimensiones de la teoría de la relatividad; para explicar por qué no percibimos esas dimensiones extra se supuso que podían estar compactadas en formas geométricas muy diminutas, espacios compactos; si fuese así la geometría de esos espacios en los que se mueven y vibran las cuerdas determinaría el comportamiento y características físicas de estas; pero las matemáticas predicen muchas más posibles geometrías que las que se requieren para explicar el mundo que conocemos, de modo que también en esta teoría podrían existir "universos" o "mundos" con otras propiedades, como parte del "multiverso"; también se estudian modelos con dimensiones extra grandes, y sus posibles consecuencias y efectos (D-branas, etc.).

Otras teorías, motivadas principalmente por resolver los problemas matemáticos que aparecen cuando se intenta unir la relatividad general con la teoría cuántica, han llevado a proponer diversos modelos cosmológicos.

Cuestiones como la de cómo pudo generar el Big Bang la uniformidad observada actualmente, llevaron a Alan Guth a proponer una inflacción muy acelerada al principio, y esto también lleva a pensar en la posible generación de otros "universos".

La fuerza que impulsa la expansión es relacionada por los cosmólogos con la llamada "constante cosmológica", cuyo valor debe estar muy finamente ajustado para la expansión que se observa.


### *Nuestra Galaxia: la Vía Láctea*

Desde las primeras observaciones de Galileo con el telescopio se apreció que esa mancha blanquecina que cruza el cielo, conocida desde la antigüedad como la "Vía Láctea" o "La Galaxia" (derivado de la palabra griega "galaktós": "leche" o "de aspecto lechoso") era realmente una gran acumulación de estrellas, y actualmente está considerada como uno de los brazos espirales de la galaxia en que se encuentra el Sol y su sistema.

Se planteó si muchas de las llamadas nebulosas que se conocían no serían también agrupaciones de estrellas, y no solo nubes de polvo y gas; el asunto se resolvió en las primeras décadas del siglo XX, cuando el uso de telescopios cada vez más grandes permitió apreciar estrellas individuales en ellas; muchas de las "nebulosas" eran realmente galaxias, agrupaciones de millones de estrellas, y actualmente se considera que hay millones de ellas en el Universo observable, agrupadas a su vez en cúmulos galácticos y supercúmulos.

Se considera que la galaxia a la que pertenece el Sol, la Vía Láctea, forma parte del llamado "grupo local", del que también forman parte la galaxia de Andrómeda y las Nubes de Magallanes. Las estrellas se acumulan más en el centro de las galaxias; en el caso de la Vía Láctea se considera que su parte central está en una zona donde hay gran cantidad de cúmulos globulares de estrellas, mientras que el sistema solar está en uno de sus brazos espirales.

## *La refracción de la luz*

Debido al importante papel que el fenómeno de la refracción de la luz (y otras radiaciones) ha desempeñado en la investigación de la materia y la energía, vamos a considerar brevemente su explicación. Cuando la luz visible atraviesa un prisma de vidrio, entrando por una cara del prisma orientada oblicuamente a la dirección de propagación del rayo luminoso, aparecen separados los diferentes colores que componen la luz blanca; este es un fenómeno familiar que muchos habrán observado, y es semejante al arco iris, donde las diminutas partículas de agua de la atmósfera actúan como pequeños prismas.

De modo que la luz blanca se divide o refracta en los colores que la componen; la razón de esto es que la luz viaja a una velocidad menor dentro del vidrio, y al entrar en él, experimenta un frenado, tal como, por ejemplo, le ocurriría a una persona que estuviese avanzando por el agua, y se topase de repente con una zona donde hay mucho lodo disuelto; el aumento en la densidad del medio le haría ir más despacio. En el caso de las ondas de luz, su interacción con las partículas del vidrio tiene un efecto semejante.

Si el "frente de onda" está orientado oblicuamente con relación a la cara del prisma por donde entra, una parte del "frente" entra primero en el vidrio y es frenada, mientras que el resto del "frente de onda" sigue avanzando a su velocidad normal, y eso es lo que hace que se desvíe en un ángulo determinado que depende de su frecuencia.

Se puede entender fácilmente con algunos ejemplos; imaginemos un automóvil que avanza por una carretera asfaltada, pero llega un momento en que la parte asfaltada termina y tiene que avanzar por un tramo de camino de arena espesa, donde las ruedas avanzan con dificultad; imaginemos que la línea donde termina el asfalto y empieza el camino de arena es oblicua, de manera que la rueda derecha entra primero en la parte arenosa, pero la rueda izquierda dispone todavía de un tramo de asfalto; la rueda derecha se frenará mientras que la izquierda seguirá avanzando a velocidad normal, de modo que se adelantará respecto a la rueda derecha, y el vehículo entero se desviará de la dirección recta, y lo hará tanto más cuanto mayor sea la velocidad a la que viajaba por el tramo asfaltado.

Algo parecido ocurriría si a una persona que fuese corriendo por la calle, le sujetásemos el brazo derecho para detenerla; su lado izquierdo seguiría avanzando un poco, y la persona haría un giro hacia la derecha.

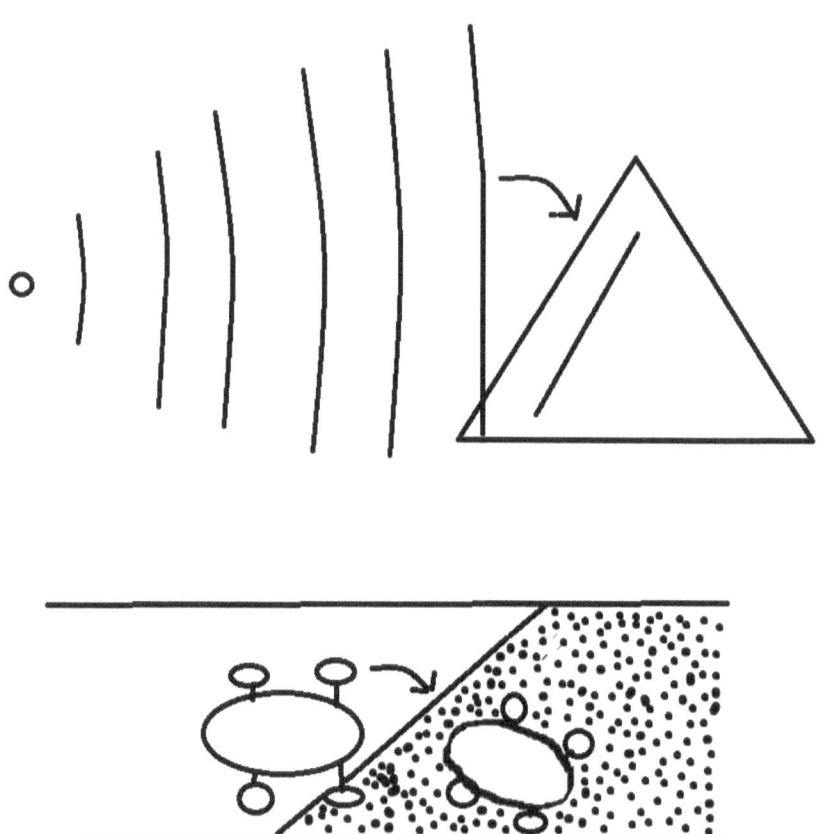

Eso es lo que ocurre cuando la luz entra oblicuamente en un medio en el que viaja más despacio; además, aunque la velocidad de las ondas de luz es la misma para todas las frecuencias, las longitudes de onda más cortas repiten su ciclo oscilatorio con más rapidez que las longitudes de onda más largas, sus frentes de onda están más cercanos entre sí, y cada uno va más rápido que los frentes de onda de las frecuencias más bajas, y por tanto se desvían más; así las diferentes frecuencias se desvían en un ángulo distinto, y como cada frecuencia corresponde a un color, podemos ver el espectro completo de colores. Las frecuencias más altas (longitudes de onda más cortas) corresponden al violeta, en el caso de la luz visible, y las más bajas al rojo.

Este fenómeno ha resultado ser de muchísima utilidad para el estudio del mundo físico, debido a que cada sustancia tiene su espectro característico. La luz visible y las demás radiaciones salen de la materia, de los átomos y moléculas cuando están a la temperatura suficiente, o cuando reflejan o emiten la que reciben de otra fuente, o parte de ella. Las características de la radiación que emiten átomos y moléculas dependen de su constitución y sus diversos estados energéticos internos. De modo que el análisis de tales radiaciones, incluyendo la luz visible, aporta muchísima información sobre la fuente de la que provienen, y ha sido fundamental para físicos, químicos, astrofísicos, biólogos moleculares y otros científicos en su estudio de la estructura interna de la materia.

El fenómeno de la refracción también ha permitido construir instrumentos ópticos como el telescopio y el microscopio, pues dando a las lentes la forma adecuada, se pueden desviar los rayos de luz que emite un objeto, de tal forma que se consiga una imagen aumentada, y esto ha permitido estudiar tanto los astros como el mundo microscópico.

### *¿Cómo se midió la velocidad de la luz?*

El astrónomo Olaf Roëmer pudo hacer un cálculo de la velocidad de la luz en el vacío, cuando se dio cuenta de que los eclipses de los satélites de Júpiter, cuando estos se ocultan tras el planeta al observarlos desde la Tierra, se producían con un retraso determinado al observarlos seis meses después, cuando la Tierra se encontraba más alejada de Júpiter, al estar en el otro extremo de su órbita en torno al Sol; atribuyó ese retraso al hecho de que la luz que llegaba desde Júpiter y sus satélites, tenía que recorrer una distancia mayor, y como tal distancia era conocida pudo hacer el cálculo.

Posteriormente Fizeau ideó varios dispositivos para medir la velocidad de la luz aquí en la Tierra. Uno de ellos consistía básicamente en una rueda dentada giratoria que se interponía en la trayectoria de un rayo de luz reflejado desde varios kilómetros. Si el rayo pasaba entre un diente y el siguiente era visible, pero si topaba con uno de los dientes era interceptado. Midiendo la velocidad que había que dar a la rueda para que el rayo fuese interceptado podía calcular la velocidad de la luz.

## ¿Cómo se formó el Sistema Solar?

Hoy se piensa que el Sistema Solar se pudo formar a partir de una nube inicial de gas y polvo interestelar que colapsó por acción de la gravedad, y tomó una forma de disco debido a su rotación; la mayor parte de la materia se concentraría en la zona central para dar origen al Sol, y el resto seguiría girando en torno a él; la gravedad, principalmente, a su vez haría que se fuesen uniendo entre sí diminutas partículas, formando agregados de materia cuyo tamaño se iría acrecentando cada vez más; este proceso de acreción sería el origen de los planetas y demás objetos del sistema; esta propuesta concuerda con el hecho de que, actualmente, los planetas del sistema solar, giran en torno al Sol, aproximadamente en el mismo plano orbital, y con pocas excepciones (quizá debidas a impactos de meteoritos u otros objetos), giran en el mismo sentido; además de los planetas Mercurio, Venus, La Tierra, Marte, Júpiter, Saturno, Urano y Neptuno, y sus respectivos satélites, hay muchos otros cuerpos de menor tamaño (Plutón era considerado un planeta más del sistema, pero actualmente no se le incluye como tal); entre Marte y Júpiter está el cinturón de asteroides; además también forman parte del Sistema Solar el cinturón de Kuiper, el "disco disperso" y en la parte más exterior, como si envolviera a todo el sistema , la nube de Oort; desde las zonas exteriores lejanas llegan periódicamente cometas, astros que giran en torno al Sol en órbitas muy excéntricas.

Estas ideas sobre la formación del sistema solar, indican a su vez como se formó la Tierra, y dan idea del estado inicial del planeta, que se combinan con los estudios de los geólogos, para intentar reconstruir su historia y las diversas etapas por las que ha pasado a lo largo de ella.

De acuerdo a lo explicado sobre cómo se cree que se formó el sistema solar, al comienzo de su historia la Tierra distaba mucho de ser un lugar adecuado para la vida en general, tal como la conocemos actualmente; al principio tuvo que ser un lugar muy caliente, debido a su formación por acreción, y al abundante e intenso choque con otros materiales del sistema solar en formación; el interior de la Tierra en la actualidad sigue siendo muy caliente; parece que hubo periodos de "bombardeo intenso"; también parece haber evidencia, a partir de hallazgos de fósiles en diversos estratos, de que hubo varias extinciones masivas de vida en la historia de la Tierra.

En 1785 James Hutton presentó su "Teoría de la Tierra", en donde expuso su idea de que, para que se formaran los diferentes estratos que se observaban por todo el planeta (capas diferenciadas y superpuestas una sobre otra, que se observan en la corteza terrestre), por un lento proceso de sedimentación (o acumulación de materiales procedentes de los procesos erosivos), se requeriría mucho tiempo, mucho más del que hasta entonces se suponía en general, en la escala de millones de años; propuso la idea de que los rasgos que se observan hoy, son el resultado de un lento y continuo proceso, y no de grandes catástrofes puntuales (catastrofismo), idea apoyada también por Charles Lyell.

### *El tiempo geológico*

Los geólogos y paleontólogos estudian los estratos y los fósiles que se hallan en ellos y proponen una división de las fases de la historia de la Tierra, en Eras y periodos; varios geólogos británicos del siglo XIX dieron nombre a estas divisiones y subdivisiones, aunque posteriormente el hallazgo de nuevos fósiles llevó a añadir y nombrar algunas más, principalmente en el periodo llamado "precámbrico", y algunos nombres han variado de acuerdo con los conocimientos obtenidos.

El eón criptozoico (del griego "vida oculta"), se divide en la "era arqueozoica" (vida antigua) y la "era proterozoica" (vida anterior); le sigue el eón fanerozoico (vida visible); entre el criptozoico y el fanerozoico, el registro fósil presenta un corte tajante, lo que ha llevado a pensar en alguna extinción masiva, debida tal vez a algún fenómeno geológico o astronómico que afectó seriamente a la Tierra.

Con el comienzo del fanerozoico termina la era precámbrica, a la que se atribuye una duración muy extensa, desde hace 4500 millones de años hasta hace unos 590 millones de años.

El fanerozoico se divide en tres grandes eras: Paleozoica (del griego "vida antigua"), Mesozoica (vida intermedia), y Cenozoica (vida reciente).

Cada era se subdivide en periodos; la era Paleozoica abarca los siguientes periodos (de más antiguo a más reciente): Cámbrico, Ordovícico, Silúrico, Devónico, Carbonífero y Pérmico; los nombres que han recibido provienen principalmente del lugar donde se hallaron por primera vez los estratos y fósiles correspondientes a cada periodo; Cambria era el nombre que los romanos daban a Gales; los ordovicios y los silures fueron tribus antiguas de Inglaterra; el periodo devónico se identifica con Devon o Devonshire, también en Inglaterra; el carbonífero, como su nombre indica, se caracteriza por estratos con abundancia de carbón, y el pérmico fue identificado en la región de Perm, en Rusia.

La era Mesozoica se subdivide en los periodos Triásico (puesto que fue identificado por un geólogo alemán en tres capas de estratos), Jurásico (por los montes del Jura en Francia, donde se identificó el periodo), y Cretácico (caracterizado por depósitos de caliza o creta).

La era Cenozoica abarca los periodos que fueron también llamados era Terciaria y Cuaternaria. Dentro de algunos de los periodos considerados se hacen a su vez otras subdivisiones, como Pleistoceno (primer periodo de la vida cuaternaria, Mioceno (cuarto periodo de la era terciaria, entre el Oligoceno y el Plioceno), etc.

### La orogénesis

La orogénesis (de "oros", montaña en griego), estudia los procesos de formación de montañas y cordilleras; los plegamientos de diversas formas que se aprecian en las diferentes capas o estratos son como un registro de los movimientos que han configurado el relieve; el proceso continuo de erosión y sedimentación da lugar a la formación de geosinclinales en los lugares de los fondos oceánicos donde se van acumulando los sedimentos, y el peso añadido origina hundimientos y levantamientos, pero se cree que otros procesos poderosos que se atribuyen a la elevada temperatura interna del planeta, juegan un papel muy importante en la configuración del relieve y la formación de las cordilleras; los geólogos reconstruyen a partir del estudio de todos los datos que pueden obtener, la historia de la formación de los sistemas montañosos, las grandes Orogenias, y los procesos continuos que siguen operando actualmente.

Se considera que la Orogenia Caledoniana, estuvo en operación desde el Cámbrico medio hasta el Silúrico medio; la Orogenia Herciniana (o Varisca; Hercynia era el nombre antiguo de las montañas del centro de Alemania y Checoslovaquia) se sitúa desde finales del Devónico hasta finales del Pérmico, y la Orogenia Alpina, desde el Triásico hasta nuestros días.

### La Tierra en el comienzo

En una fase temprana, el planeta debió poseer ya una gran cantidad de agua, que debido al intenso calor estaría primero en estado gaseoso, y a medida que la Tierra se fue enfriando, pasó al estado líquido, cubriendo al parecer todo o casi todo el globo; se propone que este agua pudo llegar en los meteoritos que caían continuamente en los periodos de bombardeo intenso, pues se encuentran pequeñas cantidades de agua helada en los que llegan en la actualidad, así como aminoácidos y otras sustancias, precursoras de la vida que conocemos aquí; el calor, todavía intenso, debió mantener una densa envoltura de vapor de agua y otros gases alrededor del planeta, pero esa atmósfera primitiva tendría una composición distinta de la actual.

Ya que se piensa que los elementos de la tabla periódica se forman en el interior de estrellas que después los esparcen en explosiones de supernova, muchos materiales ya tuvieron que estar presentes en la nube original de la que se formó el sistema solar; ese ambiente no permitía todavía la vida de organismos complejos; sin embargo algunos microorganismos pudieron tal vez vivir en una fase temprana, especialmente si vivían en el agua, para estar más protegidos de la intensa y letal radiación que impregnaba el sistema (en la actualidad se han encontrado microorganismos que viven en las chimeneas volcánicas submarinas, a elevada temperatura y en un ambiente químico que sería letal para otras formas de vida; son los llamados termófilos; otros microorganismos, en el extremo opuesto, viven en entornos de temperatura muy baja; se conoce a todos estos, en general, como "extremófilos").

Se han hallado fósiles de estomatrolitos, estructuras minerales depositadas por cianobacterias, microorganismos que pudieron vivir en aguas poco profundas y cuyo metabolismo generaba oxígeno que iría cambiado la composición de la atmósfera.

### La deriva continental

Hacia 1912, Alfred Wegener, al observar la similitud entre la costa occidental de África y la costa oriental de Sudamérica (que al parecer ya había llamado la atención antes), propuso la idea de la "deriva continental", el hecho de que los continentes se desplazan lentamente, alejándose o acercándose; en un tiempo los actuales continentes pudieron formar una sola masa de tierra, que después se disgregó lentamente, lo que explicaría la notable similitud entre las líneas costeras mencionadas; los hallazgos de estratos y fósiles similares en lugares separados actualmente por grandes océanos parecían confirmar esta idea; de este supercontinente, llamado Pangea ("toda la tierra", en griego), se originarían los actuales: la parte norte, a la que se llamó Laurasia, daría lugar a las actuales Norteamérica, Europa y Asia, mientras la parte sur, llamada Gondwana (derivado de una región de la India habitada por la etnia Gond), daría lugar al resto.

## ¿Cómo se conoce la composición interna del planeta?

La capa más externa de la Tierra, tiene un espesor medio relativamente pequeño , en comparación con el radio terrestre (de más de 6000 km); aunque no se ha podido llegar a mucha profundidad, en comparación con el radio terrestre, los geólogos pueden deducir la composición del interior de la Tierra, a partir de los datos obtenidos por los sismólogos: la velocidad de las ondas sísmicas de los terremotos, que se registran en los sismógrafos, sirve para deducir los materiales por los que se transmiten, pues la velocidad de las ondas depende del material por el que se propagan; de acuerdo con esto se deduce que la Tierra se compone de núcleo, manto y corteza; en el núcleo se concentran los materiales más pesados, y se encuentra a elevada temperatura; se calcula que en el centro es de unos 5000°, casi tan caliente como las partes más externas del Sol; se considera que gran parte del calor es consecuencia del bombardeo intenso y las colisiones con otros fragmentos del Sistema Solar cuando este se estaba formando; envolviendo al núcleo se encuentra el manto, y por encima de éste la corteza; a medida que el Sistema Solar se iba estabilizando, los impactos de asteroides disminuirían y la corteza podría liberar calor al espacio enfriándose progresivamente; pero el interior de la Tierra es aún muy caliente, y gran parte de ese calor proviene de la descomposición de los elementos radiactivos que contiene.

## La Tectónica de placas

Se han hallado cratones con abundancia de granito, un mineral relativamente ligero, en diferentes partes de la Tierra. Un cratón es una antigua roca flotante lo suficientemente ligera como para no hundirse en el manto. Se cree que formaron el núcleo de los primeros protocontinentes, a los que se iba añadiendo material a medida que otras rocas más pesadas se hundían en el manto, donde sus minerales se fundían, dando lugar a magma granítico que ascendía a la superficie.

Actualmente se considera que la litosfera comprende la corteza más la parte rígida del manto superior, formando un conjunto discontinuo y rígido, fragmentado en grandes placas que se mueven sobre la astenosfera (aunque se han propuesto ideas alternativas a esta). Se considera que la profundidad de la astenosfera oscila entre los 70-150 km, según las zonas de la Tierra; se supone constituida por materiales próximos a la fusión, pero muy viscosos, lo que permite que, pese a ser sólida, en una escala temporal grande puede fluir lentamente, tal como un glaciar bajo la acción de un campo gravitatorio.

En la actualidad la Tectónica de Placas (de una palabra griega que alude a la construcción) se considera el proceso principal por el que se "construyen" o forman los rasgos de la Tierra, incluidos el relieve y las cordilleras; actualmente la velocidad a la que se desplazan los continentes se puede medir por GPS, y las diferentes placas tectónicas y sus límites o fronteras se han podido localizar, en exploraciones geológicas y oceanográficas; el relieve de los fondos oceánicos se ha podido explorar y cartografiar, por inmersiones y sondeos, y utilizando, por ejemplo, barcos equipados con sonar, que pueden medir el tiempo empleado por las ondas emitidas desde el barco, y reflejadas de nuevo desde el fondo, y otras tecnologías; el descubrimiento de la expansión y continua renovación del suelo oceánico se considera evidencia que apoya la teoría de las placas tectónicas.

En medio de los grandes océanos hay grandes cordilleras submarinas que los recorren de norte a sur, como la dorsal centroatlántica y la dorsal media del Pacífico; las cimas o partes más elevadas de muchas de estas dorsales están fragmentadas y por ellas sale continuamente material procedente del manto, que asciende por su elevada temperatura y renueva el suelo oceánico; como la superficie del planeta se mantiene constante, la continua formación de nuevo fondo oceánico es compensada por el material que vuelve al manto; en las zonas de subducción en los bordes de las placas, donde el borde de una se hunde por debajo de la otra, continuamente se va perdiendo material que cae hacia el interior; el material que se pierde vuelve a calentarse en el interior y asciende de nuevo en un ciclo continuo de renovación; de modo que el proceso que moldea el relieve de la Tierra, no es solo el ciclo de erosión y sedimentación.

Por ejemplo, se piensa que todo el gran sistema del Himalaya, que incluye las grandes cordilleras del Hindukush, Karakorum e Himalaya, se formó por el choque de la placa india con la placa asiática, a la que quedó unida; evidentemente los choques de las placas, incluso aunque en general haya subducción, y parte de una placa se hunda bajo el borde de otra, deben liberar una energía tremenda, que da lugar a la formación de grandes cordilleras; se piensa que los Pirineos se formaron también por el choque de la placa ibérica con la euroasiática, que cerró lo que entonces era el mar de Tetis; la gran cordillera de los Alpes, y otros sistemas montañosos de Europa y Asia tuvieron su origen también en esos desplazamientos de las masas de tierra desde el sur hacia la placa euroasiática, junto con posteriores procesos geológicos; la cordillera de los Andes y los grandes sistemas montañosos del oeste de Norteamérica, se sitúan donde la placa del Pacífico limita con las placas del continente americano; las zonas donde limitan las placas son generalmente zonas de alta actividad sísmica y volcánica; todo el borde de la placa del Pacífico, se sitúa a lo largo de la costa occidental de América, y continúa por toda la costa oriental de Asia, formando lo que se llama el anillo o cinturón de fuego del Pacífico.

Se han hallado fósiles de criaturas marinas en el Gran Cañón del Colorado, de modo que esa zona debió estar próxima al mar en algún tiempo; se cree que, como consecuencia del choque con la placa del Pacífico, la placa Norteamericana se elevó más de 3 km; los movimientos tectónicos abrieron el Golfo de California al océano, y los pequeños riachuelos que nacían en las Montañas Rocosas podían desembocar en él, erosionando y dando forma al Gran Cañón; la presión de la placa del Pacífico deslizándose bajo la del Caribe pudo provocar la erupción de volcanes submarinos creando una sucesión de pequeñas islas, que con el tiempo pudieron dar lugar al istmo de Panamá; si el flujo de agua entre el Pacífico y el Atlántico cesó, el cambio en las corrientes oceánicas pudo tener un impacto importante en el clima

De acuerdo con la Tectónica de Placas, el "motor térmico" de esta actividad es el proceso de convección que se produce por la elevada temperatura del manto; los materiales que van cayendo a él, desde las zonas de subducción entre las placas, se calientan y esto les hace ascender; parte de ellos sale al exterior, principalmente por las dorsales oceánicas, y el resto se enfría al ascender y cae de nuevo, vuelve a calentarse y el proceso continúa de manera cíclica.

### *¿Cómo se calcula la edad de la Tierra?*

Un factor importante para reconstruir la historia de la Tierra es poder fechar los materiales que se encuentran por toda ella actualmente, las rocas que se encuentran en todo su relieve y en los diferentes estratos.

Antes de descubrirse el fenómeno de la radioactividad, Lord Kelvin hizo una estimación de la edad de la Tierra, basándose en la temperatura medida a diferentes profundidades, para calcular la temperatura del interior y computar el tiempo necesario para llegar a la situación actual de la litosfera y la corteza terrestre; pero una vez descubierta la radioactividad, Ernest Rutherford, usó la medición del tiempo que tarda un determinado elemento radioactivo en transformarse en otro elemento, producto final del proceso de desintegración (los núcleos pesados expulsan de manera natural partículas de su núcleo, debido a que el corto alcance de la fuerza nuclear fuerte, no puede mantener en el núcleo a las partículas más externas; la fuerza nuclear débil también interviene en la desintegración radiactiva beta; como los núcleos de cada elemento se diferencian en el número de partículas, la pérdida de estas por emisión radioactiva transmuta los isótopos radiactivos de un elemento en otros elementos de menor peso y número atómico de la tabla periódica; la emisión se detiene cuando el isótopo radiactivo original degenera en un elemento estable; como el proceso está regido por leyes naturales precisas, aunque una emisión particular no es predecible, el cálculo de probabilidades funciona bien para un número elevado de núcleos de isótopos radiactivos contenidos en una muestra; por ejemplo, un isótopo radiactivo del uranio termina convirtiéndose en plomo estable, pasado un tiempo específico, que se puede medir y calcular; se llama "vida media" al tiempo necesario para que la mitad del material radiactivo en una muestra se convierta en su producto final estable; las rocas pueden formarse por tres procesos conocidos; pueden ser sedimentarias, metamórficas o magmáticas; las últimas se forman a partir del magma caliente que sale al exterior y al enfriarse se solidifican; en realidad se convierten en roca sólida cristalizando, es decir, sus moléculas y átomos se colocan ordenadamente en forma de red cristalina al enfriarse, de modo que en su interior, los isótopos radiactivos se mantendrán aislados; si el material que emergió contenía una determinada cantidad de uranio radiactivo, éste se habrá ido convirtiendo en determinado isótopo de plomo a un ritmo constante; midiendo la proporción relativa de uranio y plomo en la roca se puede deducir el tiempo en que se formó; así Rutherford determinó una edad para la Tierra mucho mayor que la que había obtenido Lord Kelvin; actualmente se calcula que la edad de la Tierra es de unos 4500 millones de años.

Con una edad tan larga, si los procesos que dieron lugar a Pangea y a su posterior fragmentación, están operando desde hace miles de millones de años, se piensa que éste no ha sido el único supercontinente; hoy los geólogos piensan que hay un ciclo supercontinental, por el cual los supercontinentes se fragmentan, debido a la gran presión que se genera al no poder liberar la elevada temperatura interna bajo ellos, mientras que el océano que rodea al supercontinente puede liberar la temperatura hacia el exterior con más facilidad; cuando el supercontinente finalmente cede a la presión y se fragmenta, comienza de nuevo la deriva continental; las placas se deslizan y chocan hasta la formación de un nuevo supercontinente;

Vaalbará, Rodinia y Pannotia son los nombres que se han dado a algunos de los supercontinentes anteriores a Pangea.

## ¿Cómo se calculó en la antigüedad el tamaño de la Tierra?

En la antigüedad Eratóstenes ya pudo hacer una estimación aproximada del tamaño de la Tierra; los griegos habían deducido que la Tierra era esférica ; como consecuencia la sombra que proyectan los objetos sobre la superficie de la Tierra cuando el Sol los ilumina, será mayor o menor, en cada hora del día, dependiendo de la latitud; cuanto más alejado esté un lugar del ecuador terrestre, los objetos en él estarán más inclinados, y la sombra que proyectarán en el suelo será más corta o más larga dependiendo de la inclinación; conociendo la distancia entre dos lugares, si se coloca en los dos una vara vertical, perpendicular al suelo, y se mide la sombra que proyecta cada uno a la misma hora del día, la diferencia en las longitudes de las sombras indicará a cuantos grados de circunferencia terrestre corresponde la distancia entre los dos lugares; así podremos saber lo que mide un grado de circunferencia terrestre (medición del arco de meridiano), y multiplicando por 360, obtener el valor de la circunferencia total.

## ¿Cómo se determina cuantos grados de inclinación tiene el eje terrestre, con relación al plano de su órbita alrededor del Sol?

Las diferencias entre la duración del día y la noche en diferentes latitudes y en diferentes épocas del año, indican que el eje imaginario de la Tierra, en torno al cual hace un giro diario, no es perpendicular al plano de su órbita alrededor del Sol, y por medio de las diferencias de duración de días y noches a diferentes latitudes se sabe cuál es su inclinación; esta inclinación da lugar a las estaciones.

## ¿Qué es la precesión de los equinoccios y a qué se debe?

Es el cambio en la posición del eje de la Tierra, que fue detectado ya en la antigüedad por Hiparco de Nicea. Midiendo cuidadosamente la posición de las estrellas se deduce que el eje de rotación de la Tierra, hace un movimiento de cabeceo, como el de una peonza cuando va deteniendo su rotación, en un ciclo que dura unos 26000 años; a este movimiento se le superpone otro adicional de vibración del eje (nutación); todo esto, junto con el hecho de que la duración del año no es un múltiplo entero de la duración de los días, produce desfases que obligan a hacer reajustes periódicos en los calendarios; estos movimientos adicionales se deben al efecto combinado de las fuerzas gravitatorias que operan sobre el planeta, pues debido a su forma y movimientos, no todas las partes de la Tierra están sometidas a la misma intensidad gravitatoria.

# LA MATERIA

Las leyes físicas y químicas más fundamentales son las responsables de los procesos descritos hasta ahora sobre el Universo y la Tierra.

Por los escritos que nos han llegado sabemos que los antiguos griegos propusieron ideas sobre la realidad, y sobre los elementos fundamentales que componían todo lo que observamos.

Parménides de Elea enfatizó la distinción entre lo que es o existe y lo que no es, o no existe, entre el "ser" y el "no ser"; del "no ser" no puede originarse nada, puesto que no existe, por tanto el "ser" (o lo que es, lo que sí existe) no se ha originado de lo que no es; si el ser es la totalidad de lo que existe no hay nada de lo cual pueda haberse originado, de modo que no ha tenido origen. Puede que a alguien esto le parezca difícil de aceptar, pero nos puede ayudar el pensar, por ejemplo en las "verdades matemáticas". Muchos matemáticos consideran que no todo lo que se conoce en matemáticas es obra del intelecto humano; puede que sí sea así en muchos de los métodos desarrollados por los matemáticos; pero muchísimas de las cosas que se aprenden en matemáticas no parecen haber sido inventadas por el hombre, sino más bien descubiertas por él al estudiar el mundo que le rodea; por poner un ejemplo simple, la razón entre la longitud de cualquier circunferencia y su diámetro es siempre el número "$\pi$"; eso no es algo que el hombre haya inventado, sino que lo ha descubierto; ya era cierto antes de la aparición del hombre, y parece que no es algo que en algún tiempo no fue cierto y de repente empezó a serlo, y seguirá siendo así aún si desaparecieran todos los lugares donde pueda estar registrado, como libros, grabaciones y hasta cerebros humanos; parece por tanto una verdad intemporal e inmutable; pero el mismo razonamiento se podría aplicar a estructuras matemáticas más complejas, y algunos científicos han llegado a proponer que el Universo no es otra cosa que matemáticas o información; así para Parménides nada cambia, y los cambios en las cosas que percibimos pueden ser solo una apariencia, pero la realidad fundamental es inmutable e intemporal.

En contraste Heráclito pensaba que el cambio era fundamental, que todo está en un proceso de cambio continuo: uno no puede bañarse en el mismo río dos veces, decía; filósofos posteriores elaboraron sobre estas ideas, y en realidad se ha seguido pensando en ello hasta nuestros días, y la cuestión no parece zanjada, no solo para los filósofos, sino también para los científicos.

Demócrito, quizá intentando reconciliar la inmutabilidad y el cambio propuso que solo existían los átomos y el vacío; los átomos eran los constituyentes elementales de todo, y eran eternos e inmutables, pero sus disposiciones en el espacio vacío podían cambiar y dar lugar así a toda la variedad de cosas que percibimos; estas ideas originales resultaron muy útiles y nos llevaron a la actual teoría atómica, aunque tuvo que pasar mucho tiempo para llegar al entendimiento actual del átomo; hasta épocas relativamente recientes la existencia de los átomos no se consideró probada, y aunque la teoría atómica se ha mostrado muy fructífera para explicar muchos fenómenos, ha puesto de manifiesto intrigantes misterios sobre la naturaleza de la realidad, que siguen siendo objeto de intenso estudio e investigación, como veremos más adelante.

Independientemente de si el cambio es algo fundamental, o nuestra experiencia de él se origina de otra realidad subyacente inmutable, nosotros lo percibimos, forma parte de nuestra realidad. Desde la antigüedad la humanidad ha observado que unas cosas se transforman en otras en un proceso continuo de movimiento y cambio. Las plantas absorben minerales, sustancias y agua del suelo y por medio de reacciones químicas y el proceso de fotosíntesis, usando la energía de la luz solar, forman nuevas moléculas y producen frutos; los animales y el hombre comen productos vegetales, así como animales, y metabolizan ese alimento, descomponiéndolo para obtener nutrientes y energía, con los que regeneran sus células y realizan todos sus procesos vitales. Además el hombre mismo comprobó desde la antigüedad que podía realizar cambios en los materiales que había en la Tierra, por diversos procesos, como mezclas, aplicación de calor y otros. Tal vez esto pudo dar origen a la idea de que se podrían obtener materiales preciosos, como el oro, a partir de otras sustancias, y se experimentó durante siglos con muchos materiales y procesos, dando origen a la alquimia, que a veces se dice que fue la precursora de la química actual. Se fueron aprendiendo métodos que llevaban a conseguir nuevos materiales, haciendo aleaciones y mezclas, aplicando calor, y se vio que incluso había materiales que reaccionaban entre sí, produciendo sustancias nuevas, simplemente acercándolos o poniéndolos en contacto. A veces, por estas reacciones y procesos surgían de una sustancia, dos o más diferentes, y esto permitió ir identificando los elementos a partir de los cuales se formaban todos los demás compuestos.

El químico Antoine Laurent de Lavoisier realizó experimentos que también respaldaban la teoría atómica. Llevó a cabo combustiones y reacciones químicas, pesando las sustancias antes de la combustión o reacción, y pesando de nuevo los productos resultantes, habiendo tenido mucho cuidado para que nada, ni siquiera vapores o gases, escapasen de sus recipientes; encontró que el peso era el mismo antes y después de la reacción, estableciendo así la ley de conservación de la masa; la teoría atómica servía muy bien para explicar sus resultados: La combustión o reacción solo había cambiado la disposición y organización de los átomos, produciendo sustancias de aspecto y propiedades distintas, pero el número total de átomos era el mismo, lo que explicaría que el peso total fuese el mismo antes y después.

Dimitri Mendeleiev clasificó los elementos conocidos en su época, por sus pesos y propiedades, empezando por los más ligeros y comprobó que había un patrón (que ya habían observado otros estudiosos). Cada 8 elementos, en las primeras filas de la tabla que confeccionó se repetían elementos con propiedades semejantes. Colocó los elementos de propiedades parecidas en las mismas columnas de la tabla. Tuvo incluso la intuición de dejar huecos en la tabla, sugiriendo que allí habría que colocar elementos aún no descubiertos, y hasta predijo sus propiedades, y efectivamente tales elementos se fueron hallando y confirmaron sus predicciones.

Otros hallazgos también se podían explicar con la teoría atómica, como por ejemplo "La ley de las proporciones definidas", hallada por Proust; las sustancias elementales que formaban compuestos, lo hacían en proporciones específicas, lo que sugería que la molécula del compuesto contenía números determinados de átomos de los elementos componentes.

## Los principios matemáticos

La velocidad se determina midiendo el espacio recorrido por unidad de tiempo: Si un coche recorre 180 Km en 2 horas, su velocidad promedio es de 180/2 = 90, 90 Km/h. La velocidad instantánea se obtiene midiendo el espacio recorrido en intervalos de tiempo cada vez más pequeños, hasta llegar al límite. Decimos que la velocidad instantánea es el límite, cuando el intervalo de tiempo tiende a cero, de la razón entre espacio y tiempo:

"velocidad = límite cuando incremento de t tiende a cero de incremento de x/incremento de t" o $v = dx/dt$

(límite cuando incremento de t tiende a cero de la razón entre incremento de x e incremento de t). En matemáticas esto se llama derivada. La velocidad por tanto es la derivada del espacio con respecto al tiempo, o sea la tasa de cambio del espacio recorrido a intervalos infinitesimales de tiempo. Este tipo de cálculo se conoce hoy como cálculo infinitesimal, que comprende cálculo diferencial y cálculo integral. Fue utilizado por Newton (e independientemente por Leibnitz) para analizar el movimiento.

A su vez la aceleración es el cambio de velocidad con el tiempo, o sea: aceleración = límite cuando incremento de t tiende a cero de incremento de v/ incremento de t, o a = dv/dt, es decir, la derivada de la velocidad respecto al tiempo, o la segunda derivada del espacio con respecto al tiempo (porque primero derivamos el espacio respecto al tiempo, para obtener la velocidad, y después volvemos a derivar para obtener la aceleración)

Ahora podemos escribir la 2ª ley de Newton (FUERZA = MASA x ACELERACIÓN) en forma diferencial:

$$F = m \, dv/dt$$

Esta expresión diferencial, se puede considerar como la diferencia entre los valores de la velocidad, cuando se mide entre dos intervalos de tiempo muy próximos:

dv/dt = Velocidad final - velocidad inicial/tiempo final - tiempo inicial = V-Vo/T-To

En el cálculo infinitesimal, se considera que es el valor de la tasa de cambio en la velocidad, cuando el intervalo de tiempo se hace lo más pequeño posible, es decir cuando tiende a cero.

Cuando medimos la velocidad inicial y la velocidad final en dos puntos sumamente próximos, obtenemos la aceleración (o sea cambio de velocidad instantánea).

Al producto de la masa por la velocidad se le llama momento lineal, denotado habitualmente por p:

$$p = m \, v$$

de modo que podemos decir que la fuerza es la derivada del momento con respecto al tiempo:

$$F = dp/dt$$

(Se considera que la masa es una constante, de manera que en la variación del momento lo que varía es la velocidad).

Como puede verse, las magnitudes de velocidad, aceleración y fuerza se obtienen a partir de tres magnitudes fundamentales: el espacio, el tiempo y la masa (L, T, M), longitud, tiempo y masa.

Así: velocidad = L/T = L (T elevado a -1)

aceleración = (L/T)/T = L/ T elevado a 2 = L (T elevado a -2)

Fuerza = M (L/ T elevado a 2) = M L (T elevado a -2)

Estas expresiones indican lo que se conoce como el contenido dimensional de cada magnitud. Nos dicen en qué medida y relación contienen las magnitudes derivadas a las magnitudes fundamentales de longitud, tiempo y masa (L, T, M). A su vez, a partir de ellas se pueden construir otras magnitudes, como por ejemplo la energía, la acción y el momento angular.

Si aplicamos una fuerza a un objeto para moverlo realizamos un trabajo. El trabajo será tanto mayor cuanto mayor sea el espacio recorrido. Por tanto:

$$TRABAJO = FUERZA \times ESPACIO$$

$$W = F \cdot e$$

Le energía es la capacidad para producir trabajo, de modo que se define igual:

$$ENERGÍA = FUERZA \times ESPACIO$$

$$E = F \cdot e$$

A su vez la acción se define como la energía multiplicada por el tiempo durante el que actúa:

$$ACCIÓN = ENERGÍA \times TIEMPO$$

Para los cuerpos que giran en torno a un centro conviene introducir otra magnitud llamada "momento angular". Es el producto del momento lineal por el radio de giro:

$$MOMENTO\ ANGULAR = MOMENTO\ LINEAL \times RADIO$$

$$L = m \cdot v \cdot r = p \cdot r$$

Introducimos estas tres nuevas magnitudes, porque los sistemas físicos cumplen tres leyes de conservación, que son fundamentales para entender el mundo:

Ley de conservación del momento lineal

Ley de conservación del momento angular

Imaginemos un conjunto de esferas de diferentes masas que se están moviendo en línea recta a diferentes velocidades, cerca unas de otras, pero en direcciones y sentidos distintos. Cada una lleva su propio momento lineal o cantidad de movimiento, que es el producto de su masa por su velocidad. Sumamos todos esos productos y obtenemos un número al que podríamos llamar momento lineal total del sistema. De acuerdo con la segunda ley de Newton, si al sistema no se le comunica ninguna fuerza adicional del exterior, no cambiará su momento lineal. Las esferas chocarán unas con otras y la velocidad de cada una individualmente puede variar. Las que tengan mucha cantidad de movimiento (mucha masa y mucha velocidad) pueden ceder parte de su cantidad de movimiento a las que tengan menos, ya que al chocar con ellas harán que su velocidad aumente, pero a cambio de ser frenadas un poco ellas mismas. Hay un intercambio o transmisión de cantidad de movimiento entre unas y otras, pero lo que unas pierden otras lo ganan, de modo que hay una compensación, de suerte que si volvemos a sumar la cantidad de movimiento de todas ellas, aunque los sumandos individuales varíen , la suma total será la misma que al principio. Esta es la ley de conservación del momento lineal.

Existe también una ley de conservación del momento angular, al que definíamos como el producto del momento lineal por la distancia al eje de giro o radio. Esta ley se cumple en los movimientos de rotación. En las rotaciones el efecto conseguido por una fuerza, no depende solo de la magnitud de la fuerza, sino también de su distancia (el punto donde la apliquemos) al eje de giro. Esto se observa en un ejemplo muy familiar, Si queremos hacer girar una puerta aplicamos sobre ella una fuerza a cierta distancia de las bisagras. Pero si acortamos la distancia al eje de giro, aplicando la fuerza sobre un punto más cercano a las bisagras, notaremos que tenemos que hacer más fuerza para conseguir la misma cantidad de giro. Conviene por tanto introducir, al estudiar el movimiento angular o de rotación, una magnitud a la que llamamos torque, que se define como el producto de la fuerza por el radio de giro:

$$\text{TORQUE} = \text{FUERZA} \times \text{RADIO DE GIRO}$$

$$T = F \cdot r$$

Si aumenta el radio de giro, el torque será mayor y la aplicación de la fuerza será más efectiva. Así como el momento lineal varía si se aplica una fuerza, el momento angular varía si se aplica un torque. En ausencia de torque el momento angular no varía. Esta es la ley de conservación del momento angular. Explica muchas cosas. Por ejemplo, supongamos que alguien está girando con los brazos extendidos, sosteniendo un peso en cada mano. Si recoge los brazos hacia sí mismo su velocidad de giro aumentará; ¿por qué?; la fórmula del momento angular es:

$$L = m \cdot v \cdot r$$

No se ha aplicado ningún torque; el momento angular L por tanto no varía; de modo que si disminuimos el radio de giro r, la velocidad v tiene que aumentar para que el momento angular se conserve. El aumento de velocidad compensa la reducción del radio. Por eso una patinadora que está girando con los brazos extendidos, gira más deprisa con solo recoger los brazos. La conservación del momento angular explica que la Tierra tarde siempre el mismo tiempo en dar una vuelta alrededor de su eje, y así el día tenga siempre la misma duración; y lo mismo se puede decir de la duración del año, por citar un ejemplo más.

Ahora consideremos la tercera ley de conservación. Un cuerpo puede tener energía, o sea capacidad para realizar trabajo, si se está moviendo, porque puede golpear a otro y hacer que se mueva también, o si, aunque esté en reposo está colocado a cierta altura en un campo gravitatorio como el de la Tierra, porque si lo soltamos adquirirá una aceleración debida a la gravedad, que también puede usarse para realizar trabajo (como cuando se deja caer agua para hacer girar turbinas que generan electricidad). A la energía debida al movimiento se le llama energía cinética (del griego "Kineema": movimiento), y a la energía debida a la posición en el campo de gravedad se le llama energía potencial, porque es una energía en potencia, o sea latente, que puede reservarse, sin ser usada hasta que decidamos dejarlo caer. Calculemos la energía cinética en función de la velocidad.

Si un móvil parte del reposo su velocidad inicial es cero: Vo = 0, y llegará con una velocidad final V. La media entre la velocidad inicial y la final será por tanto :

$$\text{velocidad media} = (0 + V)/2 = \tfrac{1}{2} V \ (1)$$

El espacio recorrido será esa velocidad por el tiempo:

$$e = \tfrac{1}{2} V \cdot T \ (2)$$

La energía, según dijimos, es la fuerza por el espacio, de modo que la energía cinética será:

$$\text{Fuerza} \times \text{espacio} = \text{masa} \times \text{aceleración} \times \text{espacio}$$

$$F \cdot e = m \cdot a \cdot e \ (3)$$

Como aceleración = velocidad/tiempo o a = v/t, podemos poner:

$$F \cdot e = m \cdot v/t \cdot e \ (4)$$

Sustituyendo ahora la expresión del espacio por la fórmula (2) obtenemos:

$$F \cdot e = m \cdot v/t \cdot \tfrac{1}{2}\,vt$$

y recolocando los términos y simplificando:

$$F \cdot e = \tfrac{1}{2}\,m\,v \cdot v \cdot t/t = \tfrac{1}{2}\,m\,v^2$$

De modo que la fórmula para la energía cinética en función de la velocidad es:

$$E = \tfrac{1}{2}\,m\,v^2$$

El uso de letras como abreviaturas, y signos de sumar, multiplicar y dividir, también nos permite ir más rápido, pero expresan las mismas ideas que cuando lo definimos con palabras.

Veamos ahora la relación entre estas dos formas de energía, cinética y potencial; consideremos el ejemplo de un columpio, como se representa esquemáticamente en el gráfico:

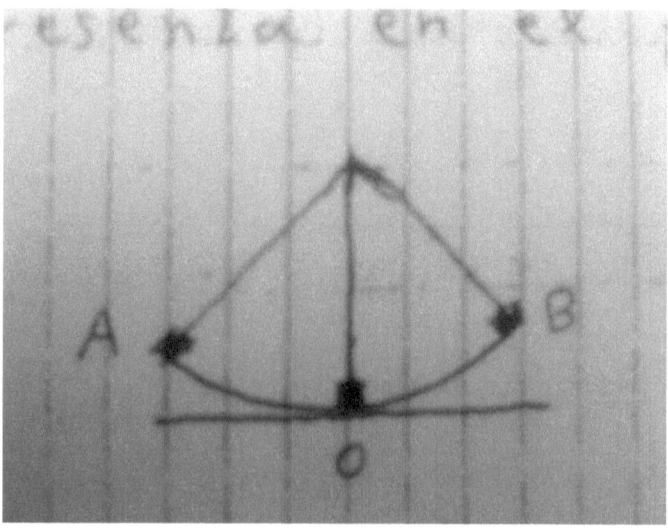

Primero tenemos que emplear nuestra energía muscular (que en definitiva se deriva de procesos químicos en nuestro cuerpo) para levantar el columpio hasta el punto A. La velocidad del columpio en ese punto es cero, de modo que no tiene energía cinética, pero ha adquirido una energía potencial por la altura a que ha sido elevado, Entonces lo soltamos y comienza a caer por acción de la gravedad. A medida que va ganando velocidad al caer, su energía cinética va aumentando, mientras que su energía potencial va disminuyendo conforme se reduce su altura. Al llegar al punto O, la energía potencial se ha reducido a cero y la energía cinética es máxima. El columpio empieza a ascender por el otro lado en dirección al punto B, y al hacerlo va perdiendo energía cinética pero de nuevo va ganando altura y energía potencial. Es como si la energía no desapareciese nunca, solo fuera cambiando de forma. Por eso en todo momento la suma de la energía potencial y la energía cinética permanece constante:

ENERGÍA POTENCIAL + ENERGÍA CINÉTICA = CONSTANTE

Sin embargo finalmente el columpio se para. ¿A dónde se ha ido la energía?. El columpio se detiene porque se va frenando por la fricción y rozamiento del enganche con el eje de giro y con el aire, pero si tocamos el enganche y el eje de giro notaremos que se han calentado con el rozamiento, y ese calor finalmente se transmite a las moléculas del aire y se disipa en ellas.

Empezamos empleando energía muscular de origen químico, la convertimos en energía potencial gravitatoria, que se fue transformando en energía cinética y viceversa, y finalmente terminamos con energía calorífica (o térmica). Este es un ejemplo del funcionamiento de una de las leyes más importantes de la física, la ley de conservación de la energía, que dice así: la energía ni se crea ni se destruye, solo se transforma.

### Mecánica estadística. La teoría cinética de los gases

En el ejemplo del columpio hemos visto que si no seguimos empujando el columpio se detiene; sin embargo ya explicamos que esto no viola la ley de conservación de la energía; más bien la fricción termina frenando el columpio y las piezas que friccionan se calientan. Le energía cinética se convierte en energía calorífica o térmica. El movimiento genera calor; el calor a su vez puede hacer que la materia sólida pase al estado líquido, y con más calor al estado gaseoso. El ejemplo más familiar quizá sea el agua: calentemos un cubito de hielo y tendremos agua líquida; sigamos calentando y el agua se evaporará.

Esto se puede explicar suponiendo que la materia está formada por pequeñas partículas (moléculas o átomos). En el estado sólido las partículas se atraen fuertemente y se mueven poco respecto de sus posiciones de equilibrio; si los átomos ganan energía cinética se atraen con menos fuerza colisionando entre sí y pasando al estado líquido; si su energía cinética aumenta se terminan separando y pasan al estado gaseoso. Esto explicaría también el aumento de volumen cuando aumenta la temperatura, debido a que aumenta la separación media entre los átomos. Los átomos tenían que ser muy pequeños. pues ni siquiera se observaban al microscopio. De modo que un volumen pequeño de materia contendría gran cantidad de ellos. Si los cambios de estado de la materia se debían a una variación en el estado de movimiento de los átomos, debido a variaciones de temperatura, la energía cinética media de los átomos en una cantidad de materia, sería proporcional a su temperatura. Varios científicos aplicaron las leyes del movimiento de Newton a los átomos, pero debido a que en sus cálculos tenían que considerar números tan grandes de partículas, tuvieron que aplicar métodos estadísticos, y así desarrollaron la mecánica estadística. Resultó muy útil puesto que permitió conocer los detalles del mundo submicroscópico a partir de mediciones que se podían realizar a nivel macroscópico. Por ejemplo, como la presión de un gas en las paredes del recipiente que lo contiene, se considera debida a la energía cinética de las partículas del gas al chocar incesantemente con las paredes, al medir la presión se podía conocer el promedio de velocidad de las partículas y su energía cinética a diferentes temperaturas.

## La Hipótesis de Avogadro

El aumento de la temperatura produce un aumento de presión, porque la energía cinética de las partículas es mayor. Al aumentar la temperatura aumenta también el volumen del gas. Se puede medir el aumento de volumen por cada grado de temperatura. Al hacerlo se comprobó que todos los gases, sin importar su composición, aumentan de volumen en la misma proporción. El aumento de volumen por cada grado de temperatura se denomina "coeficiente de dilatación cúbica", y su valor para todos los gases es, expresado en forma de quebrado: 1/273.

El hecho de que todos los gases se dilaten en la misma medida, parecía indicar que en un volumen dado de cualquier gas, hay el mismo número de partículas. Esta fue la hipótesis de Avogadro. Las partículas de todos los gases, aunque sean diferentes, deben ser muy pequeñas en comparación con su distancia promedio de separación, de modo que lo que determina el aumento de volumen con la temperatura es la mayor separación entre partículas al aumentar su agitación térmica. La diferencia de tamaño entre partículas de diferentes gases debe ser muy pequeña en comparación con la separación entre partículas. Por lo tanto esa pequeña diferencia se puede despreciar y considerar a todas las partículas aproximadamente iguales, por lo que cabe suponer que volúmenes iguales de dos gases distintos contienen el mismo número de partículas (A igual presión y temperatura).

## Los pesos atómicos relativos. Definición de mol

Si pesamos un volumen de un gas y después pesamos el mismo volumen de otro gas diferente, y comprobamos que uno pesa el doble que el otro, como según la hipótesis de Avogadro, contienen el mismo número de partículas, llegamos a la conclusión de que los átomos de uno deben pesar el doble que los átomos del otro. Podemos obtener así los pesos atómicos relativos de los diferentes elementos; otras leyes, como la de "las proporciones definidas" en la reacciones químicas, también podían contribuir a la determinación de tales pesos relativos. Se define "mol" como el equivalente en gramos al peso atómico. Supongamos que una sustancia tuviese un peso atómico de 1 y otra de 2. Un mol de la primera sería 1 gramo y un mol de la segunda serían 2 gramos (porque hemos definido "mol" como el equivalente en gramos al peso atómico). Como sabemos que el átomo de la segunda pesa 2 veces más que el átomo de la primera, llegamos a la conclusión de que en 1 gramo de la primera hay el mismo número de átomos que en 2 gramos de la otra (hay el mismo número de átomos pero cada uno pesa el doble). Extendiendo estas ideas a todas las sustancias, podemos decir que en 1 mol de cualquier sustancia hay el mismo número de partículas. A ese número se le llama "número de Avogadro". Si se pudiese determinar dicho número (el total de micropartículas en una cantidad conocida de materia), se podrían calcular inmediatamente el tamaño y el peso de sus átomos constituyentes. La medición del número de Avogadro se convirtió pues en una meta importante para la física y la química. Aunque no todo el mundo científico la aceptara, la teoría atómica se convirtió en un modelo que se usó para seguir investigando y para tratar de explicar las propiedades de la materia a partir de dicho modelo.

## Las leyes de la Termodinámica

El coeficiente de dilatación cúbica de los gases, también permite calcular la disminución del volumen por cada grado de disminución de la temperatura. Como el coeficiente es 1/273, el cálculo indica que al llegar a - 273° Celsius el volumen del gas se reduciría a cero; por lo tanto nada puede llegar a esa temperatura, por lo que se la llama el cero absoluto ( - 273° Celsius). Ese sería el caso de un gas ideal. En la práctica los gases se licuan antes de acercarse a esa temperatura, y cambian sus propiedades. No obstante el concepto de gas ideal es útil, porque los gases se comportan como ideales en un amplio rango de temperaturas. La escala absoluta de temperatura también se llama Kelvin. A la escala Celsius también se la llama centígrada. Marca cero grados en el punto de congelación del agua y cien grados en el punto de ebullición.

El calor siempre fluye de los cuerpos calientes a los fríos. En términos de teoría cinética, esto puede entenderse así: las partículas del cuerpo caliente (con mayor energía cinética), chocan con las del frío, y les van cediendo parte de su energía, hasta que se llega a un equilibrio termodinámico en el que las partículas de los dos cuerpos tienen la misma energía y por tanto la misma temperatura.

Si en una habitación dejamos un frasco de perfume abierto, las moléculas del aire, en sus movimientos caóticos, chocarán con las moléculas del perfume y las irán arrancando hasta que todo el perfume se halle mezclado con el aire. Se habrá pasado de un estado ordenado (todo el perfume en un solo lugar, en el frasco, separado del aire), a otro más desordenado (unas moléculas mezcladas aleatoriamente con otras). Boltzmann lo explicaba como una consecuencia del cálculo de probabilidades. Como existen muchísimas más combinaciones en las que las moléculas pueden situarse en arreglos no ordenados, los arreglos aleatorios desordenados son, con mucho, los más probables.

Esta tendencia de los sistemas físicos hacia el aumento del desorden, o aumento de la entropía (de la palabra griega para "revolver" o "revuelto"), se conoce como la 2ª Ley de la Termodinámica; (la 1ª Ley es la de la conservación de la energía).

## Otras fuerzas

Cuando se planteó la hipótesis de Avogadro no se conocían ni el peso absoluto ni el tamaño de los átomos y moléculas, pero sí se podían establecer las relaciones entre grandes cantidades de átomos y deducir así relaciones entre las partículas submicroscópicas.

Para determinar experimentalmente el valor del número de Avogadro se reflexionó en qué procesos que se manifestaran a escala macroscópica podían depender del número de micropartículas contenidas en una determinada cantidad de materia. Se encontraron con el tiempo bastantes métodos para medir el número de Avogadro, pues es lógico que los procesos que percibimos a escala macroscópica dependan de lo que ocurre en el nivel atómico. Por ejemplo, el color azul del cielo se debe a la dispersión de la luz solar de determinada frecuencia por las partículas del aire: la intensidad del color dependerá del número de partículas que actúen como centro de dispersión. Thompson (Lord Kelvin) comparó los datos sobre el brillo del Sol en el cenit y estando este a 40° sobre el horizonte. El movimiento caótico de pequeñas partículas suspendidas en un líquido (movimiento browniano, observado al microscopio por el botánico R. Brown en 1827) fue interpretado como consecuencia del choque de partículas aún más pequeñas (los átomos invisibles).

Einstein dio con una fórmula para calcular el número de Avogadro a partir del resultado de los choques tal como se observaban al microscopio. Perrin usó este método y otros para determinar el número de Avogadro. En tiempos más recientes se ha medido estudiando la dispersión de rayos X al atravesar sólidos cristalinos. Los diferentes métodos (los mencionados aquí y algunos más) coinciden aproximadamente en el mismo valor (6, 02252 +/- 0, 00028) x 10 elevado a 26 moléculas por kilomol), Se ha sabido así que hay muchas micropartículas (átomos o moléculas) en una pequeña cantidad de materia. Al poder calcular el tamaño de los átomos se supo que eran tan pequeños que estaban muy por debajo de la capacidad de los microscopios. Para saber más sobre ellos habría que usar métodos indirectos, como estudiar las fuerzas que emanaban de ellos.

La gravedad era una fuerza invisible. No era la única que se conocía. Frotando una varilla de ámbar este atraía pequeños objetos. Se llamó a esta fuerza de atracción invisible "electricidad" (de la palabra griega para "ámbar": elektron). Además se sabía de una piedra originalmente hallada en Magnesia, que atraía pequeños trozos de metal. A esta fuerza invisible se la denominó por tanto magnetismo. ¿Qué propiedad de la materia podía ser responsable de las fuerzas eléctricas y magnéticas?. Se produjeron diferentes artilugios que producían electricidad por fricción. Cuando se tocaba un objeto cargado de electricidad, a veces saltaba una pequeña chispa y se oía una pequeña crepitación, quedando descargado el objeto. Esto sugirió a Franklin que tal vez los relámpagos de las tormentas pudieran ser también fenómenos eléctricos a mayor escala. Luigi Galvani en Italia comprobó que la electricidad de las tormentas inducía convulsiones musculares en ranas diseccionadas que estaban colgadas por ganchos de latón en una celosía de hierro. Las convulsiones seguían aún después de la tormenta, lo que hizo pensar a Alejandro Volta que la electricidad permanecía en los metales. Experimentó con diferentes metales hasta que construyó una pila de placas de cinc y cobre y discos de cartón humedecidos en una solución salina. La electricidad fluía de un extremo a otro de la pila. Se dispuso así de una fuente de corriente eléctrica que se originaba a partir de procesos químicos.

Se descubrió que estas dos fuerzas obedecían una ley matemática muy semejante a la ley de Gravitación de Newton, la llamada ley de Coulomb:

$$F = \pm k \, (q \cdot q \,'/ r^2)$$

Simplemente hay que sustituir m (masa) en el numerador por q (carga). Además la constante k es diferente de la constante de gravitación G, porque la intensidad de las fuerzas es distinta. El magnetismo obedece a la misma fórmula, con otra constante distinta y colocando en el numerador las masas magnéticas. Los signos que aparecen en la fórmula de la fuerza eléctrica pueden ser positivo o negativo, ya que estas fuerzas pueden ser atractivas o repulsivas, a diferencia de la gravedad que siempre es atractiva.

¿Por qué obedecen las tres fuerzas a una ley inversa del cuadrado de la distancia?. Una vez más, como ocurre con el brillo de un objeto luminoso, o con la gravedad, podemos entenderlo si pensamos que la fuerza emana de un punto hacia todas las direcciones de forma radial. La fuerza se distribuye por tanto sobre la superficie de una esfera imaginaria que rodea al punto. A mayor distancia de la fuente, la fuerza tiene que repartirse sobre la superficie de una esfera mayor. Como el área de una superficie esférica es proporcional al cuadrado del radio ($4 \pi r^2$), a medida que nos alejamos la fuerza se debilita en la misma proporción. Michael Faraday, al estudiar estas fuerzas invisibles, explicaba que era como si de los cuerpos cargados emanasen lo que llamó "líneas de fuerza", creando en torno suyo un "campo" eléctrico o magnético. Faraday incluso llegó a concebir las partículas como lugares donde las fuerzas convergen en un punto. La materia se podría considerar pues como puntos de concentración de fuerza. Todo se podría explicar en términos de campos de fuerzas. Oersted descubrió que una corriente eléctrica hace que una aguja magnetizada se mueva y reoriente. La corriente se comporta como un imán. La electricidad en movimiento (corriente) genera magnetismo. A la inversa Faraday comprobó que el magnetismo también puede generar electricidad; una bobina de cobre girando entre los polos de un imán produce corriente eléctrica.

Por otra parte, cuando se comprobó que la luz se propagaba en forma de ondas se supuso que existía una sustancia llamada "éter", que llenaba el espacio, y en el que se propagaban las ondas luminosas, como las olas del mar en el agua.

## La unificación de Maxwell

Maxwell expresó los descubrimientos sobre la electricidad y el magnetismo que hemos considerado en forma de ecuaciones matemáticas. Las fórmulas describían por lo tanto la relación entre electricidad y magnetismo. Explicado a grandes rasgos, si en un miembro de una ecuación aparece variación de electricidad, en el otro miembro aparece magnetismo y viceversa. Electricidad y magnetismo aparecen así relacionadas y unificadas en una sola entidad matemática. Las ecuaciones muestran en qué medida una corriente eléctrica genera magnetismo y viceversa. Por lo tanto ya no hay que hablar de electricidad y magnetismo por separado, sino de electromagnetismo. Como una consecuencia lógica de la íntima relación entre electricidad y magnetismo, las ecuaciones predecían la propagación de un nuevo tipo de ondas: un campo eléctrico variable genera en torno suyo un campo magnético, que a su vez genera otro campo eléctrico, y así sucesivamente, de manera que se propaga por el espacio una onda electromagnética. Incluso se podía calcular la velocidad de las ondas. La velocidad de las ondas a través de un medio determinado, depende de ciertas constantes características del medio, como la rigidez y la densidad. Análogamente la velocidad de las ondas electromagnéticas depende de ciertas constantes relacionadas con las diferentes intensidades de las fuerzas eléctrica y magnética. Cuando se hicieron los cálculos la velocidad resultó ser igual a la velocidad de la luz (300.000 km/seg.), que ya se había medido anteriormente. La conclusión era lógica: las ondas de luz eran ondas electromagnéticas. Apareció así otra gran unificación en física: electricidad, magnetismo y luz eran manifestaciones de un mismo fenómeno.

## El origen de la teoría de la relatividad

La física de Newton sirvió para explicar casi todos los fenómenos conocidos durante siglos. No se puede negar que fue una enorme conquista intelectual. De hecho, solo ha habido que hacer dos modificaciones en el siglo XX (la teoría de la relatividad y la teoría cuántica). Aunque, como veremos, esas teorías suponen un avance impresionante en nuestro entendimiento, en realidad no echan por tierra los éxitos obtenidos por la física de Newton, sino que, por decirlo de alguna manera, los absorben. En la teoría de la relatividad y en la teoría cuántica, las fórmulas de Newton vuelven a aparecer como un caso límite. Concretamente, la relatividad ajusta las fórmulas newtonianas para tener en cuenta los efectos de la velocidad de la luz, y la teoría cuántica las ajusta para tener en cuenta que la energía no puede tomar cualquier valor, lo que se pone de manifiesto en los intercambios de energía de los procesos atómicos. En el caso límite en que se pueden ignorar los efectos de la velocidad de la luz y la cuantización de la energía, se anulan los términos matemáticos correspondientes y lo que queda son las fórmulas de Newton.

Como hemos visto, en la teoría electromagnética de Maxwell, la velocidad de la luz aparece como una constante, pues se obtiene de otras constantes relacionadas con las fuerzas eléctricas y magnéticas. Para que las leyes del electromagnetismo sean válidas, sin tener que modificarlas de forma complicada, cualquier observador debe obtener el mismo valor para la velocidad de la luz, sin importar cuál sea el estado de movimiento del observador que haga la medida. Los físicos se dieron cuenta de que esto estaba en contradicción con las leyes del movimiento de Newton. Supongamos que vamos en un tren que avanza a velocidad uniforme. Lanzamos una pelota dentro del tren y medimos su velocidad con relación al tren (o sea, como si el tren estuviera en reposo). Si un observador en tierra midiera la velocidad de la pelota no obtendría el mismo valor que nosotros. La velocidad que obtendría sería la suma de la velocidad de la pelota con relación al tren más la velocidad del tren con relación a la Tierra. Si las ondas de luz se propagan en el supuesto "éter", su velocidad parecería mayor a un observador que fuese hacia la luz que a otro que se aleja de ella. Un experimento preciso realizado por Michelson y Morley mostró que la velocidad de la luz tenía el mismo valor en cualquier dirección que se midiese. Si hubiesen detectado diferencias se habría confirmado que la Tierra se movía a través del éter, y este podría servir como un sistema de referencia respecto al cual medir los demás movimientos, pero si no se pudo detectar tal "movimiento a través del éter", como Einstein expresaría después, suponer su existencia resultaba superfluo. En el Universo no se conoce nada que esté en reposo, por lo que solo podemos medir la velocidad de unos objetos con relación a otros, o sea, velocidades relativas. ¿Cómo puede entonces haber una velocidad absoluta, que sea la misma, se mida desde donde se mida?. Parece una contradicción. Sin embargo Einstein mostró como se podían reconciliar ambas teorías, mecánica y electromagnetismo, sin renunciar a los éxitos obtenidos por cada una. Pero para ello había que renunciar al concepto de "tiempo absoluto" que se daba por sentado hasta entonces.

### La relatividad de la simultaneidad

Volvamos al ejemplo del tren. Se hace de noche. Al lado de la vía hay dos farolas apagadas, separadas por una distancia considerable y en la mitad del camino entre ellas hay un observador en tierra. En determinado momento, cuando el tren está recorriendo parte de la distancia entre las farolas, estas se encienden. Las dos señales luminosas, viajando a la velocidad de la luz, llegan al observador en tierra al mismo tiempo; él, por lo tanto concluye que las dos se han encendido simultáneamente. Sin embargo ¿qué percibirá un observador en el tren?. El tren avanza hacia el primer foco y se aleja del segundo, por lo que la luz de uno le llegará antes que la del otro. La conclusión es evidente: dos sucesos que son simultáneos para el observador en tierra no serán simultáneos para el observador en el tren, Este simple ejemplo muestra que la percepción de una secuencia de sucesos (y por lo tanto la percepción del paso del tiempo), puede variar de un observador a otro, según su estado de movimiento. Sería un error pensar que la medida del observador en tierra es la "real", mientras que la otra es "aparente". Podemos entenderlo si ahora trasladamos el ejemplo del tren al Universo y pensamos en dos sistemas de referencia que se mueven uno con respecto al otro, cada uno con su observador haciendo mediciones. La relatividad de la simultaneidad se cumplirá igual. Cada observador tiene el mismo derecho a pensar que está en reposo y el otro se mueve respecto a él. Por lo tanto las mediciones o percepciones de uno se pueden considerar tan reales como las del otro, pero como hemos visto, el transcurso de los acontecimientos, el transcurso del tiempo, es diferente en cada sistema de referencia. Para cada observador lo que él mide y percibe es lo "real" y ninguno tiene derecho a decir que sus mediciones o percepciones son más reales que las del otro, porque en el Universo no existe ningún sistema privilegiado, puesto que todos los sistemas de referencia se mueven unos respecto a otros. No se conoce ningún sistema en reposo absoluto respecto al cual se puedan medir los demás movimientos. Por lo tanto, los observadores en cualquier sistema de referencia tienen el mismo derecho que los demás a considerar sus mediciones o percepciones reales.

¿Qué instrumentos , objetos o sistemas físicos podemos usar como relojes?: cualquier sistema que tenga un movimiento periódico; por ejemplo, la Tierra gira en una órbita alrededor del Sol y cuando completa un giro vuelve a hacer otro, y cada giro tiene la misma duración; usamos ese sistema para medir los años; cada giro corresponde a un año; un péndulo que oscila de un lado a otro de manera regular , empleando el mismo tiempo en cada oscilación, también se usa como reloj: se pueden contar o registrar el número de oscilaciones que ha realizado entre dos sucesos, y eso nos da el tiempo transcurrido entre dichos sucesos; ahora se usan las rápidas y regulares oscilaciones de los átomos para hacer relojes muy precisos, que pueden medir intervalos de tiempo muy cortos.

Pensemos por tanto en usar como reloj un oscilador muy sencillo; imaginemos simplemente dos placas paralelas, separadas una pequeña distancia, una arriba y otra abajo, y una bolita que rebota de una a otra continuamente y de manera regular.

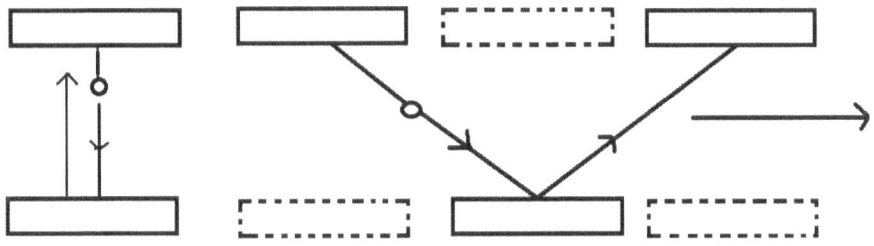

Un amigo nuestro está dentro de un vehículo con un reloj así, y a cierta distancia otro amigo está observándole, y con unos prismáticos puede ver perfectamente el reloj; por cierto, él también tiene a su lado un reloj igual; los dos amigos están en reposo, y el que está a cierta distancia fuera del vehículo comprueba que los dos relojes están marchando al mismo ritmo; la bolita de uno y la del otro se mantienen totalmente sincronizadas, oscilando o latiendo al unísono; el tiempo transcurre igual para los dos; pero ahora el amigo que está dentro del vehículo lo pone en marcha y empieza a moverse hacia adelante; él sigue observando el reloj que lleva en el vehículo y lo sigue viendo igual que antes de moverse, porque el reloj se mueve junto con él; pero su amigo, que permanece quieto fuera del vehículo, observa con los prismáticos algo diferente cuando mira el reloj del interior; como las dos placas están avanzando con relación a él, la bolita tiene que hacer ahora un recorrido más largo para completar cada oscilación, puesto que después de rebotar en la placa de arriba, mientras se dirige hacia la de abajo, esta se ha desplazado cierta distancia antes de que la bola la alcance; por tanto, desde el punto de vista del observador fuera del vehículo, las oscilaciones del reloj del vehículo se completan en un intervalo de tiempo más largo que las que mide con su reloj; pero ese efecto no está ocurriendo solo en el reloj; como dijimos antes, los átomos, que componen tanto al vehículo como todo lo que hay en él, incluido el cuerpo del conductor, son también osciladores regulares, de modo que todos los procesos, incluidos los biológicos, están transcurriendo a un ritmo distinto, pero el observador de adentro no percibe ningún cambio porque todo se ralentiza a la vez y en la misma proporción; es el de afuera el que percibe la ralentización con relación a él; si dispusiera de unos "prismáticos idealmente potentes", que le permitieran "ver" los átomos y moléculas en las células del cuerpo de su amigo, percibiría que éstos "oscilan más despacio" y los procesos biológicos en los que intervienen transcurren a un ritmo más lento; desde su punto de vista su amigo está "envejeciendo" más lentamente que él; de modo que no hay un tiempo absoluto; cada uno tiene su tiempo propio.

No solo la medición del tiempo, sino también la medición del espacio se basa en el concepto de simultaneidad. Volviendo al ejemplo del tren, supongamos que el observador en tierra ve que cuando los focos se encienden, uno coincide con el extremo delantero del tren y el otro con el extremo trasero. Llega a la conclusión de que la longitud del tren es igual a la longitud entre las dos farolas. La distancia entre los focos ha sido su vara de medir. ¿Qué verá en este caso el observador en el tren?. Verá iluminada la cabecera del tren y, *transcurrido un tiempo*, verá iluminada la parte trasera (puesto que se está alejando de la farola que ha iluminado esa parte del tren, y su luz, y la imagen que transporta, tardará más en llegar), y llegará a la conclusión de que la distancia entre los focos es menor que la longitud del tren. Por lo tanto tampoco coincidirán al medir longitudes. En realidad siempre que medimos longitudes, colocamos una vara de medir y damos por sentado que la imagen de los dos extremos de la vara llega a cualquier observador simultáneamente. Pero como hemos visto la simultaneidad es relativa.

Naturalmente la relatividad de la simultaneidad y sus efectos sobre la percepción de longitudes y tiempos, pueden despreciarse cuando las velocidades de los sistemas de referencia son pequeños en comparación con la velocidad de la luz. En el ejemplo hipotético del tren, para percibir los efectos, el tren tendría que tener una velocidad enorme. En experimentos reales a altas velocidades, cuando se aceleran partículas subatómicas, se ha comprobado la validez de las leyes relativistas.

### El espacio de Minkowski

Podemos notar que estos efectos relativistas (retraso de los sucesos o dilatación del tiempo, y contracción de las longitudes) se deben al mismo fenómeno: la relatividad de la simultaneidad; por lo tanto están íntimamente relacionados. Concretamente, en la misma medida en que el tiempo se dilata o extiende, la longitud se contrae. Pero eso es precisamente lo que ocurre en el espacio tridimensional, cuando miramos un objeto desde dos perspectivas distintas. Dos observadores pueden ver el mismo objeto y si embargo ver diferentes imágenes. (Por ejemplo, al cambiar la perspectiva la longitud se acorta y la anchura se dilata). Análogamente en relatividad la longitud se acorta y el tiempo se dilata. En la física de Newton el tiempo era el mismo para todos los observadores, absoluto e inmutable. La relatividad nos da más perspicacia sobre los conceptos de espacio y tiempo; nos hace pensar en cómo forjamos en nuestra mente esos conceptos de espacio y tiempo, basándonos en nuestras percepciones; pero nuestras percepciones dependen de nuestro estado de movimiento. En la física relativista el tiempo se comporta como las otras dimensiones espaciales: puede parecer más o menos "estirada" según desde donde se la mire. Antes de la relatividad espacio y tiempo se podían considerar separados. En la relatividad en cambio están íntimamente unidos. Sí la coordenada temporal se dilata, la coordenada espacial se contrae. Podemos expresarlo diciendo que diferentes observadores tienen diferentes "perspectivas" en el espacio-tiempo. No cabe hablar de espacio y tiempo por separado. A esta unión de espacio y tiempo se la conoce como espacio de Minkowski. Un cambio de sistema de referencia equivale, por lo tanto, a un "giro" en el espacio-tiempo, desde el punto de vista matemático, o un "giro" en el espacio de Minkowski. En el espacio tridimensional un punto material queda localizado, con respecto a un sistema de coordenadas de referencia, por medio de tres números: longitud, latitud y altura. En el espacio-tiempo hay que especificar también el tiempo, que puede ser diferente en diferentes sistemas de coordenadas. Un "punto" en el espacio tridimensional equivale a un "suceso" en el espaciotiempo cuatridimensional. Una observación o medición es un "suceso". Según la relatividad es más correcto decir que el "mundo" que percibimos se compone de sucesos, acontecimientos, no de "puntos materiales".

## Electromagnetismo y mecánica

La teoría de la relatividad está de acuerdo con la teoría electromagnética de Maxwell. La velocidad de la luz es la misma en todos los sistemas de referencia precisamente porque longitudes y tiempos se ajustan para dar ese resultado. Pero la relatividad también está de acuerdo con la mecánica de Newton en el caso límite de bajas velocidades. Esto se debe a que las fórmulas relativistas son precisamente las fórmulas de Newton, pero con un término añadido que mide la contracción de longitudes y dilatación del tiempo según la velocidad. Cuando la velocidad es baja en comparación con la velocidad de la luz, este término se hace tan pequeño que prácticamente desaparece y reaparecen las fórmulas de Newton.

## El aumento de la masa con la velocidad

Ya sabemos que longitud y tiempo son magnitudes fundamentales en física. Cualquier modificación que sufran afectará a las demás fórmulas que se construyen a partir de ellas. Consideremos la 2ª ley de Newton:

FUERZA = MASA x ACELERACIÓN.

Aplicamos fuerza a un cuerpo y va aumento su velocidad. Pero según la relatividad la longitud se contrae y el tiempo se ralentiza. A mayor velocidad más se acentúan esos efectos, por lo que cada vez nos costará más acelerarlo (aplicaremos fuerza, pero cada vez recorrerá una longitud más corta en un tiempo más largo o dilatado). Es como si su "masa" aumentase al aumentar la velocidad. Nótese que (en este caso), no aumenta la "cantidad de materia" sino la "resistencia a la aceleración", por los efectos relativistas de contracción de longitud y ralentización del tiempo. La masa se define precisamente como "resistencia a la aceleración". Las fórmulas indican que si el objeto llegase a la velocidad de la luz, su longitud se reduciría a cero, el tiempo se detendría y la masa se haría infinita. No sería posible acelerarlo más. Eso indica que la velocidad de la luz es un límite infranqueable en el Universo. Haber descubierto la velocidad límite es un hecho notable, puesto que no se podría haber descubierto mediante experimentos, ya que nunca podríamos estar seguros de que un experimento posterior no descubriría una velocidad mayor. Sin embargo es la teoría la que nos dice que la velocidad de la luz es el límite en el Universo físico. Además, ahora comprendemos mejor, por qué en el Universo la velocidad máxima debe ser la misma en todos los sistemas de referencia o referenciales. Si no fuera así, la velocidad se podría aumentar simplemente por cambio de referencial, y nunca se podría hablar de una velocidad máxima. Pero si las leyes relativistas no se cumplieran, el electromagnetismo no funcionaría como lo hace, y, por decirlo de alguna manera, el Universo se "desplomaría". Esta "construcción" o "estructura" del Universo que habitamos es la que permite que lo experimentemos como lo hacemos.

## Masa y energía

La energía cinética de una partícula depende de su velocidad. La fórmula para la energía cinética es:

$$\text{ENERGÍA CINÉTICA} = \tfrac{1}{2} \text{ MASA x VELOCIDAD}^2$$

Pero como hemos visto, de acuerdo con la relatividad la velocidad también aumenta la masa. De modo que un aumento de energía cinética supone también un aumento de masa. Si incremento de energía equivale a incremento de masa, llegamos a la conclusión sorprendente de que la masa es otra forma de energía. Einstein dedujo de las fórmulas relativistas la proporción entre masa y energía. Obtuvo la famosa fórmula:

$$E = m c^2$$

(energía es igual a masa por la velocidad de la luz al cuadrado). Podría pensarse que la fórmula solo debería aplicar a la energía cinética, pero hemos visto que en el Universo unas formas de energía se transforman en otras de acuerdo con la ley de conservación de la energía (para obtener energía cinética tendremos que extraerla de alguna otra forma de energía). Para que la ley de conservación de la energía se cumpla y las leyes del Universo sean consistentes hemos de entender que la fórmula tiene validez universal y aplica a todas las formas de energía. En las reacciones químicas Lavoisier comprobó que se cumplía la ley de conservación de la masa. Ahora dos leyes de conservación se fundían en una: La conservación de la energía, considerando a la masa como otra forma de energía.

Antes del descubrimiento de esta fórmula los científicos no podían explicarse la energía que genera el Sol. No había ningún proceso de obtención de energía conocido en la Tierra que generase tan enorme cantidad de energía con una pérdida muy pequeña de masa. Las leyes relativistas, por lo tanto, se extienden más allá de los campos de estudio en los que se originaron. Explican más cosas que las que originalmente pretendían explicar, mostrando que una ley universal cumple muchos propósitos y que el Universo es una entidad donde todo está relacionado y todas sus leyes cooperan juntas para hacer que funcione como lo hace.

La fórmula de la equivalencia entre masa y energía explica también la gran cantidad de energía que se obtiene en las centrales nucleares, o la que se libera en las explosiones atómicas.

El descubrimiento de la equivalencia entre masa y energía nos conduce a una visión del mundo que ya había sido sugerida por Faraday y Boscovich, quienes habían sugerido que aquellos lugares donde percibimos materia, podrían ser "los lugares donde las fuerzas de un campo de fuerza se concentran en un punto"

Entendiendo la relatividad, podemos entender mejor las relaciones entre materia y energía, y entre espacio y tiempo, y su relación con el movimiento.

### La Relatividad General

Las tres leyes del movimiento de Newton están de acuerdo con la relatividad cuando se consideran velocidades bajas en comparación con la enorme velocidad de la luz. Pero ¿qué pasa con la ley de Gravitación?. Observemos la fórmula newtoniana:

$$F = G (M m/ r^2)$$

Vemos que en ella no aparece el tiempo. La fórmula simplemente indica que donde hay una masa, automáticamente hay atracción gravitatoria.

Según esta fórmula es como si el Sol ejerciese su fuerza de atracción sobre la Tierra en el acto, sin transcurrir tiempo alguno. Es como si la influencia gravitatoria se transmitiese a una velocidad infinita. Para Newton mismo esa "acción a distancia" resultaba sospechosa. Como hemos visto, según la relatividad nada puede viajar más rápido que la luz. En la teoría de campos un cuerpo que ejerce su influencia sobre otro no puede hacerlo de manera instantánea. Las fuerzas no se transmiten directamente de una partícula a otra, sino de la primera partícula al campo y de este a la segunda partícula. El campo cobra por tanto realidad física. Ya hemos visto que la relatividad se deriva de la teoría del campo electromagnético. Pero ¿cómo se puede armonizar la relatividad con la ley de la gravedad?. La respuesta a esta pregunta condujo a la Relatividad General.

## El principio de equivalencia

Un cuerpo responde a una fuerza aplicada a él, según su "masa inerte" (o masa de inercia), de acuerdo con la fórmula F = m . a, pero responde a una fuerza de atracción gravitatoria, según su "masa pesante" (o masa gravitatoria), de acuerdo con la fórmula $F = G [ (Mm)/r^2]$. La "masa inerte" es por lo tanto la resistencia de un cuerpo a la aceleración, mientras que la "masa pesante" determina su respuesta a un campo gravitatorio (por ejemplo el de la Tierra); todos los cuerpos caen con la misma aceleración (en la Tierra, 9,8 m/seg.$^2$). La misma cantidad de "fuerza" debe producir la misma cantidad de "aceleración", sin importar si esa "fuerza" proviene de un campo gravitatorio, o de otra fuente, para que todo sea consistente, de modo que podemos igualar las dos expresiones de "fuerza"

Igualemos las dos expresiones de "fuerza":

$$m . a = G [(Mm)/r^2]$$

(Aquí "M" es la masa de la Tierra, y "m" la masa del objeto que cae).

Para ser más concretos:

$$\text{MASA INERTE} \times a = G(M/r^2) \times \text{MASA PESANTE}$$

Podemos medir la "inercia" de un cuerpo usando F = m . a, o podemos medir su "peso" usando $F = G [(Mm/r^2)]$; a priori, inercia y peso no tendrían por qué tener el mismo valor. Sin embargo podemos notar que para que la aceleración de la gravedad sea independiente de las características del cuerpo (y por tanto sea la misma para todos los cuerpos acelerados por un campo gravitatorio, como descubrió Galileo), estas ("masa inerte" y "masa pesante") no tendrían que aparecer en la fórmula. Eso solo puede ocurrir si las dos tienen el mismo valor (MASA INERTE = MASA PESANTE). Solo entonces podemos simplificar la fórmula, eliminando esos dos valores en ambos miembros de la ecuación, puesto que son iguales, y nos queda:

$$a = G (M/r^2)$$

Así, la aceleración depende solo de la intensidad del campo gravitatorio de la Tierra, y es una constante tal como la experiencia demuestra. Inercia y peso se compensan completamente (A mayor peso, la Tierra tira con más fuerza, pero como mayor peso significa también mayor inercia, el cuerpo se resiste más a la fuerza. Ambos efectos se compensan y el resultado es que todos los cuerpos caen con la misma aceleración).

Einstein se dio cuenta de que esta igualdad entre "masa inerte" y "masa pesante" implicaba la equivalencia entre un sistema en movimiento acelerado y un campo gravitatorio. Consideremos un ejemplo: imaginemos una especie de ascensor, una caja cerrada, sin ventanas, suspendida por un cable y colgando a una altura considerable. Dentro de esta especie de ascensor hay una persona y varios objetos. Supongamos ahora que se corta el cable y el ascensor empieza a caer, Aunque la persona levante los pies del suelo seguirá en caída libre, junto con el ascensor y los demás objetos, todos cayendo con la misma aceleración. A la persona entonces le parecerá que está flotando dentro del ascensor, También los demás objetos parecerán flotar. De hecho, esto es lo que realmente pasa cuando vemos a los astronautas flotar dentro de una nave que está en órbita en torno a la Tierra. Se suele decir que los astronautas están en unas condiciones de "gravedad cero". Pero la gravedad no ha desaparecido, porque es la que mantiene a la nave orbitando en torno a la Tierra, como la Luna. Lo que ocurre es que la nave y todo lo que hay en ella están en caída libre, como en el ascensor imaginario del ejemplo. Einstein se dio cuenta de que una persona en caída libre no siente su propio peso. Pero supongamos ahora que alguien engancha de nuevo el cable del ascensor, y se empieza a hacer que se eleve con un movimiento acelerado, tirando hacia arriba del cable; la persona y las cosas se volverán a pegar al suelo del ascensor y será como si alguien hubiese conectado un campo gravitatorio. Por tanto un sistema en movimiento acelerado y un campo gravitatorio son equivalentes.

Ahora bien, ¿qué ocurre con el espacio y el tiempo en un sistema acelerado?, Consideremos un caso de movimiento acelerado, un disco en rotación, como la plataforma de un tiovivo; (aunque la velocidad, una magnitud vectorial, no cambie de magnitud, cambia de dirección continuamente, por tanto es un sistema acelerado). Imaginemos un habitante de este disco giratorio haciendo mediciones de longitud y de tiempo. Si se coloca en una parte exterior del disco obtendrá unos valores, pero si se coloca en una parte más interna irá a diferente velocidad, y de acuerdo con la relatividad especial la medición de longitudes y tiempos será distinta. De hecho longitudes y tiempos se acortarán o dilatarán constantemente, y tendrán valores diferentes dependiendo de la distancia al centro del disco. Por lo tanto en un sistema acelerado la relatividad hace que los valores de las coordenadas espaciotemporales cambien continuamente de un punto a otro, encogiéndose o dilatándose. En un mundo con esas propiedades no podríamos trazar un sistema de coordenadas rectilíneo. Por ejemplo si tomáramos un plano y tomáramos nuestra "vara de medir" (variable de punto a punto), no podríamos obtener algo semejante a esto:

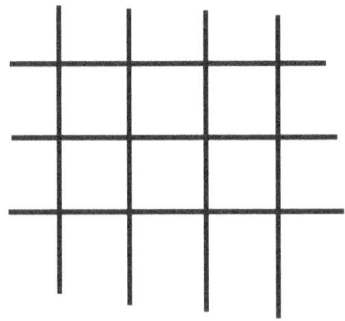

Más bien obtendríamos algo semejante a esto:

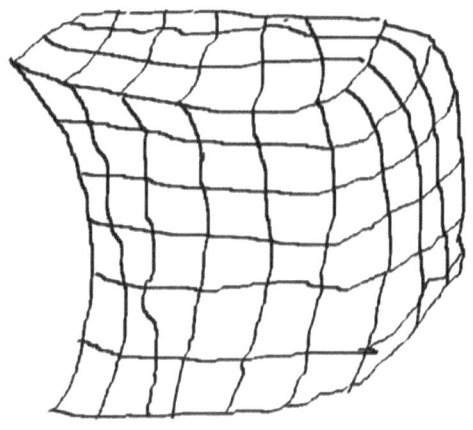

De modo que en un sistema acelerado la relatividad hace que el espacio y el tiempo sean curvos. Pero según el principio de equivalencia lo mismo debe ocurrir en un campo gravitatorio. Según este punto de vista, una gran masa, como la del Sol, origina una curvatura del espacio-tiempo en torno suyo. Altera la geometría de su entorno, deformándola. Los cuerpos en el entorno del Sol se moverán siguiendo trayectorias curvas, porque la geometría es curva, La relatividad conduce a una nueva interpretación de la gravedad. La gravedad se debe a que los cuerpos masivos curvan la geometría de su entorno.

Mientras trabajaba en este tema, Einstein supo que los matemáticos ya habían estudiado, desde hacía años, la geometría de los espacios curvos.

Para estudiar una superficie curva se introduce un sistema de coordenadas que se adapte a la curvatura.

Estas se llaman "coordenadas de Gauss". Matemáticos como Gauss dudaban de la validez completa de la geometría que estudiamos en el colegio, llamada geometría euclídea (por Euclides, geómetra griego).

Por ejemplo, en la geometría euclídea la suma de los tres ángulos de un triángulo siempre mide 180º; esto se puede comprobar en el siguiente gráfico:

Al trasladar dos de los ángulos, haciendo un "transporte paralelo", para unirlos al tercer ángulo, se ve que los tres suman media circunferencia, o 180°

Sin embargo ¿es esto realmente cierto en la verdadera geometría del mundo real?. Se puede demostrar que solo será cierto si el triángulo se traza en una superficie plana (con curvatura cero). Si trazamos un triángulo pequeño sobre la superficie de la Tierra se cumplirá, pero si vamos aumentando el tamaño del triángulo no se cumplirá debido a la curvatura de la Tierra.

De modo que ¿cuál es la verdadera geometría del Universo?.

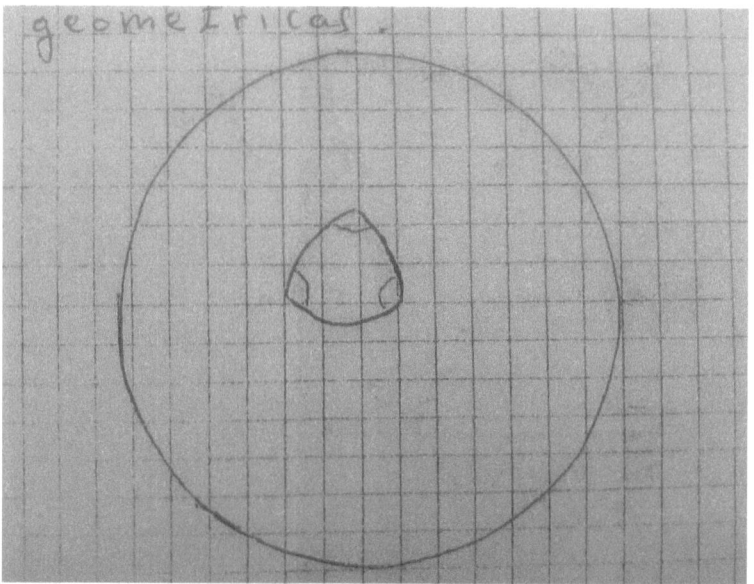

(Ver figura: Si trazamos un triángulo suficientemente grande sobre la superficie de la Tierra, sus tres ángulos sumarán más de 180°. La geometría de Euclides solo se cumple en la superficie de la Tierra como un caso límite, cuando realizamos las mediciones en una porción suficientemente pequeña).

Los experimentos podrían demostrar que la geometría se ve afectada por las propiedades físicas de la materia, la existencia de campos de fuerza, o leyes universales que influyesen en las mediciones geométricas.

De modo que Riemann desarrolló una geometría más general, que aplicase a cualquier clase de espacio, tuviera la estructura que tuviera. Además, para hacerla más general, la geometría se podría extender a cualquier número de dimensiones. Ahora Einstein descubrió que la verdadera geometría del Universo se adaptaba a la geometría prevista por Riemann, y dicha geometría era responsable de lo que conocemos como gravedad. Con la geometría de Riemann, la herramienta matemática que Einstein necesitaba estaba ya lista para su uso. Las fórmulas de esa geometría le sirvieron para calcular hechos que podían ser contrastados con la experiencia. La teoría de Einstein predecía que un rayo de luz seguiría una trayectoria curva al ser afectada por un campo gravitatorio intenso. Esta predicción fue confirmada durante un eclipse de Sol. La luz de una estrella era curvada por el campo gravitatorio del Sol, justo en la medida precisa predicha por la teoría. Además se comprobó que el tiempo se ralentiza al aumentar la intensidad gravitatoria (esto es lo que se quiere decir cuando se habla de que el tiempo es "curvo"). Solo quiere decir que los acontecimientos transcurren más o menos deprisa según la intensidad del campo gravitatorio en el lugar en que se hagan las mediciones. De modo que extendemos el lenguaje que usamos al referirnos a las tres coordenadas espaciales, y decimos que la coordenada temporal también es "curva". Además la teoría de Einstein explicó una anomalía observada en el movimiento del planeta Mercurio, que no había podido ser explicada por la física de Newton. La experiencia por lo tanto ha demostrado la validez de la Relatividad General, la teoría de la gravedad de Einstein.

## La "generalidad" de la Relatividad General

La teoría que Einstein desarrolló en 1905, se conoce como relatividad especial o restringida; es la primera que hemos considerado. La extensión que hizo para incluir la gravedad, que completó hacia 1916, es la que acabamos de considerar, y se llama Relatividad General, como hemos dicho. En realidad su "generalidad" no consiste solo en que incluya a la gravedad, sino en algo más profundo.

Desde Galileo sabemos que un sistema de referencia (o sistema de coordenadas) en reposo, no se puede distinguir de otro en movimiento rectilíneo uniforme con respecto a él. Las leyes de la naturaleza, como por ejemplo las leyes del movimiento, se cumplirán y serán las mismas en los dos sistemas. Estos sistemas se llaman inerciales, porque en ellos se cumple la ley de la inercia. Esto se puede expresar así: "Todos los sistemas inerciales son equivalentes para la formulación de las leyes de la naturaleza". Este es el llamado "principio de la relatividad de Galileo". Las leyes de la mecánica de Newton se fundamentan en él. En realidad lo que hizo Einstein fue mostrar que se podían mantener estos dos principios:

1- El principio de la relatividad de Galileo (Fundamental en Mecánica)

2- La constancia de la velocidad de la luz (Tal como aparecía en la formulación de Maxwell del electromagnetismo).

La relatividad especial se basa en esas dos ideas. Así pues, tanto la mecánica de Newton, como la relatividad especial, se cumplen en todos los sistemas inerciales, o sea, los que se mueven con movimiento rectilíneo uniforme unos con respecto a otros. Pero en el Universo todo o casi todo está en rotación, incluyendo a la Tierra, y esos sistemas deben considerarse acelerados, pues el "vector velocidad" cambia su orientación, incluso aunque no cambie su magnitud. ¿Por qué entonces hemos encontrado que la mecánica de Newton y la relatividad especial se cumplen en una amplia variedad de fenómenos?. Porque la Tierra y los demás sistemas de referencia son muy aproximadamente inerciales. Dicho de otro modo, aunque son acelerados, sus aceleraciones son muy suaves.

Sin embargo la Relatividad General se acerca más a la realidad, porque considera desde el principio como serían las leyes de la naturaleza en cualquier sistema de referencia. Extiende el principio de la relatividad de Galileo y no da preferencia a los sistemas inerciales. El principio de la Relatividad General puede expresarse así: "Todos los sistemas de coordenadas son equivalentes para la formulación de las leyes de la naturaleza", o dicho de otro modo: las leyes de la naturaleza deben ser expresadas de manera que sean las mismas en todos los sistemas de coordenadas; si no fuera así no habría un consenso sobre tales leyes, pues cada observador obtendría fórmulas distintas según su estado de movimiento. Los sistemas inerciales son solo un caso particular del caso más general. Al extender la relatividad especial a sistemas en cualquier estado de movimiento aparece la curvatura del espacio-tiempo, y la gravedad queda explicada como consecuencia de esa "geometría curva". La Relatividad General se ha mostrado más exacta que la teoría de Newton. Si el principio de Relatividad General no se cumpliera en el Universo, como hemos dicho, unos observadores no se pondrían de acuerdo con otros en cuanto a sus leyes más fundamentales, y eso haría que quizá ni siquiera se podría hablar de leyes universales.

# La Teoría Cuántica; Luz y Materia

La luz sale de la materia, bien sea de los cuerpos incandescentes, o reflejada por los cuerpos que son iluminados por cuerpos incandescentes. Como hemos visto, la materia tiene naturaleza eléctrica, y Maxwell descubrió que la luz consiste en ondas electromagnéticas (según la teoría de Maxwell, además de la luz visible, pueden existir radiaciones cuya longitud de onda está más allá del violeta, o por debajo del rojo, ultravioleta e infrarrojo). También son ondas electromagnéticas, con diferente longitud de onda, las ondas de radio y televisión, los rayos gamma, los rayos X, las microondas etc.

## La radiación de cuerpo negro

Kirchhoff había descubierto que cuando diferentes cuerpos eran irradiados con radiación térmica, cada uno absorbía una fracción determinada de la radiación y emitía el resto; de modo que cada cuerpo tiene una capacidad diferente para absorber calor; sin embargo el cociente entre la radiación emitida por los diferentes cuerpos, y su capacidad de absorción, es siempre el mismo, de modo que no depende del material o de las características del cuerpo; debía existir por tanto una ley universal para la radiación térmica que aplicase a todos los cuerpos sin importar su naturaleza.

Encontrar la forma de esa ley universal se convirtió en uno de los principales objetivos de los físicos.

Un cuerpo que tuviese la máxima capacidad de absorción, retendría toda la radiación que recibiese, por lo que se le llamó "cuerpo negro"; sería el absorbente perfecto.

Si elevase su temperatura sería también el emisor ideal, puesto que un cuerpo cuando es calentado, emite las mismas frecuencias que recibe cuando no lo es.

Wien, a partir de consideraciones termodinámicas, indicó que la fórmula universal buscada debía ser una función del cociente entre frecuencia y temperatura.

Medir experimentalmente la radiación de cuerpo negro sería una guía y al mismo tiempo una confirmación de la ley teórica que se propusiese.

Pero hasta los cuerpos que parecen negros a nuestra vista, en general emiten en el infrarrojo en forma de calor. Sin embargo se podía usar una cavidad con un diminuto orificio; la radiación entraría en él y empezaría a viajar entre sus paredes internas, siendo despreciable la probabilidad de que volviese a salir por el orificio, de modo que éste se podría considerar un cuerpo negro; ocasionalmente la radiación podría salir por el orificio, perdiendo las paredes energía y enfriándose, pero recuperarían pronto el equilibrio térmico con la radiación que entrase; de modo que el orificio se comportaría como un cuerpo negro absorbiendo toda la energía que le llega y a su vez emitiendo toda la correspondiente al equilibrio térmico.

De esta forma se obtuvieron gráficas experimentales de la radiación de cuerpo negro. Estas presentaban un máximo en la región de frecuencias intermedias, mientras que tanto las frecuencias bajas como las altas contribuían poco a la intensidad de la radiación.

Wien propuso una fórmula que daba resultados que se ajustaban bien en el extremo de las frecuencias altas, pues su fórmula incluía un término de decrecimiento exponencial al aumentar la energía, y las frecuencias altas corresponden a energías altas de los osciladores que las generan. Pero para las frecuencias bajas las predicciones no coincidían con las observadas experimentalmente.

Max Planck, dedujo otra fórmula parecida; en aquel tiempo, Boltzmann y otros habían obtenido explicaciones de las leyes de la termodinámica basadas en la existencia de los átomos y moléculas, aplicando las leyes de la mecánica clásica a grandes cantidades de ellos, usando métodos estadísticos. La temperatura era considerada como resultante de la energía cinética de las partículas dentro de un recipiente. El choque incesante de las partículas contra las paredes del recipiente determinaba la presión, de modo que la temperatura era proporcional a la energía promedio de las partículas, y la constante de proporcionalidad "k" se denominaba "constante de Boltzmann".

En el equilibrio térmico, es decir, cuando todas las partículas, tras sus incesantes choques intercambiando velocidad, alcanzaban aproximadamente la misma energía, se aplicaba la ley de equipartición, asignando la misma energía y por tanto la misma velocidad a cada partícula.

Pero en aquel tiempo la teoría atómica era considerada como una hipótesis, y no se consideraba como algo totalmente probado; las leyes de la termodinámica eran consideradas por muchos físicos como leyes universales, no reducibles a otras, y por tanto no consideraban necesario que tuviesen que ser explicadas por la mecánica estadística.

Max Planck era consciente de la importancia de encontrar la ley universal de la radiación térmica hacia la que señalaba el descubrimiento de Kirchhoff, y además, aunque era tolerante con las interpretaciones estadísticas, consideraba también las leyes de la termodinámica y el electromagnetismo como leyes universales irreducibles.

Imaginó un modelo de cuerpo negro como una cavidad cuyas paredes contenían osciladores eléctricos que emitían en todas las frecuencias. Para encontrar la ley de radiación en el equilibrio térmico, se vio obligado a utilizar los métodos estadísticos, y también la ley de equipartición de la energía entre los diferentes osciladores.

Si suponía que la energía era absorbida y emitida de forma continua, tomando ésta cualquier valor, al ser infinito el rango de valores, las formas posibles de repartir la energía disponible entre los osciladores eran infinitas, y no había manera de hallar una solución.

De modo que se vio llevado a suponer que la energía de los osciladores no podía tomar cualquier valor, sino solo un valor determinado proporcional a su frecuencia; introdujo una constante de proporcionalidad entre energía y frecuencia, que fue llamada "h".

Los osciladores de frecuencia baja contribuirían poco a la intensidad de la radiación, aun cuando hubiese muchos, debido a que "h" tenía un valor muy pequeño; por otra parte los osciladores de alta frecuencia requerirían mucha energía, de modo que habría pocos, pues la energía disponible a repartir no podía ser ilimitada; el número de osciladores de frecuencias intermedias, en cambio, podía ser mucho mayor, y por tanto serían los que más contribuirían a la intensidad de la radiación, explicando así el máximo en la gráfica que se obtenía en los experimentos.

Aunque la "equipartición" funcionaba en la mecánica estadística, y se asignaba la misma cantidad de energía a cada partícula al alcanzar el equilibrio térmico, no ocurría lo mismo con la radiación; a cada frecuencia le correspondía una cantidad de energía distinta, pero siempre un múltiplo de la constante "h".

Los físicos ingleses Rayleigh y Jeans intentaron obtener la ley de radiación a partir del electromagnetismo clásico; la fórmula que obtuvieron concordaba bien con los valores experimentales en la zona de frecuencias bajas, pero para las frecuencias altas predecía una energía que crecía sin límite, lo que evidentemente no ocurría, de modo que se llamó a ese resultado "catástrofe ultravioleta".

Era la fórmula de Planck la que concordaba con los experimentos; todo esto señalaba hacia la necesidad de una revisión de algunos de los conceptos de la física clásica.

Para estar de acuerdo con los valores experimentales había que admitir que la energía no se emite con cualquier valor, sino solo con unos valores determinados que son todos múltiplos de la constante "h".

Pero ¿qué es "h"?. Despejémosla de la fórmula y veamos lo que obtenemos. La fórmula es E = h v. La frecuencia de un oscilador es el número de ciclos por unidad de tiempo; el periodo es el tiempo invertido en un ciclo completo. Supongamos una frecuencia de 2 vueltas o ciclos por segundo. Tiene que dar una vuelta en medio segundo. El periodo es por tanto ½ segundo por vuelta o ciclo. De modo que el periodo es el inverso de la frecuencia. Podemos por tanto escribir la fórmula de Planck así:

$$E = h \cdot 1/t, \text{ y despejando h, } E \cdot t = h$$

De modo que "h" tiene dimensiones de energía por tiempo; es lo que en mecánica denominamos acción.

## El efecto fotoeléctrico

Se había descubierto que al incidir la luz sobre determinados metales, el impacto energético conseguía arrancar electrones del metal, haciéndolo conductor (ese es el fundamento de la célula fotoeléctrica, las placas de energía solar fotovoltaica, las placas fotosensibles de las cámaras de televisión y vídeo, etc.). Sin embargo al aumentar la intensidad de la luz, no aumentaba la energía de los electrones arrancados, pero al cambiar el color sí. El color depende de la frecuencia de la luz. En 1905, el mismo año en que sentó las bases de la relatividad especial, Einstein publicó otro artículo en el que explicó el efecto fotoeléctrico basándose en la fórmula E = h v. Según ella, la frecuencia "v" determina la energía de la luz incidente, y por lo tanto los electrones del metal adquieren más o menos energía dependiendo de la frecuencia (color), y no de la intensidad de la luz que se use. A cada valor determinado por la fórmula E = h v se le puede considerar un "cuanto" de energía luminosa o "fotón". Al aumentar la intensidad, aumenta el número de "fotones", y cada fotón incide sobre un electrón. Por tanto, si aumenta la intensidad, aumenta el número de electrones arrancados, pero no su energía. La fórmula E = h v, que Max Planck introdujo para explicar la radiación de cuerpo negro, explicaba también el efecto fotoeléctrico, lo que indicaba que encerraba alguna verdad profunda sobre el mundo físico.

## La naturaleza eléctrica de la materia

Los primeros estudios de los fenómenos eléctricos y magnéticos, de los que ya hablamos, demostraban claramente la naturaleza eléctrica de la materia. Al igual que la gravedad y la luz, las fuerzas eléctricas y magnéticas brotaban de la materia en determinadas circunstancias. Las propiedades eléctricas de la materia también arrojarían luz sobre su estructura, y así se podrían combinar los resultados que se obtuviesen al estudiar las propiedades eléctricas, con los de la teoría atómica.

Se descubrió, ya en tiempo de Faraday, que una corriente eléctrica podía separar los átomos componentes de las moléculas de una sustancia. Eso sugería que el enlace atómico era de naturaleza eléctrica. Este fenómeno se denomina "electrólisis". La pila de Volta ya indicaba que había relación entre fenómenos químicos y eléctricos, puesto que se generaba electricidad a partir de procesos químicos. Faraday experimentó con la electrólisis e hizo mediciones. Descubrió que para depositar en uno de los electrodos un mol de sustancia, se necesitaba siempre la misma cantidad de carga eléctrica, independientemente de la sustancia que fuera. Concretamente 96.500 culombios, en números redondos. Como ya vimos, en un mol de cualquier sustancia hay el mismo número de partículas, el Número de Avogadro. El número de Faraday (96.500 culombios), sugería que existe una cantidad elemental de electricidad, o carga eléctrica elemental. Si se supone que cada partícula transporta una unidad de carga, el número de Faraday debe ser igual al número de partículas depositadas en el electrodo (un mol), multiplicado por el valor de la carga elemental; o sea el número de Avogadro por la carga que transporta cada partícula:

96.500 culombios = Número de Avogadro x carga elemental

$$F = Na \cdot e$$

Bastaría conocer el número de Avogadro para conocer el valor de la carga eléctrica elemental, o a la inversa , sabiendo el valor de la carga elemental , determinar el número de Avogadro. (En la actualidad se conocen los dos números con bastante exactitud).

Esta explicación de la electrólisis sugiere que un átomo neutro (no ionizado, no cargado eléctricamente) contiene una cantidad de carga eléctrica positiva y la misma cantidad de carga eléctrica negativa, siendo esta carga, siempre un múltiplo entero de la carga elemental. El átomo podría no ser indivisible, sino componerse de partículas con carga positiva y partículas con carga negativa. (La palabra "átomo" viene del griego, y significa "sin partes", o sea indivisible; a pesar de que la idea ha cambiado, la palabra se sigue manteniendo).

### El modelo atómico de Thompson

Thompson sugirió que el átomo podría consistir en una esfera de carga eléctrica positiva en la que se encontraban incrustadas partículas más pequeñas de carga eléctrica negativa, o electrones, como si se tratase de un pastel de pasas.

## El modelo nuclear de Rutherford

La radiación emitida espontáneamente por los elementos radiactivos fue sometida a campos eléctricos o magnéticos y resultó consistir en tres tipos de rayos, llamados α, β, γ, las tres primeras letras del alfabeto griego. Las partículas alfa se desviaban como si tuvieran carga eléctrica positiva (eran núcleos de helio). Las partículas beta eran de carga negativa (electrones), y los rayos gamma no se desviaban (eran ondas electromagnéticas). Rutherford lanzó partículas α contra una lámina fina de oro, y descubrió para su sorpresa que la mayoría la atravesaban, y solo unas pocas eran desviadas o rebotaban. La mayor parte atravesaban la lámina y eran detectadas al otro lado, como si hubieran atravesado átomos con grandes espacios vacíos. Las que rebotaban o eran desviadas, debían ser las que daban en los lugares donde se concentraba la carga, o en sus proximidades. A partir de estos experimentos Rutherford propuso un modelo del átomo en el que la carga positiva estaba concentrada en un núcleo diminuto (cuyas dimensiones se pudieron estimar, y resultó ser muchísimo más pequeño que el tamaño del átomo), rodeado de los electrones girando alrededor. Se parecía a un Sistema Solar en miniatura. Sin embargo había una dificultad. Si se aplican las leyes clásicas del electromagnetismo, el electrón debería radiar al moverse en torno al núcleo, generando magnetismo al ser una carga en movimiento. Al hacerlo perdería energía (transmitiéndola al campo magnético generado), lo que haría que se acercase más al núcleo por la atracción eléctrica. Seguiría perdiendo energía, y finalmente, en un tiempo muy breve, se precipitaría contra el núcleo. El modelo de Rutherford explicaba la dispersión de partículas α, pero según la física clásica era inestable.

## La Teoría cuántica "salva" al átomo: El modelo de Bhor

Niels Bohr pensó que la fórmula $E = h\nu$, que servía para explicar la radiación de cuerpo negro y también el efecto fotoeléctrico, podía ser la clave para evitar el colapso del átomo de Rutherford. La aplicación del electromagnetismo clásico no funcionó para explicar la radiación térmica de cuerpo negro, pues la fórmula de Rayleigh-Jeans predecía la llamada "catástrofe ultravioleta", que evidentemente no ocurre; la aplicación rigurosa del electromagnetismo clásico era también la que predecía el colapso del átomo de Rutherford; pero si la energía no puede tomar cualquier valor, el electrón en órbita no podría radiar de manera continua, como predecía el electromagnetismo. Probablemente esa limitación cuántica evitaría que se precipitase hacia el núcleo. El electrón no puede ir pasando por un rango continuo de valores de energía siguiendo una espiral continua hasta el núcleo. En lugar de esa espiral, Bohr conjeturó que habría ciertas órbitas "estables" en las cuales el electrón podría permanecer sin radiar energía en forma de magnetismo. Al recibir un fotón de energía E = h ν, el electrón gana energía y pasa a una órbita superior. A la inversa, si el electrón emite un fotón, se deshace de una cantidad de energía de valor E = h ν y pasa a una órbita inferior. Al pasar de una órbita a otra el electrón realiza un "salto cuántico", de un estado energético a otro, No hay valores de energía intermedios puesto que la energía solo puede tomar los valores discontinuos permitidos por la fórmula cuántica. Por lo tanto en el modelo de Bohr no cabe pensar en el electrón recorriendo una trayectoria al ir de una órbita "estable" a otra. Más bien es como si el electrón desapareciese de una órbita y automáticamente apareciese en otra. Era un poco misterioso, pero en física ya estamos acostumbrados a eso. Como dijimos, la búsqueda de las leyes del Universo es como un viaje a territorio desconocido. Podemos llevarnos sorpresas y encontrar cosas que no nos parezcan "normales". Pero ¿por qué consideramos "normal" una cosa?; porque funciona según las normas a las que estamos acostumbrados. Pero al investigar en nuevos dominios las normas pueden ser otras. Si desde pequeños hubiésemos visto que las cosas "normalmente" aparecen o desaparecen, o desaparecen de un lugar y aparecen en otro, porque hubiésemos nacido en un mundo con esas propiedades, estaríamos acostumbrados a esas leyes o normas y no nos resultarían extrañas.. Según la teoría cuántica percibimos el mundo a saltos. En realidad no es tan difícil de entender . Cuando vamos a ver una película al cine, lo que vemos es una sucesión muy rápida de imágenes fijas que crean la "ilusión", o tal vez sería más correcto decir que generan en nosotros la percepción de movimiento continuo, sin interrupciones entre una imagen estática y otra. En realidad la pantalla permanece oscura tanto tiempo como el que permanece iluminada. Entre la aparición instantánea de un fotograma y la aparición instantánea del siguiente, hay un momento en que la pantalla está oscura. La proyección de una película es en realidad una proyección muy rápida de imágenes fijas; el proyector de cine, es como un proyector de diapositivas que pasa de una imagen a otra con mucha rapidez. Se solía decir que no percibimos los intervalos de oscuridad debido a la persistencia de la imagen en la retina, pero de acuerdo con la moderna neurociencia parece que son las regiones cerebrales encargadas del procesamiento de la información visual, las que, de alguna manera, "mantienen" la información contenida en cada fotograma estático, generando nuestra percepción de movimiento continuo y sin interrupciones. Según la teoría cuántica también percibimos la naturaleza a saltos, como una secuencia de percepciones discontinuas, igual que las películas. No nos damos cuenta del llamado "salto cuántico" debido al pequeñísimo valor de la constante h, que cuantiza la energía en valores discontinuos pero muy próximos entre sí (en otras interpretaciones de la teoría cuántica, posteriores a la original, se cuestiona si es apropiado hablar de "saltos cuánticos"; el "problema de la medida", lo que le ocurre a la "onda" cuando se hace una observación, si desaparece o no, y cómo debe interpretarse la mecánica cuántica, es todavía un asunto que se sigue investigando). Tal como entre un fotograma y otro de la película no hay nada sino oscuridad, según la teoría cuántica, en el mundo de nuestras percepciones no existen los valores intermedios de energía, ni los pasos intermedios que supuestamente debería recorrer el electrón al pasar de una órbita a otra. Esa supuesta trayectoria no existe, no se manifiesta. Las leyes de la naturaleza, según la teoría cuántica, son tales, que no permiten la aparición en el mundo físico, (el mundo que observamos, el mundo de nuestras percepciones) de ciertos valores de las variables que caracterizan el movimiento del electrón (u otra partícula). Por lo tanto podemos decir que en el mundo de nuestras percepciones (es decir, aquello que nosotros podemos observar o medir), esos valores no existen.

El concepto de trayectoria en teoría cuántica, aunque existe, tiene un significado diferente y más limitado que en la física clásica (aunque desde otro punto de vista quizá sería más correcto decir "más ampliado"). En realidad, según la física clásica también, cuando observamos y medimos la trayectoria de un móvil, lo que medimos es una sucesión de sus posiciones en intervalos de tiempo muy reducidos. Si no pudiésemos hacer las mediciones en intervalos de tiempo que consideramos "infinitesimales", la trayectoria también daría saltos: los valores de las posiciones sucesivas serían discontinuos. La física clásica supone que se pueden medir las posiciones en intervalos de tiempo infinitamente cortos, pero en la práctica no es así, aunque hay técnicas matemáticas que permiten, al menos en teoría, hacer cálculos sobre "trayectorias continuas" con el grado de aproximación y precisión que se quiera o se precise, el cálculo infinitesimal, que también es preciso utilizar en teoría cuántica, tal como es entendida hasta ahora.

No obstante la teoría cuántica parece ofrecer más perspicacia sobre el concepto de "movimiento". Nos conduce a un análisis cuidadoso de conceptos sobre la realidad que habíamos dado por sentado, tal como la relatividad nos dio más perspicacia sobre conceptos como "espacio", "tiempo", "masa" y "energía".

### El modelo de Bohr y el espectro del hidrógeno

La luz que emite un material se puede descomponer por medio de un espectroscopio. Se hace pasar la luz por un prisma de vidrio, y se divide o fracciona. Por ejemplo la luz blanca se descompone en colores. Esto se debe a que, como ya vimos, cada color , al tener diferente longitud de onda, se desvía en un ángulo determinado al atravesar el prisma; cuando cada frente de onda entra por una cara del prisma formando un ángulo oblicuo con dicha cara, las diferentes partes de ese frente de onda van entrando en el material del prisma en tiempos ligeramente diferentes, y como la luz viaja a menor velocidad dentro del prisma, las partes del frente de onda que van entrando antes se van frenando primero que las que van entrando después; esto ocasiona el desvío. Cuando la luz sale por la otra cara del prisma, ya fraccionada o refractada, e ilumina o se proyecta sobre alguna superficie o pantalla, observamos lo que se llama un espectro de franjas de varios colores. Cada sustancia emite un espectro diferente, debido a que su constitución atómica o molecular es distinta a la de otras, y esto influye en los valores de sus frecuencias de emisión (así como en las de absorción), ya que tales frecuencias dependen de las distintas interacciones de la luz y otras radiaciones con las partículas que componen cada átomo o molécula (como vimos antes, las diversas frecuencias de las radiaciones entrantes y salientes que interaccionan con los electrones, determinan los valores de la energía absorbida y emitida de acuerdo con la fórmula cuántica, en la que el valor de la energía viene dado por la frecuencia multiplicada por la constante de Planck) . Esto resulta muy útil, por ejemplo para los químicos y los astrofísicos, puesto que se puede deducir la composición de un objeto (los átomos o moléculas que lo constituyen), analizando la luz que emite. Bohr aplicó su modelo del átomo al elemento más sencillo, el hidrógeno, puesto que solo contiene un electrón, y el modelo predijo correctamente las líneas o bandas observadas en el espectro. Cada línea corresponde a una frecuencia emitida por el átomo, al efectuar una transición de un estado energético a otro. Sin embargo, una observación más afinada del espectro del átomo de hidrógeno, reveló que cada línea se componía de varias líneas muy próximas entre sí. Eso indicaba más niveles de energía posibles para el electrón en el átomo. Aparecieron más líneas aún al someter al átomo a un campo magnético: Para explicar esas nuevas frecuencias se amplió el modelo original de Bohr. En primer lugar se supuso que podrían existir órbitas elípticas, y no solo circulares; en segundo lugar tal vez la órbita podría tomar diferentes orientaciones espaciales; además el electrón podría girar en torno a sí mismo en dos sentidos distintos. Así, se imaginaron más grados de libertad para el electrón, lo que redundaría en más posibles estados energéticos, y eso podría explicar las nuevas líneas observadas en el espectro; las órbitas elípticas, por ejemplo, implicarían que la distancia del electrón al núcleo variaría al recorrer la órbita (como en el caso de los planetas al girar en torno al Sol); para cada distancia la atracción eléctrica sería distinta, y por tanto cambiaría la velocidad y energía cinética del electrón; por otro lado, al ser una carga eléctrica en movimiento se puede considerar al electrón como un pequeño imán, pues una carga en movimiento genera magnetismo; al someterlo a un campo magnético, tanto la orientación espacial de la órbita con respecto al campo magnético, como su supuesto sentido de giro en torno a su supuesto "eje", influirían también en los valores de la energía de origen magnético debida a la interacción entre el campo magnético aplicado y el propio magnetismo generado por el electrón, ya que la fuerza magnética, al igual que otras fuerzas, es una magnitud vectorial, y por tanto su orientación (en este caso con respecto a la orientación del campo magnético aplicado) influye en el efecto que tendrá dicha fuerza, y por tanto en la energía que se obtendrá al aplicarla. De modo que se podía caracterizar el estado del electrón en el átomo por medio de cuatro números, llamados números cuánticos, que determinaban sus posibles grados de libertad, y por tanto sus estados energéticos.

Wolfgang Pauli propuso el llamado "principio de exclusión", según el cual, en un átomo no puede haber dos electrones con los mismos números cuánticos, o sea, en el mismo estado energético; de modo que en átomos con varios electrones, estos deben irse organizando y escalonando en los diferentes niveles energéticos permitidos. Esta resultó ser la explicación de la Tabla periódica. Los elementos con propiedades químicas parecidas tienen el mismo número de electrones en su última capa. Si el átomo de un elemento no tiene suficientes electrones para completar todos sus niveles energéticos permitidos, tenderá a captarlos de otros átomos, debido a la tendencia de todos los sistemas físicos a conseguir un estado de energía equilibrado y estable (por ejemplo, si aplicamos una fuerza para estirar una goma, está tendrá más energía debido a que está más tensa, pero si la soltamos su tendencia será la de deshacerse de esa energía adicional y volverá a su estado natural de menor energía). De modo que habrá átomos que se mantendrán unidos por medio de compartir electrones, formando así una molécula en la que cada átomo componente, usando un lenguaje metafórico, no se "sentirá tenso", por decirlo así (como en el ejemplo de la goma), al encontrarse la molécula en un estado estable natural de energía, estado en el que no se encontraban los átomos componentes antes de asociarse para formar la molécula. Eso explica el por qué del enlace químico, mediante el cual los átomos se unen o asocian para formar moléculas. Los elementos químicos con sus niveles completos, como los gases nobles o inertes, no son químicamente activos y no tienden a formar compuestos; se mantienen estables. Otros elementos son muy activos químicamente porque necesitan asociarse con otros átomos para completar sus niveles de energía permitidos. De hecho, los gases nobles ocupan una sola columna de la tabla periódica, pero la mayor parte de los elementos de ésta son activos químicamente, en mayor o menor grado. Eso permite la formación de una cantidad inmensa de moléculas distintas con diferentes propiedades, y da lugar a que haya mucha actividad química; y eso genera gran cantidad de procesos naturales de cambio, y los importantes procesos de la vida misma; la digestión , por citar un ejemplo, implica una cantidad considerable de reacciones químicas que proporciona a los seres vivos la energía que necesitan, y los materiales estructurales que regeneran sus organismos; toda la actividad celular es posible debido a reacciones químicas; de hecho se podría quizás decir que consiste en ellas, así como todo el funcionamiento coordinado de los diferentes órganos que componen a los seres vivos. De modo que sin reacciones químicas no habría vida, tal como la conocemos, ni otros procesos naturales; sería como si todo estuviese "congelado".

## La idea de De Broglie

Estaba ya muy claro que la fórmula $E = h\nu$ tenía que ser tomada en serio como una ley de la naturaleza. Cuando Einstein la utilizó para explicar el efecto fotoeléctrico, introdujo la noción de una especie de naturaleza dual de la luz; cada cuanto de energía transmitía su energía a un único electrón, que era considerado como una partícula puntual clásica, con una posición bien definida en el espacio; esto daba la idea de que cada cuanto de energía luminosa poseía en ese momento también una posición puntual bien definida, como si se tratase de una "partícula de luz" o "fotón"; pero al mismo tiempo, la fórmula contenía un término para la frecuencia, que es una propiedad característica de las ondas, de los procesos ondulatorios y oscilatorios; no se podía cambiar la fórmula eliminando ese término, pues precisamente la frecuencia (color) de la luz, era la que determinaba la energía que se transmitía al electrón, y concordaba con los resultados experimentales sobre el efecto fotoeléctrico; por supuesto se podía pensar que tanto el electrón como el fotón eran partículas puntuales que oscilaban, pero que en el momento de intercambiar energía coincidían en una determinada posición; de hecho la idea que se tenía entonces (puesto que no se conocía la estructura interna del átomo), era que, o bien el propio átomo, o "algo" en él, tenía que estar oscilando, dando origen a la luz y otras radiaciones que brotaban de la materia. Anteriormente había habido un debate histórico sobre si la luz consistía en "partículas" o en "ondas", pero para ese tiempo, se consideraba bien establecido que la luz consistía en ondas electromagnéticas; no solo se habían hecho experimentos en los que se cruzaban haces de luz y se producían fenómenos evidentes de interferencia, típicos de las ondas, sino que la teoría de Maxwell del electromagnetismo predecía claramente la generación de ondas electromagnéticas, cuya velocidad era justamente la velocidad de la luz. La explicación del efecto fotoeléctrico por medio de la fórmula $E = h\nu$, ahora parecía indicar que la luz mostraba un comportamiento dual, con características tanto de onda como de partícula.

Entonces Louis De Broglie propuso que, por razones de simetría, las mismas fórmulas tal vez podrían aplicar no solo a la luz, sino también a otras manifestaciones energéticas, como el electrón; de ser así, si la fórmula $E = h\nu$ se aplicaba, no solo a la radiación emitida y absorbida, sino también a la materia (en este caso, al electrón), habría que asociar una frecuencia al electrón. En ese caso, este podría también manifestar características ondulatorias, como la luz. De Broglie entonces realizó unos cálculos matemáticos sencillos, usando las dos fórmulas de la energía:

$$\text{“E = h } \nu\text{” y “E=m c}^2\text{”}$$

Si fuese cierto que estas dos fórmulas aplicaban igualmente tanto a la materia como a la radiación, y ambas podían manifestar características tanto de onda como de partícula, las dos expresiones se podrían igualar (de acuerdo con el principio de conservación de la energía), pues se las podía considerar dos maneras distintas de calcular el valor de la energía de todas las entidades que manifestasen tal dualidad "onda-partícula".

Igualando las dos expresiones de la energía obtenemos:

$$\text{h } \nu = \text{m c}^2$$

En el movimiento ondulatorio la longitud de onda nos indica el espacio recorrido por la onda en cada ciclo y el periodo es el tiempo invertido en completar un ciclo.

De esas dos magnitudes calculamos la velocidad de la onda:

$$\text{velocidad = espacio/tiempo = longitud de onda/periodo}$$

pero ya sabemos que el periodo es el inverso de la frecuencia:

$$\nu = 1/t$$

de modo que:

velocidad = longitud de onda / periodo = longitud de onda x frecuencia = $\lambda$ $\nu$

En la fórmula $\text{h } \nu = \text{m c}^2$, c es la velocidad, por tanto aplicando la relación entre velocidad de la onda, longitud de onda y frecuencia, tenemos que:

$$c = \lambda \nu \text{ y } \nu = c / \lambda$$

de modo que:

$$E = h \nu = h ( c / \lambda ), \text{ por tanto } E = m c^2 = h ( c / \lambda )$$

Despejamos de aquí la longitud de onda $\lambda$ :

$$m c^2 = h ( c / \lambda ); \lambda m c^2 = h c; ; \lambda = h c / m c^2; \lambda = h / m c$$

Pero si tenemos una partícula cuya velocidad es v en vez de c (que es la velocidad de la luz), entonces la fórmula será:

$$\lambda = h / m \, v$$

Se podía así asociar al electrón una longitud de onda. Esta idea suministraba una posible explicación de las órbitas permitidas de Bohr. Según la idea de De Broglie, las órbitas cuya longitud no permita encajar un número entero de longitudes de onda, se anulan debido al conocido fenómeno de interferencia entre ondas:

(Ver figura):

Órbita permitida: un número entero de longitudes de onda encajan en la longitud $2 \pi r$ de la circunferencia de radio r.

Órbita no permitida: Las órbitas interfieren consigo mismas y se anulan por interferencia destructiva.

Se obtenía así una explicación de la cuantización del momento angular que había sido postulada por Bohr. Como vimos, en el modelo de Bohr, no todos los radios estaban permitidos, de modo que había que suponer que el momento angular, el producto mvr, estaba cuantizado en unidades enteras de h / 2 π.

Expresado en forma matemática el supuesto que Bohr tuvo que introducir era:

$$mvr = n \times (h / 2 \pi)$$

siendo n un número entero. Sin embargo no se comprendía por qué era así; Bohr se basó para obtener la fórmula concreta e incluir en ella el término 2 π, en datos experimentales obtenidos de los espectros.

La idea de De Broglie explicaba ahora la razón para el supuesto de Bohr: En la longitud de una circunferencia de radio r permitido, deben encajar un número entero de longitudes de onda. Por tanto tiene que cumplirse que:

$$2 \pi r = n \lambda, \text{ y como } \lambda = h / mv, \text{ entonces } 2 \pi r = n \times (h / mv),$$

de donde mvr = n (h / 2 π), que es el postulado de Bohr.

### La nueva mecánica cuántica

A medida que hubo que ir añadiendo nuevas ideas al modelo original de Bohr, para ajustarse a los hechos experimentales, los físicos fueron pensando que tal vez lo que se necesitaba era una reformulación total de la mecánica. Después de todo, Bohr solo utilizó la fórmula E = h ν, y la cuantización del momento angular. Pero en cierto modo, su modelo era una mezcla de esas ideas cuánticas con ideas de la mecánica clásica: Ya que la energía es una magnitud derivada, que se obtiene a partir de otras más fundamentales, como la longitud y la velocidad, tal vez modificando de la manera correcta las magnitudes fundamentales, de forma que al llegar a la energía se obtuviese la fórmula E = h ν, se conseguiría comprender la razón oculta que hay tras la fórmula cuántica. Se necesitaba por lo tanto una nueva mecánica, una mecánica cuántica.

### Las matrices de Heisenberg

Werner Heisenberg, era uno de los que trabajaban en dilucidar los problemas del modelo atómico de Bohr. Se convenció de la necesidad de construir una teoría que se basase solo en las magnitudes observables. Las órbitas estacionarias o estaciones en las que el electrón en el átomo no radiaba, no eran observables. En realidad lo único que observamos del átomo son las frecuencias e intensidades del espectro que emite. De modo que Heisenberg se propuso descubrir las reglas matemáticas que relacionasen las variables fundamentales que caracterizan el movimiento del electrón, su posición y su velocidad, con las frecuencias observadas. Obtuvo los valores experimentales de las frecuencias que eran emitidas o absorbidas cuando los átomos pasaban de un estado energético a otro y dispuso en forma de tabla tales valores para las transiciones entre estados; a partir de ahí, considerando el átomo como un simple oscilador, y después de mucho trabajo, dedujo a partir de las tablas de valores experimentales, las reglas matemáticas que había que utilizar para calcular todas las posibles transiciones.

Cuando finalmente los cálculos encajaron, se podían calcular las frecuencias observadas operando con esas tablas (por ejemplo, utilizando una tabla numérica o matriz para los posibles valores de la coordenada de posición, y lo mismo para otras variables, y operando entre ellas). Max Born y Pascual Jordan descubrieron a partir del trabajo de Heisenberg lo que se llamó "la relación mecano-cuántica fundamental":

$$p\,q - q\,p = h\,/\,2\pi\,i$$

donde p es la matriz (o tabla numérica) de momentos, que da las posibles velocidades del electrón (p = m v), q es la matriz de coordenadas, h es la constante de Planck, e $i = \sqrt{-1}$. El producto p q no es conmutativo, porque p y q no representan aquí números normales, sino tablas numéricas o matrices.

A partir de esa relación fundamental de coordenadas y momentos se llegaba a la fórmula correcta E = h ν.

## La formulación de Dirac, la mecánica matricial, y la mecánica ondulatoria.

En Inglaterra, Paul Dirac seguía con interés los avances en mecánica cuántica y desarrolló su propia formulación, una notación con una forma de álgebra semejante a la mecánica matricial o de matrices de Heisenberg. También en ella se obtenía como relación mecánico-cuántica fundamental, la fórmula:

$$p\,q - q\,p = h\,/\,2\,\pi\,i$$

El físico austriaco Erwin Schrödinger, por su parte, desarrolló la mecánica ondulatoria. Esta es una extensión de las ideas de De Broglie sobre las ondas de materia, o sea, las posibles órbitas ondulatorias del electrón. Recordamos que la condición de De Broglie era que solo un número limitado de órbitas eran posibles: aquellas que contuvieran un número entero de longitudes de onda. Schrödinger pensó que esto, a su vez, conduciría a los valores cuantizados de la energía para concordar con la fórmula de Planck. Con eso en mente dedujo la forma que debería tener la ecuación de onda que describe al electrón.

La fórmula de la energía cinética es: $E = \frac{1}{2} m v^2$. Si multiplicamos el numerador y el denominador por m, la fórmula puede escribirse así:

$$E = \frac{1}{2} m v^2 . (m / m) = m^2 v^2 / 2 m = p^2 / 2 m$$

Es corriente en física llamar a la ecuación de la energía "Hamiltoniano", y denotarlo por H. De modo que podemos poner:

$$H = ( p^2 / 2m) + V$$

donde "V" es la energía potencial.

En física clásica H y p, pueden tomar cualquier valor. En física cuántica no. Ahora hay que determinar cómo hay que modificar p para cumplir con la condición de De Broglie. Recordamos que De Broglie estableció una relación entre longitud de onda, constante de Planck y momento lineal:

$$\lambda = h / m v = h / p, \text{ y } p = h / \lambda$$

De modo que el momento lineal p solo podrá tomar los valores permitidos por la condición de De Broglie, y en consecuencia la energía también tomará solo determinados valores: Esto ya nos permite ir comprendiendo la razón para la cuantización de la energía. Se trata de lo que los físicos y matemáticos llaman una "condición de contorno o de frontera". En este caso se trata del hecho de que una onda confinada en una región limitada del espacio, no puede vibrar u oscilar en cualquier modo, sino solo en aquellos que permitan encajar un número entero de longitudes de onda en el espacio en el que la onda está confinada; como vimos, cualquier otro modo haría que la onda se anulase por interferencia destructiva; lo mismo ocurre, por ejemplo con las vibraciones posibles de, digamos una cuerda de violín, ya que la cuerda está confinada en una región del espacio, al estar unidos al violín sus dos extremos.

En el estudio del movimiento ondulatorio, se llama número de onda k al número de longitudes de onda que caben en la longitud $2\pi$ de una circunferencia, de modo que se tenga que:

$$k\lambda = 2\pi \; ; \; k = 2\pi/\lambda$$

Ahora relacionemos esto con la condición de De Broglie:

$\lambda = h/p$; como $k = 2\pi/\lambda$, podemos poner $k = (2\pi/1):(h/p) = 2\pi p/h$

y despejando de aquí el momento p tenemos:

$$k = 2\pi p/h; \; hk/2\pi = p$$

Abreviamos $h/2\pi$, con el símbolo $\hbar$ (h, barra), y tenemos entonces que :

$$p = \hbar k$$

Ahora podemos usar esa expresión de p en la fórmula de la energía:

$$\hat{H} = (\hat{p}/2m) + V = (\hbar k^2/2m) + V$$

Se coloca un acento circunflejo sobre H y p, para indicar que hemos "cuantizado" la fórmula clásica para la energía , o sea el Hamiltoniano; es decir la hemos modificado en la medida necesaria para que se cumpla la condición de De Broglie, y se obtengan a partir de ella los valores de energía permitidos por la teoría cuántica. Para ello, como se puede ver, hemos impuesto la condición de que el momento lineal p obedezca la fórmula obtenida por De Broglie: $\lambda = h/p$; Se llama entonces a esas expresiones para la Energía y el Momento, operadores cuánticos; En teoría cuántica cada magnitud que se puede observar o medir se asocia con un "operador". Como veremos después toda medición altera la función de onda, pues interacciona con ella originando cambios que no se pueden evitar.: Así, por ejemplo, la medición de $\hat{p}$, opera sobre la función de onda y la altera. La medición implica aplicar el "operador momento" a la función de onda. Una vez que se conoce la forma que debe tener dicho operador en la teoría cuántica, se puede construir con él la ecuación de onda.

En física clásica, la amplitud de una onda $\varepsilon(x)$, se relaciona con el número de onda k por la ecuación diferencial:

$$(d^2\varepsilon/dx^2) + k^2\varepsilon = 0$$

Como en la teoría cuántica "$p = \hbar k$", y por tanto "$k = p/\hbar$" la ecuación sería:

$$(d^2 \Psi / dx^2) + (\hat{p}^2 / \hbar^2) \Psi = 0$$

y como $\hat{p}^2 = 2\,m\,(\hat{H} - V)$, sustituyendo obtenemos:

$$(d^2 \Psi / dx^2) + (2m / \hbar^2)\,\hat{H}\,\Psi = 0$$

que, pasando términos de un miembro a otro, se puede escribir en la forma:

$$\hat{H}\,\Psi = -\,(\hbar^2 / 2\,m)\,(d^2 \Psi / dx^2) + V$$

Así obtuvo una ecuación de onda que daba los valores correctos para la energía del electrón.

Schrödinger consideraba el electrón como una onda estacionaria alrededor del núcleo atómico, solo a distancias determinadas para permitir ondas estables de De Broglie.

Sin embargo, si el electrón era una onda ¿cómo explicar que apareciese como un punto localizado en la pantalla detectora, como si se tratase de una partícula?. Ahora el electrón presentaba las mismas características paradójicas que la luz: Había que considerarla como una onda electromagnética para explicar los fenómenos de interferencia y sin embargo parecía tener características de partícula localizada (fotón) al explicar el efecto fotoeléctrico. Además se descubrió que el electrón daba lugar efectivamente a fenómenos de difracción, como si de una onda se tratase. ¿Cómo explicar esta dualidad onda-partícula en la luz y en la materia?.

### El principio de indeterminación y las ondas de probabilidad

Las diferentes formulaciones de la mecánica cuántica arrojaban los mismos resultados correctos sobre los valores de la energía del átomo. Sin embargo, sus diferencias conceptuales eran patentes. Dirac demostró que la mecánica matricial y la mecánica ondulatoria eran matemáticamente equivalentes (Las soluciones que satisfacen la ecuación de onda de Schrödinger equivalen a los números tabulados en las matrices de Heisenberg). Como resultado de esto, es posible, como se suele hacer hoy, explicar la mecánica cuántica con resultados tomados de los dos esquemas.

Después de quedar establecida la mecánica cuántica, Heisenberg pensó en el significado físico que podría tener la relación mecano-cuántica fundamental:

$$p\,q - q\,p = h / 2\pi i$$

Imaginó un experimento mental en el que se preparase un dispositivo para medir la posición , la coordenada del electrón. Para poder "ver" donde está habría que iluminarlo, pero entonces el impacto del fotón de luz alteraría su velocidad o momento. Si intentáramos entonces reducir lo más posible el efecto del impacto podríamos iluminarlo con un fotón menos energético, de frecuencia menor. Pero eso significaría luz de mayor longitud de onda, y la posición no quedaría muy bien determinada. En cambio conoceríamos mejor su momento, porque la velocidad no resultaría tan alterada. De modo que no podemos conocer "al mismo tiempo" el valor exacto de ambas variables, con una precisión arbitraria. La medición de una altera el valor de la otra. Por este motivo, el orden en que se efectúan las mediciones altera el valor del resultado, y p.q no puede ser igual a q.p. Sin embargo es fácil comprender que esto no es simplemente una limitación experimental, que pudiera ser resuelta de alguna manera, sino una auténtica norma de funcionamiento o ley de la naturaleza. Sería más exacto decir que el electrón (y por extensión cualquier partícula), no tiene al mismo tiempo posición y momento, son magnitudes observables que no existen al mismo tiempo, no se manifiestan en el mundo de nuestras experiencias. Es oportuno señalar, a este respecto, que el principio de indeterminación fue descubierto después de establecer las leyes de la mecánica cuántica, leyes de la naturaleza que se remontan a la explicación de la radiación de cuerpo negro, la posterior explicación del efecto fotoeléctrico, y todo lo demás que hemos visto.

Esta indeterminación inherente al comportamiento del mundo físico, impone, como es lógico, limitaciones a lo que podemos decir sobre él. Por ejemplo, ya no podemos decir con certeza: "el electrón está aquí y se mueve a esta velocidad". Solo podremos afirmar que existe cierta probabilidad de que el electrón impacte en un punto de la pantalla detectora. Solo cuando lo haga sabremos la posición del electrón. Habremos efectuado, por decirlo así, una medida que alterará su momento. Antes de eso la posición del electrón estará tan indeterminada que solo podremos decir que podríamos encontrarlo en una región extendida del espacio, como si de una onda se tratase.

Max Born propuso que la intensidad de la onda en cada punto nos indica cuanta probabilidad hay de encontrarlo allí. Donde la onda es más intensa hay más probabilidad de encontrarlo.

En la nueva teoría cuántica, el electrón deja de ser considerado como partícula o como onda. Más bien es como un conjunto de valores de ciertas variables que resultan de nuestras posibilidades de medición o percepción. El electrón ya no se considera como una pequeña esfera. Según los físicos, una "partícula elemental" no es una "cosa" en su sentido habitual. Es más bien un "conjunto de relaciones", una manifestación de energía que según la manera en que nos relacionemos con ella, al medir o percibir, puede presentar determinados valores de variables a las que llamamos "masa", "carga", "espín" (giro), etc.

Las fórmulas de la teoría cuántica determinan el "conjunto de relaciones" posibles que se pueden dar en el mundo físico.

Como en la nueva teoría cuántica el electrón no es considerado como una pequeña esfera, carece de sentido atribuir el desdoblamiento de sus niveles de energía, cuando se aplica un campo magnético, a un giro alrededor de un eje. No obstante se sigue manteniendo el nombre de espín (giro, en inglés) para esta propiedad del electrón, y para concordar con los hechos se incluye automáticamente como una variable más del electrón. Al conjunto de valores que pueden tener las variables que identifican al electrón se le denomina "función de onda", e incluye la función de onda de coordenadas y los posibles valores energéticos debidos al espín, formando un objeto matemático al que se denomina "espinor".

La mecánica cuántica se ha conseguido fusionar con la relatividad especial en lo que se conoce como "electrodinámica cuántica". En el espacio cuatridimensional de la relatividad son posibles más "giros" o "transformaciones" que en el tridimensional.

Esto da lugar a más niveles de energía; concretamente aparecen los valores que se necesitan para incluir el desdoblamiento de niveles de energía debido al espín del electrón. El "espín" del electrón aparece así automáticamente en la teoría cuántica relativista. Otra consecuencia de esa ampliación de la "geometría" es la predicción de la antipartícula del electrón (el positrón, o electrón positivo). Las antipartículas han sido detectadas posteriormente y forman la antimateria. Si se junta materia con antimateria ambas desaparecen y se convierten en energía pura (fotones).

Además esta descripción unificada de las interacciones entre electrones y fotones, teniendo en cuenta tanto la relatividad especial como la teoría cuántica, hace necesario un cambio de signo clave, que conduce a que los electrones cumplan el "principio de exclusión", que Pauli había introducido para explicar la Tabla periódica; en la fórmula relativista que relaciona la energía con el momento, la energía aparece elevada al cuadrado, de modo que al efectuar la raíz cuadrada da dos valores posibles, uno positivo y otro negativo; pero en la teoría cuántica hay que incluir en la "función de onda" todas las maneras en que puede ocurrir un proceso, de modo que se incluyen todas las permutaciones entre partículas, permitiendo la teoría , que al hacer los intercambios el signo cambie o permanezca igual; en el caso de partículas de espín semientero, como el electrón, hay cambio de signo y eso garantiza que la energía sea siempre positiva, y también que en la "función de onda" no pueda haber dos electrones con los mismos números cuánticos, o sea, en el mismo estado energético, cumpliéndose así el principio de exclusión.

De modo que aspectos como el espín y el principio de exclusión, que se introdujeron fundamentalmente para concordar con la evidencia experimental, de alguna manera parecen surgir como consecuencia de que las leyes relativistas y cuánticas deben ir juntas.

## El concepto de "campo cuántico"

La teoría de la relatividad, como ya vimos, es una consecuencia lógica de la teoría del campo electromagnético. Al fusionarla con la teoría cuántica hace que esta adopte la forma de una teoría de campos, pero con las restricciones que imponen los principios cuánticos. De modo que se habla de "campos cuánticos". Cada campo lleva asociado un cuanto. Por ejemplo, el fotón es el cuanto del campo electromagnético; el electrón es el cuanto del campo de materia del electrón, y así para todas las demás partículas. La estructura de cada campo viene determinada por la estructura matemática que lo describe, llamada "espinor". Cuando hablamos de "partícula" o de "campo cuántico", no podemos separar los dos conceptos, sino que están íntimamente unidos en el conjunto matemático denominado "espinor", que contiene los datos necesarios para calcular las probabilidades de hallar los valores de las diferentes variables o manifestaciones energéticas de cada "partícula cuántica".

## Las fuerzas nucleares

El peso atómico de muchos elementos no se podía explicar solo con el número de protones que había en el núcleo de sus átomos. Por lo tanto se dedujo que debería existir en el núcleo una partícula que no contribuye a la carga eléctrica, pero sí contribuye al peso. Se la llamó "neutrón" (por ser eléctricamente neutra).

En los núcleos con más de un protón (todos excepto el hidrógeno), la repulsión eléctrica debería hacer que las cargas del mismo signo se separasen con una fuerza considerable. ¿Cómo pues pueden permanecer unidos en el núcleo los protones cargados positivamente?. Eso prueba que debe existir una nueva fuerza, además de las que hemos considerado hasta ahora (gravedad y electromagnetismo). Esa fuerza debe ser mucho más intensa que la fuerza eléctrica y actuar entre protones y neutrones. Sin embargo su alcance debe ser muy corto (de las dimensiones del núcleo atómico), de modo que cuando dos protones se separan más allá de su alcance, predomina la repulsión eléctrica. El neutrón, que participa en la interacción fuerte, pero es eléctricamente neutro, sin duda contribuye a la estabilidad del núcleo. Pero en los elementos más pesados, los núcleos contienen muchos protones. La distancia entre algunos de ellos rebasa el alcance de la fuerza nuclear fuerte, y la repulsión eléctrica gana; el núcleo por lo tanto emite partículas al exterior. Esa es parte de la explicación de que los elementos más pesados de la tabla periódica sean radiactivos, y de que el número de elementos posibles con núcleos estables esté limitado (eso explica el número de elementos de la tabla periódica).

Se descubrió además que para explicar un tipo de desintegración radiactiva (la desintegración beta), había que apelar a otro tipo de fuerza nuclear. A la interacción entre "partículas" debida a esta otra fuerza se le llama "interacción débil". Hay pues cuatro fuerzas conocidas en el Universo: gravedad, electromagnetismo, nuclear fuerte y nuclear débil.

### Física de partículas

Los experimentos a mayores energías que se hacían en grandes aceleradores de partículas, hicieron aparecer una gran cantidad de nuevas "partículas". Como se había hecho con los elementos de la tabla periódica, estas se fueron clasificando según sus propiedades, y así, como ocurrió con la tabla periódica, se fue descubriendo un orden subyacente fundamental, que tal vez podría explicar las propiedades de todas las partículas conocidas. Los protones, neutrones y otras partículas pesadas, por ejemplo, se podían considerar como diferentes combinaciones de unas entidades más fundamentales llamadas "quarks" (El nombre lo tomó el físico Murray Gell-Mann de una novela de James Joyce, "Finnegan´s wake", en la que el escritor hace juegos de palabras; en un lugar de esta obra aparece la expresión: "three quarks for muster Mark!"). Los quarks no se pueden observar por separado porque están fuertemente unidos por unos campos cuánticos cuyos cuantos se denominan gluones (del inglés "glue": pegamento o cola).

### La unificación de las fuerzas

La unificación que supuso la teoría de Maxwell del campo electromagnético, es un ejemplo de la importancia de los principios de simetría en física. Supongamos que solo conociéramos la existencia del campo eléctrico. Podemos imaginar una distribución de cargas eléctricas en un determinado lugar. Entre ellas existirán fuerzas debidas al campo eléctrico. Podemos describir numéricamente la intensidad de esas fuerzas entre los diferentes puntos donde se encuentran las cargas. Ahora supongamos que incrementamos el potencial eléctrico en la misma cantidad en todos los puntos, añadiendo más cargas en cada punto, la misma cantidad de ellas. La intensidad de la fuerza, entre los diferentes puntos, será la misma, puesto que dicha intensidad se debe, no al potencial en sí mismo, sino a la diferencia de potencial entre los diferentes puntos cargados. Podemos decir que la intensidad de la fuerza eléctrica es invariante ante cambios globales del potencial eléctrico. Pero ¿qué ocurre si en vez de un cambio global del potencial eléctrico, hacemos un cambio local, es decir, cambiamos el potencial solo en algunos puntos pero no en otros?; si solo existiera el campo eléctrico la invariancia no se mantendría: Pero, según la teoría de Maxwell, los cambios locales del potencial equivalen a mover las cargas de unos puntos a otros; para hacer cambios locales de potencial, tenemos que mover las cargas, y al hacerlo se genera un campo magnético, de manera que la disminución del potencial eléctrico en un lugar, es compensada por el aumento del potencial magnético, de manera que las ecuaciones de Maxwell se mantienen invariantes, aún bajo cambios locales del potencial. A esta invariancia se le llama "invariancia de calibrado", o "invariancia de contraste" (porque "contrastar" tiene el mismo sentido que "calibrar" o "medir": para medir algo lo comparamos o contrastamos con la "unidad de medida" que usemos; a veces se usa simplemente el término inglés sin traducir "gauge", que aplicaba a cierto instrumento de calibración); el campo magnético actúa así como un "campo compensador"; si pensamos en un sistema de cargas eléctricas en movimiento, el sistema contiene también, en todo momento, las correspondientes variaciones de potencial magnético generadas por el movimiento de las cargas; debido a eso, aunque los potenciales estén cambiando en cada punto, la suma total (potencial eléctrico + potencial magnético, del sistema entero, permanece constante); es parecido a lo que vimos que ocurre en mecánica entre energía cinética y energía potencial. Los físicos dicen que la existencia del campo electromagnético, unificado por su íntima relación expresada en las ecuaciones de Maxwell, es la manera que tiene la naturaleza de mantener una determinada simetría.

Tal vez el origen de los demás campos también se deba a la necesidad de mantener ciertas simetrías. Esta pudiera ser una clave importante; si investigamos las leyes de conservación, las invariancias y las simetrías que se cumplen en el mundo de las partículas subatómicas, tal vez se puedan describir todas con una sola teoría unificada. Las simetrías se estudian con ayuda de una rama de las matemáticas conocida como teoría de grupos. La teoría de quarks fue un avance importante para entender la interacción fuerte. Todas las posibles combinaciones e interacciones de la teoría se describen por medio del grupo denominado SU (3), grupo especial de matrices unitarias unimodulares 3 x 3; el grupo determina todos los intercambios, transformaciones y simetrías que se dan en la interacción fuerte. Para hacernos una idea, retornemos al ejemplo más sencillo del electromagnetismo cuántico, donde interaccionan dos tipos de "partículas" o "campos cuánticos", el electrón y el fotón. La transición de un estado energético a otro, del electrón, se realiza mediante la absorción o emisión de un fotón de frecuencia determinada.

La interacción fuerte funciona de manera semejante, aunque algo más complicada; en electrodinámica cuántica solo intervienen dos campos, electrón y fotón. En cromodinámica cuántica (que es como se llama la teoría que describe la interacción fuerte), intervienen unas cuantas variedades de quarks y gluones, por lo que son posibles más intercambios y más interacciones.

El designar a los quarks por colores es solo una forma de diferenciarlos y de ahí viene la expresión cromodinámica cuántica. No significa que los quarks tengan realmente color.

Vemos que unas partículas se transforman en otras, emitiendo o absorbiendo el intermediario adecuado. Aunque cambian las identidades de las partículas, la suma total de energía, carga y otras propiedades que se conservan, permanece constante, de acuerdo con las correspondientes leyes de conservación; se podría considerar que hay solo una gran superpartícula que es "girada" o "rotada" a diferentes estados, por medio de hacer las transformaciones necesarias, aplicando las matrices adecuadas y sus correspondientes operaciones matemáticas; como ocurría con el campo electromagnético, los cambios de valores en un lugar, se compensan con cambios correspondientes en otros. Se podría considerar que todas las partículas conocidas son diferentes manifestaciones de una misma entidad, cuyas características (como carga, masa, espín y otras) pueden tomar diferentes valores. A su vez se han formulado teorías que intentan unir en un solo esquema las interacciones fuerte y electrodébil. A estas teorías se las llama GUT (teorías de gran unificación).

## Unificación electrodébil

La parte de esta teoría que unifica la interacción débil y el electromagnetismo, ya ha sido confirmada por el experimento, al hallarse las partículas mediadoras predichas.

## Cromodinámica cuántica

Está representada por el grupo SU (3), grupo especial de matrices unitarias unimodulares 3 x 3; Se considera la teoría correcta de las interacciones fuertes. Al incluir todas las combinaciones posibles de quarks, la teoría predijo nuevas partículas que fueron halladas.

# Las GUT y el modelo estándar

Algunas teorías de gran unificación, o GUT que se propusieron en el pasado no han obtenido confirmación experimental; los físicos describen las fuerzas fuerte, débil y electromagnética, con el llamado "modelo estándar", que es simplemente el producto de los tres grupos SU (3) x SU (2) x U (1); las matrices del primero nos dan los elementos que explican la interacción fuerte, el otro la débil y el otro la electromagnética; los elementos del grupo producto de dos grupos son simplemente parejas de elementos, uno de cada grupo; así el producto de grupos del modelo estándar nos da las diferentes partículas y campos mediadores de la interacción fuerte, y por cada uno de ellos, las parejas que forman con el grupo de la interacción débil, y por cada una, las posibles asociaciones con los elementos del grupo que define el electromagnetismo.


## Gravedad cuántica, supersimetría, supergravedad y supercuerdas

Ya hemos visto que la gravedad fue probablemente la primera fuerza que se estudió matemáticamente. Hubo un tiempo pues en qué parecía la mejor comprendida. Sin embargo, con el desarrollo de le teoría cuántica, los físicos consiguieron describir con exactitud las otras tres fuerzas (electromagnetismo, nuclear fuerte y nuclear débil). Pero, curiosamente, los intentos por incluir la gravedad en una sola descripción unificada con las otras fuerzas, han presentado mucha dificultad, y el asunto no se considera resuelto aún. La mejor teoría que tenemos sobre la gravedad se ha resistido tenazmente a fusionarse con la teoría cuántica. Dicho de otra manera, todo intento de cuantizar la gravedad conducía a absurdos matemáticos, como la aparición de cantidades infinitas y cosas así. Encontrar la teoría correcta de la gravedad cuántica se ha convertido en uno de los mayores retos de la física moderna.

En lo que se conoce como "Gravedad cuántica canónica", se descubrió pronto que esto resultaba difícil, debido a las importantes diferencias que hay entre las matemáticas de la relatividad general y la mecánica cuántica; la gravedad surge en la relatividad general, como una consecuencia de la curvatura del espacio-tiempo; en mecánica cuántica, por otro lado, las partículas y las fuerzas se rigen por la ecuación de Schrödinger; hay una ecuación de Schrödinger independiente del tiempo para "ondas estacionarias", pero hay otra dependiente del tiempo, para la evolución de las partículas libres, no confinadas en el interior del átomo. Uno de los problemas principales, conocido como "el problema del tiempo", tiene que ver con la manera tan diferente en que se comporta el "tiempo" en estas dos teorías: La ecuación de Schrödinger dependiente del tiempo, necesita, para definir cómo evolucionan las partículas (ondas) a lo largo del tiempo, incluir la derivación con respecto al tiempo (d/ dt), pero aquí el tiempo t, es el mismo que se utiliza en la mecánica clásica. En cambio en la relatividad general la coordenada temporal cambia en los diferentes sistemas de referencia y el espacio-tiempo en bloque forma una variedad, que debe ser invariante ante todo tipo de deformaciones; si esto se representa gráficamente, tanto las coordenadas espaciales como la temporal aparecen curvadas y retorcidas de cualquier manera posible, y según el requisito de covariancia general todas las "formas" posibles de la estructura deben considerarse igualmente válidas. De modo que la expresión simple de derivación con respecto al tiempo (d / dt), no se puede incluir ahí; una de las primeras estrategias para afrontar este problema fue dividir el espacio-tiempo en diferentes "hojas", como si "cortáramos" el bloque espacio-temporal en rebanadas. El espacio-tiempo de la Relatividad General se construye apilando todas esas hojas; cada hoja contiene, por decirlo así, todos los sucesos que son simultáneos en un instante de tiempo; entonces en la fórmula de la métrica, la coordenada temporal se sustituye por dos funciones, la función "lapso" y la función "desplazamiento"; el lapso indica el cambio de la coordenada temporal cuando se pasa de una hoja a otra, y el desplazamiento indica la relación espacial entre los puntos de una hoja y otra; en este enfoque cada hoja es estática; los sucesos físicos que contiene están "congelados en el tiempo"; el flujo del tiempo no se incluye en cada una de ellas, puesto que representan "instantes", en los que no hay ningún cambio; se considera que el tiempo emerge en la estructura de estas hojas apiladas, debido a correlaciones entre los sucesos instantáneos de una hoja y otra; es algo parecido a observar una película filmada en celuloide, toda de una vez; veríamos los diferentes fotogramas en donde los personajes permanecen estáticos, y solo podríamos imaginar cómo se mueven, es decir como "evolucionan en el tiempo", observando las correlaciones que hay entre las posiciones de todo lo que aparece en un fotograma, con las posiciones que aparecen en el siguiente. El "tiempo" no sería entonces algo fundamental; las "hojas estáticas intemporales" lo serían, y a partir de las correlaciones o correspondencias entre las posiciones estáticas de las cosas que hay en una hoja y otra, emergería el concepto de "tiempo" que nos es familiar; nuestra sensación del "flujo del tiempo" se generaría así, a partir de un conjunto de "posiciones estáticas".

Se realizaron también "aproximaciones semiclásicas", en las que el problema de cuantizar la gravedad, se estudió considerando situaciones particulares en las que se piensa que las dos teorías juegan un papel.

Stephen Hawking estudió qué ocurriría en las proximidades de un agujero negro, típico de la Relatividad general, cuando se creasen pares de partículas y antipartículas (un fenómeno típico de la teoría cuántica); descubrió que en algunos casos, en la frontera o límite del agujero negro, llamado "horizonte de sucesos", una de las partículas del par podría caer dentro del agujero negro, mientras que la otra no; entonces el par ya no se aniquilaría, y las partículas que no cayesen en el agujero sobrevivirían; para un observador externo esto se percibiría como si el agujero negro estuviese emitiendo radiación, la llamada "radiación de Hawking".

Roger Penrose desarrolló la idea de "construir" el espacio-tiempo de la Relatividad general, a partir de una característica fundamental de la teoría cuántica, el espín; construyendo un grafo, en el que hay puntos que tienen un valor de espín, y los diferentes puntos están unidos por líneas, formando lo que se llama una "red de espín".

Posteriormente Abhay Asthekar encontró una manera de facilitar los cálculos con las fórmulas de la relatividad general, introduciendo en ellas "nuevas variables"; esto hizo posible que algunos físicos como Lee Smolin y Carlo Rovelli, encontraran nuevas soluciones a las ecuaciones de la relatividad general; estas soluciones parecían representar lazos que se entretejían entre sí, y se asemejaban a las redes de espín originales de Penrose; las "nuevas variables" fueron llamadas "variables de lazo"; una característica importante es que en la medida de "distancia", no importaba para nada como se dispusiesen los lazos en el entramado, puesto que lo único que había que tener en cuenta eran las intersecciones entre los lazos; esto reflejaba de manera excelente la invariancia ante difeomorfismos de la relatividad general; y así surgió la "gravedad cuántica de bucles (o de lazos)".

En la teoría de twistors de Penrose, los rayos de luz y los sucesos intercambian sus papeles, y los primeros se consideran más fundamentales para originar la realidad que percibimos.

Se están siguiendo otros enfoques, como "conjuntos causales", "geometría no conmutativa", "triangulaciones dinámicas causales" y otros.

La supergravedad fue una propuesta que se hizo, en la que partículas tan diferentes como fermiones y bosones forman parte de un único grupo de simetría; los fermiones son las partículas que constituyen la materia, como quarks y electrones; los bosones constituyen los campos, como el fotón para el campo electromagnético; la simetría que los interrelaciona se llama supersimetría.

Las investigaciones teóricas más recientes parecen indicar que, a su vez, la supergravedad es una aproximación de baja energía, a una teoría más amplia: la teoría de supercuerdas.

# Supercuerdas

En 1968, los aceleradores de partículas estaban sondeando la materia para tratar de entender la fuerza nuclear. Gabrielle Veneziano descubrió, que una fórmula matemática conocida como "función beta", que había sido estudiada varios siglos antes por el matemático Leonard Euler, permitía obtener los mismos valores de los datos que se obtenían en los experimentos del acelerador de partículas del CERN; otros estudiaron la fórmula tratando de darle una interpretación física; dos físicos propusieron independientemente, que la función beta podría estar describiendo algo así como una cuerda vibrando, y que tal vez lo que hasta entonces se habían considerado partículas puntuales, se deberían considerar como pequeños segmentos unidimensionales, con una diminuta longitud, minúsculas hebras de energía que fueron llamadas "cuerdas", y varios físicos más se pusieron a estudiar y desarrollar un modelo matemático, que considerase a las partículas elementales como "cuerdas" en lugar de "puntos".

## ¿Posible solución al problema de los "infinitos"?

Se esperaba que la introducción de las "cuerdas" podría solucionar un problema de las teorías cuánticas de campos con partículas puntuales: de acuerdo con las leyes del electromagnetismo, la intensidad de un campo eléctrico aumenta a medida que nos acercamos a la fuente del campo; si comprimiéramos una esfera cargada hasta que su radio fuese cero, las fórmulas matemáticas muestran que la intensidad eléctrica que brotase de ella sería infinita; ya que aumenta cuando nos acercamos a la fuente, tiende a infinito cuando la distancia tiende a cero; pero el electrón y las demás partículas son tratadas como partículas puntuales; y sin embargo no tienen un valor infinito de carga ni de masa, sino un valor determinado que se mide experimentalmente; lo que se hace en la teoría cuántica de campos es poner esos valores experimentales en las fórmulas para poder hacer cálculos con ellas; se introducen "a mano", por decirlo así, sin que esos valores se deduzcan directamente de la teoría; se supone que un proceso cuántico conocido como "creación de pares", puede tener un efecto de apantallamiento sobre el electrón; como consecuencia del principio de incertidumbre, que no se da solo entre las variables "posición" y "momento", sino que se extiende a otras magnitudes, como "energía" y "tiempo", la teoría cuántica permite, y de hecho predice, que una partícula y su correspondiente antipartícula, pueden crearse y a continuación aniquilarse durante un tiempo muy breve; de acuerdo con eso, lo que consideramos el vacío, está continuamente en un estado de efervescencia, creándose y aniquilándose continuamente partículas y antipartículas, que se supone que apantallan la carga y la masa de las partículas, de tal forma que su valor llega a ser el que se mide experimentalmente; por ejemplo la carga del electrón será afectada por los pares de partículas y antipartículas cargados que continuamente se crean a su alrededor.

Pero si las "partículas puntuales" fuesen realmente "cuerdas", su "tamaño" aunque muy diminuto, no es cero, y eso evita de manera directa el que aparezcan esos valores infinitos que hemos mencionado.

### Explicación de la relación entre masa y espín

Un hallazgo experimental que podía explicarse con la teoría de cuerdas, es una relación que se halló entre la masa de las partículas y su momento angular intrínseco (espín); cuando los valores de las masas se colocan en el eje de un gráfico, y los valores de su momento angular de espín se colocan en otro eje perpendicular al primero, se ve que están relacionados; el modelo de cuerdas permitía una explicación sencilla de esto; podemos imaginar una cuerda en rápida rotación, con una frecuencia determinada, o sea rotando a un número determinado de ciclos por unidad de tiempo; la frecuencia de rotación determina su momento angular, pero también determina su energía, que según la fórmula de Einstein equivale a la masa. Así los resultados obtenidos para la relación entre el momento angular de la cuerda y su masa o energía, concordaban con los de la gráfica experimental.

### La supersimetría en la teoría de cuerdas

En el modelo de cuerdas, los fermiones corresponden a cuerdas que oscilan en un sentido, y los bosones, a cuerdas que oscilan en sentido opuesto; por tanto tienen distinto signo, y eso concuerda con los requisitos de la teoría cuántica.

El principio de exclusión requiere un cambio de signo al permutar dos fermiones en una "función de onda", de modo que no puede haber dos iguales, en el mismo estado cuántico, pues la _resta_ a la que da lugar ese cambio de signo reduce a cero la función de onda total, y el electrón relativista, como ya vimos, se adapta de manera natural a ese requisito, pues también se requiere un cambio de signo para garantizar que la energía sea positiva; los fermiones forman así los átomos de la Tabla periódica.

A su vez se requiere que los bosones _no cambien de signo_ en la permutación, de manera que no dan lugar a una resta, sino a una _suma_ en la función de onda, de modo que en vez de excluirse, tienden a agruparse en el mismo estado cuántico; eso permite que los fotones, por ejemplo, que son bosones, y son los cuantos del campo electromagnético, puedan agruparse para crear campos más intensos, y hace posible, entre otras cosas, el láser y sus aplicaciones.

Los fermiones tienen espín semientero, y esa característica aparece de manera natural cuando los principios de la relatividad especial se unen a los de la teoría cuántica; por otra parte en la teoría cuántica, las limitaciones sobre el concepto de "trayectoria" que impone el principio de incertidumbre, hace que en un sistema de partículas, las "partículas individuales" sean *indistinguibles* en un sentido profundo: si en una medición se detectan dos o más partículas en determinadas posiciones o estados, en la siguiente medición no se puede saber cuál es cuál, al no poder hacer un seguimiento de supuestas "trayectorias individuales", pues como ya vimos, no existen en teoría cuántica.

El sistema debe por tanto ser descrito por una única "función de onda", que debe incluir todas las permutaciones posibles; eso hace que un sistema compuesto por un número par de fermiones se comporte como un bosón, ya que el cambio de signo que se hace al permutar fermiones hay que hacerlo un número par de veces, lo que nos devuelve al signo original (en la primera permutación el signo cambia de positivo a negativo; al efectuarla una segunda vez vuelve a ser positivo); esto está de acuerdo con el hecho de que al sumar el espín semientero de un número par de fermiones, se obtiene un valor de espín entero, que corresponde a un bosón.

El modelo de cuerdas debe, por definición, considerar todas las formas posibles de oscilación y movimiento de las cuerdas, aunque sujetas a las condiciones matemáticas de la física cuántica y la relatividad que, hasta el momento, cuentan con una impresionante confirmación experimental.

Por tanto incluye las oscilaciones en los dos sentidos posibles, con signos opuestos, y de esa manera incorpora la supersimetría, un tipo de simetría entre fermiones y bosones, que se consideró también en las teorías de supergravedad.

La inclusión de esta simetría es la que hace que se les llame "supercuerdas"

### La gravedad en la teoría de cuerdas

Otro rasgo al que conduce el incluir todos los posibles modelos de cuerda, es que hay que incluir cuerdas abiertas, con sus dos extremos separados, pero también hay que incluir cuerdas cerradas, sin extremos libres; a esa forma geométrica le corresponde un valor de espín igual a dos, según la teoría cuántica (la cuerda se convierte en su negativa si giramos un ángulo de $\pi / 2$); la cuerda cerrada de energía mínima corresponde a una "partícula" de espín 2 y "masa en reposo" igual a cero; cuando consideramos la teoría de la relatividad especial vimos que no se puede superar la velocidad de la luz, y que la masa aumenta al aumentar la velocidad; eso hace que a una "partícula" que viaje a la velocidad de la luz, como por ejemplo el "fotón", que es el cuanto del campo electromagnético (es la propia luz), haya que asignarle un valor de "masa en reposo" nulo, lo que se puede considerar una forma de expresar que no puede estar en reposo.

El valor del espín se refleja en el número de componentes y la estructura de un "campo cuántico", en el "espinor", que es el objeto matemático que describe a un campo cuántico, tal como un vector en cada punto del espacio describe un campo vectorial. Los físicos ya sabían que una "partícula" o "campo cuántico" sin masa y con espín 2, podría ser considerada como el "cuanto" del campo gravitatorio en el marco de las teorías cuánticas de campos (una "forma geométrica" de "cuerda cerrada" se asemeja a una curvatura del campo gravitatorio en Relatividad General, teniendo el mismo aspecto cuando se gira un ángulo de $\pi / 2$, o espín 2). A esa hipotética "partícula" mediadora de la fuerza de gravedad, se le llama gravitón.

Por tanto se considera que la teoría de cuerdas también incluye a la gravedad necesariamente, y las ecuaciones de la Relatividad general pueden deducirse en ella.

### ¿Por qué requiere la teoría de cuerdas más "dimensiones"?

Sin embargo en el modelo de "cuerdas" aparecieron otros problemas; al "cuantizar" las cuerdas, los cambios matemáticos que introduce la cuantización, dan lugar a "anomalías", haciendo que ciertas simetrías que se consideran esenciales no se conserven; la teoría tiene que estar de acuerdo con los principios fundamentales de la relatividad y la teoría cuántica, pues estas han sido confirmadas experimentalmente con mucha precisión; uno de los rasgos de la relatividad es que hay que tratar al tiempo como a las coordenadas espaciales, pues como en el caso de estas su valor cambia al pasar de un sistema de referencia a otro; en relatividad, por tanto se necesita una fórmula para expresar no solo las distancias espaciales, sino más bien las "distancias" espacio-temporales entre los diferentes sucesos.

Pero en la fórmula que se obtiene, las coordenadas espaciales tienen signo positivo, mientras que la coordenada temporal tiene signo negativo (o a la inversa, si se invierte la elección de signatura); en el cálculo vectorial normal, hace falta el valor de todas las componentes del vector, para conocer no solo su magnitud sino también su orientación en el espacio, y a partir del valor de las componentes se hacen los cálculos; por otro lado, en la teoría cuántica, en la que juegan un papel fundamental las funciones de onda, y la ecuación de Schrödinger, lo que se puede calcular, como ya vimos, es la probabilidad de hallar unos valores determinados de las diferentes variables; la matemática de la teoría cuántica requiere el uso de números complejos, pues la ecuación de ondas contiene la unidad imaginaria i, y la fase de las funciones de onda se representa por la exponencial compleja; pero una vez que se hacen los cálculos de como esas "ondas" interaccionan entre sí, el resultado final que se quiere hallar debe ser un número real, pues la probabilidad que se calcula debe ser un número real positivo, comprendido entre cero y uno, como exige el cálculo de probabilidades; para obtener eso, la función de onda resultante deber ser multiplicada por su conjugada compleja, lo que siempre da como resultado un número real.(La función conjugada compleja es la misma función con un cambio de signo; al multiplicarlas se obtiene un número real positivo, el cuadrado del módulo, que se considera el valor de la probabilidad).

Además en la teoría cuántica los valores que puede tomar la energía son discretos, múltiplos de la constante de Planck; utilizando la ecuación de Schrödinger se puede obtener una expresión matemática que permite obtener todos los valores de energía permitidos por la teoría cuántica, por medio de ir aplicando sucesivamente esa fórmula, a partir del mínimo valor permitido.

El modelo de "cuerdas", se construye como una teoría cuántica y relativista, al igual que las teorías cuánticas de campos, de modo que debe incluir todos estos rasgos; las teorías cuánticas de campos contienen también la llamada "simetría conforme", que es algo parecido a la invariancia ante toda deformación del espacio-tiempo de La Relatividad General (o ante difeomorfismos).

En Relatividad General la invariancia se obtiene formulándola de manera tensorial, usando componentes covariantes y contravariantes, cuyos cambios se compensan unos a otros, y así se consigue que todos los sistemas de coordenadas sean igualmente válidos y den las mismas leyes físicas (lo que se llama "covariancia general"); en la formulación tensorial de la geometría de Riemann, las desviaciones de la linealidad del espacio curvo se compensan al transformar coordenadas de un sistema a otro, mediante la llamada "derivación covariante", que añade a las fórmulas los términos compensatorios necesarios, dependiendo de la cantidad de curvatura presente.

En el caso de la "simetría conforme" las fórmulas deben ser invariantes cuando se hace una transformación que introduce "deformaciones", pero mantiene constantes los ángulos.

Como en la teoría cuántica no están permitidos todos los valores de energía, no se pueden incluir todos los modelos de rotación, oscilación, o vibración de la cuerda, sino solo los modos que conduzcan a los valores permitidos de energía; de modo que hay que cuantizar las fórmulas que describen el movimiento de la cuerda; para ello se sigue el mismo procedimiento de "cuantización canónica" que en el caso de partículas puntuales: en la fórmula de un oscilador clásico, que contiene la fórmula de la energía cinética sumada a la energía potencial, se sustituyen el "momento" y la "coordenada de posición", por los operadores cuánticos correspondientes, cuya forma se puede obtener aplicando a la fórmula del oscilador clásico las restricciones de De Broglie (solo un número entero de longitudes de ondas se puede incluir en una región determinada); así se obtiene la fórmula para el oscilador cuántico, que es la ecuación de Schrödinger, y a partir de ella los valores de energía permitidos.

Las expresiones matemáticas que llevan de un valor de energía a otro se llaman operadores de creación y aniquilación, pues su aplicación lleva a una partícula de un estado energético a otro; en el caso de las cuerdas se introducen operadores que juegan el mismo papel, y con ellos se obtienen los valores permitidos de energía y por tanto los posibles modos de la cuerda, de modo que estos operadores se pueden expresar matemáticamente como modos de oscilación, y por tanto como series de Fourier. (En el estudio de ondas, incluso clásicas, una onda puede ser alterada en los valores que la caracterizan, como amplitud y frecuencia, si interacciona con otra onda; y algo parecido es lo que hacen esos operadores; por tanto se comprende que sus expresiones matemáticas correspondan a osciladores, y se puedan representar por series de Fourier; Fourier desarrollo un método con el que se pueden obtener todo tipo de formas ondulatorias sumando ondas armónicas)

El tensor energía-impulso está sujeto a las restricciones cuánticas; pero además, ya que hay que incluir en él los principios de la relatividad , entre las componentes de dicho tensor, hay que incluir las componentes temporales de signo negativo, como indicamos antes; esto supone un problema para la teoría de cuerdas; al igual que en el cálculo vectorial normal, los cálculos se hacen a partir de las componentes; pero todas las componentes deberían tener signo positivo en teoría cuántica, puesto que cada componente hace una contribución a la *probabilidad* , y no puede haber contribuciones de valor negativo, pues las probabilidades tienen que estar entre cero y uno.

Para resolver la ecuación de Schrödinger para el átomo de hidrógeno, se utilizan coordenadas polares en lugar de cartesianas, y eso permite hacer el cálculo separando las tres variables: el radio y los dos desplazamientos angulares; entonces se calcula cada componente por separado y después se multiplican las tres, con lo que se obtiene el "volumen" y "forma" de la nube de probabilidad. Dicha "nube de probabilidad", es la "función de onda" resultante; está normalizada, lo que significa que cada punto de ella es un lugar posible, o un estado en el que hallar al electrón, y la suma de todos esos puntos, la integral, debe ser igual a uno, que significa "certeza absoluta" en cálculo de probabilidades, y hay una certeza absoluta de que el electrón va a estar en *algún punto* del orbital y su estado energético correspondiente; la probabilidad para cada punto se halla a partir del valor (amplitud) de la onda en ese punto, (por medio de la regla del cuadrado del módulo). Cada componente por tanto, hace una contribución a la probabilidad. Pero un número negativo no se puede considerar como una probabilidad, pues sus valores, de acuerdo con el cálculo de probabilidades deben estar entre cero y uno. Todas las contribuciones a la probabilidad deben estar entre cero y uno.

A esas componentes de signo negativo se les llama "campos fantasma"; hay que incluirlas en el tensor si se quiere que la teoría esté de acuerdo con la relatividad, pero al mismo tiempo, si se quiere que la teoría tenga sentido físico, y nos proporcione resultados finales que se puedan considerar estados físicos reales, (un "espacio de Hilbert" de estados físicos, según la terminología cuántica, o un "espacio de Fock", según la teoría cuántica relativista), si realmente es una teoría que describe el mundo que observamos, al menos entre otras cosas, debe haber algo que cancele esos "campos fantasma"; basándose en eso se incluyen en el tensor "componentes" adicionales, que actúan como "campos compensadores" y cancelan los "campos fantasma"; se incluyen también otros "campos espurios" para recuperar otras simetrías, como la "simetría conforme"; cada uno de ellos se puede considerar como un "campo escalar", ya que un campo escalar tiene una sola componente; pero también se pueden considerar como grados de libertad adicionales, y aumentar los grados de libertad se puede considerar como aumentar la dimensión del espacio; un espacio bidimensional tiene dos grados de libertad, y uno tridimensional tiene tres grados de libertad; de modo que las componentes extra se consideraron originalmente dimensiones adicionales del espacio.

Así, para dar sentido físico al aparato matemático de la teoría hay que introducir un número específico de "dimensiones extra" , que se considera que son demasiado pequeñas, formando una variedad compacta, en la que se supone que se mueven las cuerdas, de modo que la forma y propiedades geométricas de esos "espacios compactos" determinan los modelos de movimiento de las cuerdas, que a su vez determinan los valores como masa y demás variables, y las simetrías físicas se originan en las simetrías geométricas de esas variedades; se usan unas formas geométricas o espacios compactos llamados "espacios de Calabi-Yau", nombrados así por los matemáticos que los estudiaron, pero el desarrollo posterior de la teoría condujo a conclusiones adicionales; se vio que las matemáticas permitían la introducción de dimensiones extra grandes y no solo compactificadas (D-Branas), puesto que la explicación para que no las percibamos podría ser que las cuerdas abiertas estén adheridas por sus extremos a una brana, y solo las cuerdas cerradas, que transmiten la fuerza de gravedad pueden pasar de una brana a otra; se dice que eso explicaría también la debilidad de la fuerza de gravedad, en comparación con las otras fuerzas.

### El "principio holográfico" en la teoría de cuerdas

Después se vio que el llamado "principio holográfico", que surgió en la investigación de la entropía del agujero negro, mostrando que la información que genera nuestro universo tridimensional, puede estar almacenada en la superficie bidimensional que lo limita, también surgía en la teoría de cuerdas; se descubrió una "dualidad", una especie de equivalencia matemática entre el llamado "espacio anti-De Sitter", que es una de las variedades espacio-temporales de las que se estudian en Relatividad general, y una teoría cuántica de campos o QFT, formulada en la frontera de dicho espacio; así puede haber cambios en la dimensionalidad también; en algunos artículos técnicos se muestra, por tanto, que las "dimensiones extra", pueden considerarse de otras maneras; pueden considerarse también como la dimensión de un "espacio interno", o un "espacio matemático" como un "espacio de configuración" (parecido a un "espacio de fases" en física clásica), que contiene todas las posibles configuraciones permitidas.

### La teoría M

La Teoría M fue un desarrollo que mostró que diferentes teorías de cuerdas que se estudiaron originalmente, podían ser unificadas, pues se descubrieron en ellas "dualidades", correspondencias matemáticas que indicaban que tales teorías compartían rasgos que indicaban que eran diferentes aspectos o manifestaciones de una teoría más profunda, y se podía pasar de una teoría a otra mediante determinadas transformaciones matemáticas; la teoría no solo incluye cuerdas sino también objetos de más dimensiones.

La investigación en "gravedad cuántica" continúa, y no se considera un problema resuelto; se siguen estudiando las diferentes teorías de las que hemos hablado y otras;

Un enfoque llamado "dinámica de formas" se ha propuesto como una solución al "problema del tiempo", mencionado anteriormente, que surge al cuantizar directamente la Relatividad general en "Gravedad cuántica canónica"; en la dinámica de formas, en lugar de aplicar la "invariancia ante difeomorfismos" a todo el bloque espacio-temporal de la Relatividad general, se aplica "simetría conforme" e invariancia ante difeomorfismos, solo a las "hojas espaciales" del bloque, y se consiguen los mismos resultados que en Relatividad general, pero se evita el problema del tiempo.

# MOLÉCULAS ORGÁNICAS

Linus Pauling, dedujo la estructura de una molécula de forma helicoidal, utilizando la teoría cuántica para hacer cálculos sobre las energías de enlace de sus átomos y la forma de sus orbitales; combinó esto con experimentos en los que utilizó rayos X para explorar la molécula: La longitud de onda de los rayos X es muy pequeña y está en la escala de los tamaños atómicos, de modo que cuando atraviesan una molécula experimentan difracción, es decir, en aquellos lugares en los que hay un átomo, el rayo incidente se difracta, o divide en dos; es semejante a lo que ocurre cuando una onda, por ejemplo un rizo que se desplaza sobre la superficie de un estanque, choca con un objeto del tamaño adecuado; si fuese del tamaño de un pequeño granito, la onda seguiría sin ser afectada apenas, pero si fuese lo bastante grande, aproximadamente del tamaño de la amplitud o altura de la onda, el frente de onda no podría seguir su camino y en ese punto de choque, el frente se fraccionaría creándose dos frentes de onda que pasarían uno a cada lado del obstáculo; los resultados de la difracción de rayos X podían ser recogidos en una placa fotográfica, como en el caso de las radiografías, y a partir de ellos deducir las posiciones de los átomos que han originado las difracciones; así dedujo la estructura de esa molécula, a la que se llamó alfa-hélice; los métodos y hallazgos de Pauling se pudieron usar posteriormente para conocer la estructura de otras moléculas, y fueron métodos semejantes los que utilizaron Watson y Crick, utilizando las fotografías de rayos X de Rosalind Franklyn, para hallar la estructura básica del ADN; desde entonces ha habido desarrollos teóricos y técnicos adicionales que se usan para descifrar complejas estructuras moleculares; la biología molecular ha seguido avanzando y hallando maneras de descifrar las complejas estructuras de las moléculas de los organismos vivos; se descubrieron enzimas de restricción, que cortaban el ADN cuando encontraban una secuencia específica de bases nucleótidas, y existen diferentes enzimas, cada uno de ellas con la estructura química adecuada para una secuencia específica; se podían hacer muchas copias de los fragmentos obtenidos utilizando el ADN de bacterias como Esclerichia Coli; la cadena de ADN de las bacterias adopta una forma circular, llamada plásmido, que se puede cortar y abrir utilizando una enzima de restricción, y los fragmentos o secuencias de ADN que se quieren estudiar se pueden insertar en el plásmido, que en poco tiempo hará muchas copias; como se sabe qué enzimas de restricción hay que usar se pueden volver a extraer esos fragmentos y habrá muchas copias disponibles para su estudio; cada molécula tiene la estructura adecuada para su función, y esto incluye a las que intervienen en el proceso de transcripción dentro de la célula, y en otros procesos celulares, incluida la replicación de ADN en la mitosis o división celular; así combinando los conocimientos teóricos y técnicas experimentales de química, observando al microscopio los procesos celulares y utilizando estructuras ya conocidas que encajan con otras muy específicas se descifran moléculas complejas.

A medida que progresaba el proyecto para secuenciar el genoma humano, se fueron desarrollando otras técnicas de secuenciación, y el estudio de los organismos vivos a nivel molecular sigue progresando.

## Genética y Biología molecular

- Johan Gregor Mendel nació en 1822 en una familia de campesinos de Moravia, que entonces era parte de Austria y ahora forma parte de la republica Checa. Comenzó sus experimentos con guisantes cuando tenía 34 años. Era habitual que los que cultivaban plantas hicieran cruces e hibridaciones; pero Mendel hizo un estudio preciso sobre algunos de los caracteres más distintivos de las plantas que cruzaba, haciendo un recuento para determinar cómo se transmitían a la descendencia y así fue como descubrió que se seguían siempre unas reglas o leyes sencillas. Entonces no se sabía nada del ADN ni los cromosomas, pero estos descubrimientos fueron fundamentales para el desarrollo de la genética; los resultados de Mendel eran un indicio de que cada rasgo distintivo de la descendencia se debía a un "factor" interno (hoy llamado "gen"), presente en las células ováricas y polínicas, y que la descendencia de un cruce producirá a su vez óvulos y polen con las dos formas en igual número de cierto "factor". En 1901 Garrod descubrió que la alcaptonuria, una rara enfermedad metabólica que ennegrece la orina, se daba con mayor frecuencia en familias endogámicas, afectando a los hijos de matrimonios entre primos hermanos. Esto se podía explicar por las leyes de Mendel, suponiendo que los primos tuviesen el mismo "gen" anormal, y que este era recesivo, y por lo tanto no se manifestaba en los padres pero podía hacerlo en algunos de los hijos. Sutton descubrió en 1903 que los cromosomas están emparejados y que uno procede del padre y el otro de la madre; el número de cromosomas que había en las células del esperma y en los óvulos era exactamente la mitad del normal en las demás células, y Sutton sugirió que en los cromosomas podía estar la base física de la ley mendeliana de la herencia. Se descubrió también que una pareja de cromosomas era diferente en machos y hembras. A estos dos tipos de cromosomas se les distingue llamando a uno X y al otro Y. Las hembras siempre tienen la pareja XX y los machos siempre tienen XY; se les llama por tanto cromosomas sexuales, y es lógico pensar que es el material genético de estos cromosomas el que determina los rasgos que diferencian a machos y hembras. Alrededor de 1910 ya se había determinado que había diferencia entre los cromosomas de machos y hembras. Primero se detectó que las hembras poseían una pareja del tipo al que se llamó X, mientras que los machos parecían tenerlo desemparejado, aunque posteriormente se descubrió en ellos el cromosoma Y, que es más pequeño. Hubo un tiempo en que se creyó que el ser humano tenía 48 cromosomas en cada una de sus células; los cromosomas solo se ven al microscopio, durante un tiempo breve antes de la división celular, pero la mayor parte del tiempo forman un revoltijo llamado cromatina. En 1956, con la mejora de las técnicas de observación microscópicas, los suecos Tijo y Levan comprobaron que en realidad eran 46 (23 parejas). Las células de la médula ósea, que fabrican los corpúsculos rojos y blancos de la sangre, son las que se dividen con mayor frecuencia, y por tanto son idóneas para observar los cromosomas. Se las somete a una droga que detiene el ciclo celular en la fase más propicia y a continuación se aplican colorantes que tiñen los cromosomas para poder observarlos (los cromosomas no son visibles al microscopio si no se usa la tinción; la palabra "cromosoma", "cuerpo de color" en griego, alude a que se observan coloreados debido a la tinción; el uso de tinciones es frecuente para hacer observaciones con microscopio; Santiago Ramón y Cajal también usó una tinción recién descubierta para observar las neuronas e hizo los primeros dibujos de ellas; las sustancias usadas para hacer visibles diferentes estructuras microscópicas, dependen de lo que se quiera observar, pues deben tener la estructura química adecuada para unirse a los objetos bajo estudio) .

Hacia 1910 Thomas Hunt Morgan empezó a estudiar la genética de la mosca del vinagre, ideal para este tipo de estudios porque cría varias veces al año produciendo cientos de descendientes. Pudo observar que algunas, a las que llamó "mutantes", exhibían rasgos anormales. Una de esas mutaciones o cambios consistía en tener los ojos blancos en vez de rojos, que era lo normal, de modo que el gen responsable de producir el pigmento rojo estaba roto o mutado. Se daba solo en machos y Morgan concluyó que el gen responsable se hallaba en el cromosoma X, puesto que carecen de un segundo cromosoma X que contenga un gen para el color de los ojos que compense al gen defectuoso. Después se descubrieron otras mutaciones también ligadas al sexo, que se heredaban juntas como un grupo, lo que sugería que iban juntas en el mismo cromosoma. Pero entonces se observó que al pasar de una generación a otra había pares de mutaciones que se separaban a veces. Esto podía deberse a que los dos miembros de un par de cromosomas intercambiaban material genético entre sí. Al microscopio se observa que antes de la división celular, los cromosomas de las células germinales están enroscados unos con otros y en ese momento tal vez podrían intercambiar material genético, dando lugar a una recombinación. Un estudiante de Morgan, A. H. Sturtevant descubrió que había pares de mutaciones que se separaban más frecuentemente que otras y llegó a la conclusión de que unos genes estaban próximos y otros más separados, de modo que estos estudios podían servir para determinar el orden de los diferentes genes en el cromosoma e ir elaborando así un "mapa" genético. Con el tiempo se fueron desarrollando otros métodos que han hecho posible cartografiar la totalidad del genoma. En los seres humanos la hemofilia y la distrofia muscular son también enfermedades ligadas al sexo. El cromosoma X de los que padecen distrofia muscular carece frecuentemente de algunos fragmentos. Las personas con síndrome de Down tienen tres cromosomas "21" en lugar de dos, como es habitual. Pero la mayoría de enfermedades que pueden deberse a causas genéticas no consisten en la fractura de un cromosoma, sino quizá en la alteración de solo una o dos letras del código genético, lo que hace mucho más difícil la identificación de los genes responsables.

- ## **Las leyes de Mendel**
- 1- Ley de la uniformidad de la primera generación filial
- 2- Ley de la segregación de los caracteres en la segunda generación filial

Mendel cruzó plantas que diferían en un solo carácter (semillas rugosas o lisas): todas las plantas de la primera generación tenían semillas lisas, (carácter dominante de uno los padres). Cruzó plantas de esta primera generación por autofecundación: un 75% tenian semillas lisas y un 25% rugosas. Dedujo que los caracteres dependían de unos factores (llamados hoy genes) que se transmitían sin mezclarse. La explicación es la siguiente: Cada progenitor porta un factor para determinada característica y su progenie heredará ambos, pero uno de ellos es dominante y el otro recesivo, y el dominante será el que se manifestará externamente. Llamemos "A" al factor que origina el carácter dominante, que da lugar a semillas lisas en este caso, y "a" al que da lugar a semillas rugosas. Todos los guisantes de la primera generación contendrán el par "Aa", pero externamente se manifestará en todos "A", que es el dominante. Pero al cruzarlos en la segunda generación hay tres posibilidades: "AA", "Aa", "aa"; es decir 1/3 de ellos heredarán el "A" de cada progenitor, 1/3 heredará el "A" de uno y el "a" del otro, y 1/3 heredará el "a" de ambos progenitores; los que tengan "AA" tendrán sin duda semillas lisas, los que tengan "Aa" también tendrán semillas lisas porque "A" es dominante, pero los que tengan "aa" tendrán semillas rugosas. Las plantas lisas de la segunda generación no tendrían por qué ser iguales; 1/3 serían homozigotos y darían por autofecundación solo plantas lisas. 2/3 serían heterozigotos y por autofecundación darían una segregación.

- Por otra parte, si se cruzaba una planta de la primera generación con el padre homozigoto recesivo (Aa x aa), la descendencia de este cruce (retrógrado) daría ½ Aa y ½ aa, lo que comprobó experimentalmente. Sentó así las bases de la genética.
- ## **Moléculas orgánicas**

Cuando se usaron los métodos de la química para analizar las sustancias que forman parte de los organismos vivos, vegetales o animales, se descubrió que eran mucho más complejas que las de la materia inanimada. Una característica común de estas sustancias es la presencia del carbono (cuando se quema materia orgánica, vegetal o animal, se carboniza, es decir, queda carbono como residuo de la combustión). El químico alemán Friedrich Kekulé definió, en 1861, la química orgánica (o química de la materia viva), simplemente como la química de los compuestos de carbono, aunque es cierto que algunos compuestos, que también contienen carbono, se consideran inorgánicos (carbonato cálcico y dióxido de carbono, por ejemplo). El conocimiento de la estructura atómica, y el avance de las técnicas de análisis químico, permitió ir descifrando la estructura de moléculas cada vez más complejas. El carbono tiene una valencia de 4, es decir la estructura de la última capa del átomo de carbono le permite enlazar con otros cuatro átomos. Esto le hace idóneo para formar largas cadenas. Para comprender el funcionamiento y las propiedades químicas de las moléculas, es importante saber, no solo el número de átomos de cada elemento que las compone, sino también la manera en que están dispuestos u organizados, la geometría de la molécula, por decirlo así. Para esto se introdujeron lo que se conoce como fórmulas estructurales; el químico escocés Archibald Scout Couper (1831-1892) sugirió representar la manera en que se enlazan los átomos en la molécula por medio de pequeños trazos. Las fórmulas químicas normales, o fórmulas estequiométricas, indican los átomos presentes en una molécula y el número de cada uno de ellos. Al enfrentarse al estudio de moléculas más complejas, resultó muy útil representarlas esquemáticamente, usando unos guiones para simbolizar los enlaces de unos átomos con otros, indicando así la forma en que están dispuestos en la molécula.

- Este fue el primer paso, pero al descubrirse sustancias con los mismos átomos componentes pero diferentes propiedades químicas, se comprendió que esto podría deberse a que las moléculas son tridimensionales, y por tanto hay más posibilidades de orientación y organización. Una molécula puede contener exactamente los mismos átomos que otra, pero colocados de maneras diferentes en el espacio tridimensional, lo que explica la diferencia en las propiedades químicas.
- ¿A qué se debe que el carbono sea tan fundamental para la formación de las moléculas que componen la materia viva?. El átomo de carbono tiene cuatro electrones en su última capa, justo la mitad de ocho, que constituirían una capa completa; de modo que no tiene ni demasiados, ni demasiado pocos. Esto lo hace idóneo

para formar largas cadenas, pudiendo ser así lo que podríamos llamar la "columna vertebral" de las grandes moléculas que forman la materia viva. Puede formar simultáneamente cuatro enlaces químicos; si tuviera menos electrones exteriores podría formar menos enlaces; si tuviera más, a su capa externa le faltaría muy poco para estar llena, y su tendencia sería a llenar los pocos "huecos" disponibles. Cuatro está en el término medio para otorgar al carbono una capacidad máxima de enlace con otros elementos, incluyendo la posibilidad de formar enlaces con otros átomos de carbono. Incluso los átomos también pueden enlazarse formando anillos además de cadenas, posibilidad ésta que fue sugerida por Kekulé, para explicar las propiedades del benceno (anillo de benceno). El silicio, que está más adelante en la tabla periódica también tiene cuatro electrones en la última capa, pero contiene más capas llenas entre el núcleo del átomo y la parte exterior; debido a eso la influencia del núcleo en los electrones exteriores es más débil y los enlaces que estos pueden formar no son tan fuertes como en el caso del carbono.

- La teoría cuántica aún podía hacer más por ayudar a comprender las propiedades químicas y la estructura de los compuestos. En la antigua teoría cuántica los diferentes niveles energéticos que se manifestaban en las diferentes líneas del espectro emitido por el átomo, se fueron explicando como consecuencia de la forma de las órbitas, que podían ser elípticas además de circulares. El electrón en una órbita elíptica tendría una energía distinta. Habiendo más formas disponibles se podía dar cuenta de las líneas adicionales que aparecían en los espectros. Ya vimos que la concepción más moderna de la teoría cuántica arrojó más luz sobre el asunto, explicando los posibles estados energéticos del electrón, como una consecuencia lógica del tipo de leyes matemáticas que imperan en el mundo subatómico, en las que hay que tener en cuenta el principio de incertidumbre y donde apareció el concepto de ondas de probabilidad. En 1931 Linus Pauling utilizó la teoría cuántica y consiguió explicar el enlace químico, haciendo incluso cálculos sobre la fuerza de los enlaces que concordaban con los resultados experimentales. Recordamos que aunque Heisenberg no utilizó el concepto de "órbita" del electrón en su teoría matricial (se interesó solo en los resultados numéricos y las reglas algebraicas que los relacionaban), Schrödinger desarrolló el concepto de De Broglie de órbitas ondulatorias, y después se descubrió la equivalencia matemática entre los dos esquemas. Podemos hablar de orbitales atómicos y usar sus posibles estructuras permitidas por las reglas cuánticas, para calcular la energía de los enlaces atómicos; Pauling descubrió que las reglas cuánticas permiten la existencia de las llamadas "resonancias", estados energéticos que son una especie de combinación híbrida de los estados separados, y pueden crear enlaces más fuertes, al reforzarse las "ondas" por "resonancia". Debido a que la teoría cuántica calcula probabilidades, los estados "en resonancia" deben aparecer en los cálculos y, como hemos dicho los resultados concuerdan con los valores que se derivan de los experimentos. Así la teoría cuántica permite entender el enlace atómico y es un valioso instrumento para determinar la estructura de las moléculas.

- Primero se fueron descifrando las estructuras moleculares de las sustancias orgánicas más simples y se fue avanzando y acometiendo el estudio de moléculas cada vez más complejas, como los polímeros, polipéptidos, enzimas, proteínas y ácidos nucleicos.

- Los métodos son muy variados; por un lado están las técnicas de análisis químico, los resultados de reacciones conocidas hace tiempo, la electrólisis (separación de sustancias por medio de la corriente eléctrica), el uso del centrifugado que separa los átomos de diferente peso, la cromatografíía (diferentes sustancias son separadas al reaccionar con un tipo de papel), la electroforesis, que consigue algo parecido... etc. Por otro lado están los conocimientos de teoría cuántica que permiten determinar la forma de los orbitales atómicos, y por tanto saber cómo se pueden enlazar unos átomos con otros. Además está el examen con rayos X: el estudio de la difracción de rayos X al atravesar los átomos de una molécula permite deducir como están organizados los átomos. La espectroscopia, cuya importancia en el estudio del átomo ya hemos considerado, también juega un papel importante, ya que también cada molécula emite su espectro característico. Los resultados de todos estos métodos permiten construir modelos tridimensionales de la estructura de las moléculas de las diversas sustancias. Actualmente se cuenta con aparatos que emplean un fenómeno conocido como resonancia magnética nuclear, muy valioso para conocer la estructura interna de la materia.

- A partir de ahí, la biología molecular ha descubierto muchas cosas sobre los complejos organismos de los seres vivos. Un enigma que ha intrigado durante mucho tiempo, es el asunto de la diferenciación celular. ¿Cómo es posible que de una sola célula original se origine un organismo completo con tantas clases de células diferentes?. Cada célula tiene una estructura distinta, que la hace idónea para el papel que tiene que desempeñar en el organismo. Aunque las primeras células que se forman de la original, por un proceso de división denominado mitosis, son muy semejantes, a medida que el embrión crece las nuevas células van siendo diferentes y se van especializando; hoy se sabe que la producción de estructuras diferentes dentro de una célula, como proteínas y enzimas especializadas, se debe a que no todos los genes, o secuencias de ADN codificantes, están activas al mismo tiempo; en cada fase del desarrollo se activan solo aquellas secuencias que construyen las moléculas que se requieren en cada momento, y eso va afectando a la estructura de las células que se construyen en cada etapa y todo va ocurriendo en el orden correcto, como si obedeciera a un programa. A su vez parece que las células se reconocen entre ellas, por medio de sus membranas celulares, y eso puede dar lugar a que las del mismo tipo se coloquen juntas, y además lo hagan en los lugares adecuados con relación a otras, para formar órganos y sistemas. También parece haber evidencia de que las células se comunican entre ellas por medio de mensajeros químicos, de modo que todo el organismo funciona como una unidad de complejidad impresionante.

• El organismo emplea diversos medios para conseguir la activación selectiva de los genes. Por ejemplo, algunos genes se desactivan porque ciertas sustancias químicas se sitúan encima de ellos o en sus proximidades, porque su estructura química encaja en la secuencia de ADN como la llave en una cerradura; al situarse allí los bloquean o desactivan. En cambio hay diversas enzimas cuyo diseño las hace idóneas para cortar el ADN por determinadas secciones, funcionando como si fueran unas tijeras químicas. La secuencia de ADN que se requiere en esa fase es copiada por un complejo molecular específico que puede permanecer anclado mientras se efectúa el copiado, a otra secuencia próxima al gen llamada "promotor". A continuación el ARNm (ARN [ácido ribonucleico] mensajero) copia la secuencia y la lleva fuera del núcleo celular. Entonces otro tipo de ARN, el ARNt (ARN de transferencia), transporta aminoácidos a una estructura que se encuentra en el citoplasma, el ribosoma, donde los aminoácidos (de unas veinte clases distintas) se van ensamblando en el orden que dicta la secuencia de ADN seleccionada. El orden es fundamental porque es el que determina la molécula que se va a construir (como por ejemplo una determinada proteína), y con unos veinte aminoácidos diferentes el número de ordenaciones posibles es enorme, pudiendo originar toda la variedad de moléculas con funciones muy específicas que constituyen el organismo.

Aunque todo el proceso es muy complejo, y por eso todavía hace falta mucha investigación, no cabe duda de que el asunto es hoy mucho menos enigmático de lo que era hace años.

### La teoría cuántica y la Tabla periódica

Cuando ya la química se había desarrollado hasta el punto de identificar los elementos básicos constituyentes de todas las sustancias, cuyo número ha resultado ser de unos cien aproximadamente (la cifra es un poquito mayor, al añadir elementos radiactivos pesados), se hicieron intentos de clasificarlos según sus propiedades. Se descubrió lo que se llamó la ley de las octavas: colocando los elementos por orden de peso, empezando por los más ligeros, las propiedades químicas son muy semejantes cada ocho elementos (por ejemplo, el oro se parece al cobre, el sodio al potasio etc.). Las propiedades químicas guardan por tanto una periodicidad. Finalmente Mendeleiev confeccionó una tabla de todos los elementos conocidos en su época, y los organizó (en filas y columnas) por periodos: los elementos con propiedades químicas semejantes aparecían, unos bajo otros, en la misma columna de la tabla. Confiando en la ley de la periodicidad (o repetición de propiedades químicas semejantes), Mendeleiev dejó algunos huecos vacíos en su tabla, y supuso que correspondían a elementos aún no descubiertos, cuyas propiedades se podían predecir, ya que la tabla indicaba el periodo al que pertenecían. Con el tiempo se descubrieron dichos elementos y tenían las propiedades conjeturadas de antemano por Mendeleiev.

En aquel tiempo no se sabía lo suficiente de la estructura atómica de cada elemento, como para poder entender la razón subyacente del orden que manifiesta la tabla periódica. La teoría cuántica, descubierta en el siglo XX, ha revelado la razón de la repetición de propiedades químicas, explicando así la tabla periódica.

Los electrones se organizan en diferentes niveles energéticos, y dos electrones no pueden estar en el mismo estado. El estado de cada electrón se indica, ya incluso en la teoría cuántica antigua, por cuatro números llamados números cuánticos. El primero, llamado N, indica el número de órbita y va tomando valores consecutivamente desde 1 en adelante. El segundo número cuántico, L, es el valor del momento angular del electrón. El tercer número cuántico, M, indica el momento magnético del electrón (al ser una carga eléctrica en movimiento genera magnetismo, y por eso tiene un momento magnético), que se manifiesta al someter al átomo a un campo magnético. El valor energético en el campo magnético depende de la orientación de la órbita con respecto a dicho campo; es lo mismo que si colocásemos un imán en un campo magnético; el efecto de dicho campo dependerá de la orientación del imán. Como las reglas de la teoría cuántica requieren que el momento angular esté cuantizado, el momento magnético, que depende del momento angular y de las posibles orientaciones de la órbita en el campo magnético, también estará cuantizado.

El número de orientaciones posibles es siempre impar, pues comprende los valores positivos, y el mismo número de valores negativos, lo que totaliza un número par, pero como hay que añadir el cero, el total de orientaciones siempre es impar. Por eso se puede calcular por la fórmula $2L + 1$, que representa toda la sucesión de impares ($2L$ siempre será par, porque multiplicamos cualquier número "L" por 2, y si después le sumamos 1, obtendremos un impar); así, por cada valor de "L" habrá "$2L + 1$" valores de M. Ahora bien, la suma de impares consecutivos cumple también esta sencilla relación:

$1^2 = 1$

$2^2 = 1+3 = 4$

$3^2 = 1+3+5 = 9$

$4^2 = 1+3+5+7 = 16$

De modo que los resultados de ir sumando consecutivamente impares se obtienen con la sencilla fórmula $N^2$

Ahora hablemos del cuarto número cuántico: Al observar un desdoblamiento de las líneas espectrales emitidas por el átomo sometido a un fuerte campo magnético, se pensó que el electrón podía ser como una especie de pequeña esfera girando en torno a su propio eje, bien en la dirección de las agujas del reloj, o en sentido contrario; era un grado de libertad adicional del electrón que influía en su respuesta al campo magnético y explicaba los resultados experimentales (líneas del espectro). De modo que si $N^2$ nos permite saber el número de posibles combinaciones de los tres primeros números cuánticos, ahora hay que multiplicar por dos para incluir los dos posibles estados debidos al cuarto número cuántico, llamado número de espín (del inglés "spin", giro). Equipados con estas ideas podemos ir "construyendo" átomos, con la condición de que los cuatro números cuánticos de cada electrón no sean iguales, para no tener el mismo valor energético (principio de exclusión de Pauli):

| N | L | M | S |
|---|---|---|---|
| 1 | 0 | 0 | +1/2 |
| 1 | 0 | 0 | -1/2 |
| | | | |
| 2 | 0 | 0 | +1/2 |
| 2 | 0 | 0 | -1/2 |
| 2 | 1 | +1 | +1/2 |
| 2 | 1 | +1 | -1/2 |
| 2 | 1 | -1 | +1/2 |
| 2 | 1 | -1 | -1/2 |
| 2 | 1 | 0 | +1/2 |
| 2 | 1 | 0 | -1/2 |

y así sucesivamente; de modo que el número máximo de electrones en cada nivel energético N, se puede calcular por la fórmula $2n^2$:

$$2 \cdot 1^2 = 2 \cdot 1 = 2$$

$$2 \cdot 2^2 = 2 \cdot 4 = 8$$

Se pueden colocar un máximo de dos electrones en el primer nivel y ocho en el segundo, lo que explica la ley periódica de las octavas (el que cada ocho elementos se repitan las propiedades químicas), porque las propiedades químicas dependen del número de electrones de la última capa, lo que determina su afinidad química, su capacidad para combinarse con otros elementos. Conocer estas leyes gracias a la teoría cuántica permite saber cómo están organizados los electrones en el átomo de cada elemento, y entender así la razón de sus propiedades químicas. Por ejemplo, ahora se sabe que los gases nobles, tienen  todos su última capa completa con ocho electrones, y esa es la razón de que sean inertes: como su última capa está completa y no admite más electrones, no se asocian con otros elementos para compartir electrones y por tanto son inactivos químicamente. A medida que se avanza en la tabla periódica, la ley de las octavas no se cumple exactamente, pero esto también ha sido explicado: A medida que aumenta el número de cargas eléctricas en el átomo, la atracción hace que algunos electrones, que deberían estar en niveles más externos, pasen a ocupar niveles más bajos.

### ¿Qué representa la "función de onda"?

Ahora estamos en condiciones de saber por qué aparece la fórmula: pq – qp = 2 $\pi$ i (relación mecano cuántica fundamental) en la teoría matricial de Heisenberg. Multiplicamos el operador momento por la coordenada. Ahora invertimos el orden de los factores y hallamos la diferencia. Obtenemos la relación mecano cuántica fundamental. Las matrices de Heisenberg correspondientes al momento y a las coordenadas contienen en forma de tabla los posibles valores permitidos que resultan al aplicar los correspondientes operadores. La aplicación sucesiva de los dos operadores equivale a aplicar la matriz producto a la función de onda. El orden de aplicación de los operadores afecta al resultado, al igual que el orden de multiplicación de las matrices. Dar la matriz de una magnitud física en teoría cuántica equivale a dar el operador. Por decirlo así Heisenberg, basándose en los datos que salían de los espectros atómicos halló los valores que podían tomar las variables básicas colocados en forma de tabla (matriz), y Schrödinger encontró la regla que originaba esos valores, partiendo de la idea de De Broglie, de asociar una onda al electrón (cuando De Broglie lanzó la idea no se tenía muy claro si el electrón era una onda, o la onda era como un piloto que de alguna manera guiaba la trayectoria del electrón). Parece que originalmente Schrödinger quiso concebir el electrón mismo como una onda totalmente, pero esta interpretación no se pudo sostener, porque de haber sido así, la localización del electrón-onda se esparciría en una región cada vez más amplia en un tiempo breve, y esto no se podía reconciliar con el hecho observado de que el electrón es detectado como un impacto localizado en las pantallas detectoras en una región muy pequeña. La única forma de mantener la idea de las ondas y reconciliarla con el impacto localizado, es concebir el electrón como un "paquete de ondas", y no una sola onda. En la física de las ondas se pueden sumar ondas de manera que en una pequeña región del espacio se consiga algo así como una concentración máxima de intensidad, lo que habitualmente se llama un "paquete de ondas", pero para ello se requiere sumar los efectos de muchas ondas de diferentes frecuencias; cuanto más "localizado" queramos que esté un electrón construido de esa manera más ondas tenemos que sumar. Según la relación de De Broglie muchas frecuencias distintas significan muchos valores distintos del "momento", de modo que si el electrón tiene una posición muy definida no se le podrá asignar un único valor de la variable "momento lineal"; pero eso no es sino otra forma de ser conducidos directamente al principio de incertidumbre de Heisenberg. Si queremos mucha precisión en la "posición" tenemos que renunciar a precisión en el "momento". De modo que el principio de incertidumbre no se puede evitar en ninguna de las dos formulaciones, por lo que más bien parece que sale reforzado, y hay que tomarlo como una ley de la naturaleza, una auténtica norma de comportamiento del mundo en su nivel más fundamental.

Al hacer sus formulaciones Heisenberg y Dirac, en principio renunciaron a hacer una imagen del átomo; tuvieron la intuición de que quizá no se debería forjar una especie de imagen visualizable de un dominio que cae más allá de nuestro sentido de la vista. La formulación de Schrödinger, al principio pareció que iba a mostrar que las cosas se podrían explicar con el mismo tipo de ondas de la física clásica. Parece que eso fue lo que pensaron Schrödinger y otros físicos: las tablas numéricas (matrices) eran explicadas por la concepción ondulatoria; parecía que Schrödinger había resuelto el misterio y había dado una explicación intuitiva de la razón del éxito de las reglas halladas por Heisenberg. Pero la cosa no resultó tan sencilla.. Las "ondas" de Schrödinger resultaron ser en realidad un tipo muy extraño de ondas: solo se podían considerar como una onda en el espacio tridimensional, en el caso de una sola partícula; y para poder captar este concepto al final resulta que los enfoques originales de Heisenberg y Dirac son muy útiles. En realidad parece que la mejor manera de captar el significado de la teoría cuántica es considerar ambos enfoques y la relación entre ellos.

Parece que la motivación original de Schrödinger para desarrollar las ideas de De Broglie sobre las "ondas de materia", era intentar encontrar un modelo del movimiento del electrón, en el interior del átomo y fuera de él, que no supusiese una ruptura con la física clásica; sin embargo, y a pesar de sus deseos, las "ondas" descritas por su ecuación (tanto la ecuación independiente del tiempo para ondas estacionarias en el interior del átomo, como la dependiente del tiempo para el electrón libre), no resultaron ser como las ondas familiares que se propagan por el espacio tridimensional, por ejemplo las ondas sonoras, las ondas que se forman en un estanque de agua cuando algún objeto cae sobre él, y otras similares.

Schrödinger expresó su descontento diciendo que si él hubiese sabido que no nos íbamos a poder librar de esos "malditos saltos cuánticos", no hubiera querido tener nada que ver con el asunto, y usó la "metáfora" de un gato encerrado, cuya "función de onda" incluía un estado de superposición cuántica: " $\frac{1}{2}$ gato vivo + $\frac{1}{2}$ gato muerto" que se ha hecho famosa, para ilustrar lo absurdo que parecía pensar que la "función de onda", describía a un gato que está vivo y muerto a la vez, hasta que se decida abrir el recinto donde está, y se le **_observe_** en uno de los dos estados.

Desde entonces el "gato de Schrödinger" se ha usado en muchas discusiones sobre el significado de la teoría cuántica, llegando a aparecer en muchos lugares ecuaciones como esta:

$$GATO = \frac{1}{\sqrt{2}} \text{ vivo - muerto}$$

hasta el punto de que Stephen Hawking y Roger Penrose, en uno de estos debates sugirieron usar otras "ilustraciones", y dejar en paz al "gato", que ya había sufrido bastante.

**¿Por qué las "ondas de Schrödinger" no son como las ondas familiares que se propagan en el espacio tridimensional?**

Cuando se considera el caso de una sola partícula, se podría tal vez pensar que es así, pero en el momento en que se considera un sistema de dos o más partículas, se comprende enseguida que no es posible dar ese significado a la función de onda.

Las partículas cuánticas son indistinguibles en un sentido profundo; para conocer la posición en que se hallan dos o más electrones (o cualquier otro sistema de partículas), hay que "iluminarlo", por ejemplo con luz, que consiste en fotones que interactúan con el sistema; si queremos seguir lo mejor que podamos la evolución posterior del sistema habrá que hacer una segunda observación, y después otra y otra, etc.

Pero en la segunda observación, debido a que los electrones son indistinguibles, no podemos saber cuál, de cada uno de ellos, se corresponde con los que hemos detectado en la primera observación; en el caso más simple de un sistema de solo dos electrones, es como si hiciéramos un experimento con dos "gemelos idénticos", llamémosles Pepito y Juanito; hacemos una primera observación y Pepito está en la posición 1 y Juanito en la 2; en el instante en el que pestañeamos, Pepito y Juanito son lo bastante rápidos como para moverse, uno a la posición 3 y otro a la 4, pero debido a que son "gemelos idénticos", cuando nuestras pestañas se levantan y de nuevo "observamos o vemos" no sabemos si Pepito es el que está en la posición 3 y Juanito en la 4, o si Juanito es el que está en la 3 y Pepito en la 4, de modo que nos vemos obligados a admitir que la única manera de describir el conocimiento que nos brinda la observación, es decir que las dos situaciones alternativas son igualmente probables, con $\frac{1}{2}$ de probabilidad para cada una; por supuesto en el ejemplo de "Pepito y Juanito", nos imaginamos, debido a la forma en que estamos acostumbrados a pensar en los objetos y personas del mundo macroscópico, como entidades que "están siempre ahí aunque no las observemos", que la situación descrita se podría evitar si no pestañeamos; pero en el caso de las partículas submicroscópicas es en principio imposible hacer un ***seguimiento continuo*** de ellas; no se trata de una limitación experimental sino de una ley de la naturaleza expresada en las fórmulas matemáticas del principio de incertidumbre de Heisenberg; la mecánica cuántica, tal como se entiende hasta ahora, nos dice que no es que nosotros no podamos seguir la supuesta trayectoria continua de un electrón, sino que tal "trayectoria continua" no existe; si existiera, el electrón en un átomo podría seguir tal trayectoria y precipitarse en espiral hacia el núcleo; para hacerlo tendría que ir pasando por un rango continuo de valores de energía decrecientes, pero tal rango continuo de valores no está permitido por la fórmula fundamental $E = h v$, que nos dice que los valores posibles para la energía están cuantizados y son múltiplos de la constante $h$; este hecho apareció en la fórmula que explicaba la densidad de energía que aparecía en los experimentos para la radiación de cuerpo negro, sirvió para explicar correctamente el efecto fotoeléctrico y teniéndola en cuenta, el modelo atómico de Bohr podía evitar la predicción del electromagnetismo clásico, según el cual los electrones en el modelo del átomo nuclear de Rutherford, se precipitarían contra el núcleo y el átomo colapsaría.

Por este motivo cuando la teoría cuántica describe la evolución temporal de un sistema de muchas partículas, tiene que tomar en cuenta que las partículas son indistinguibles en un sentido profundo, como un principio fundamental de la teoría que debe ser incluido en la formulación matemática; esto imbrica a las supuestas "partículas individuales" de tal manera, que hay que describir el sistema por medio de una **_única función de onda_**, que incluye todas las permutaciones posibles de ellas, con una determinada probabilidad para cada posible ordenación, como se ilustra en el ejemplo de los "gemelos idénticos".

Esto nos muestra que el objeto matemático al que llamamos "función de onda" en la teoría cuántica, es algo diferente de las fórmulas que describen una onda familiar que se propaga en el espacio tridimensional, aunque guarde relación con esas otras descripciones matemáticas más sencillas.

La "función de onda" es por tanto una superposición en la que se "suman" todos los posibles estados alternativos en que podríamos hallar al sistema en la siguiente medición, y nos permite calcular la probabilidad para cada alternativa; recibe por eso también el nombre de "vector de estado"; si volvemos a pensar en el ejemplo de los "gemelos idénticos", recordamos que teníamos que describir la situación como una suma de dos posibles alternativas, y en cada una de ellas la "posición" de cada niño se especifica dando las coordenadas de posición de cada uno de ellos, (3 números para cada entidad, en uno de los posibles estados, y otros 3 números para cada entidad en el otro estado posible); un matemático nos diría que ese "objeto" ("función de onda" o "vector de estado") no está evolucionando en el espacio tridimensional, no hay bastantes "dimensiones" en él; más bien parece que tal "objeto matemático", "vive" y se "desenvuelve" en algo parecido a lo que se llama un "espacio de configuración" (una entidad matemática que contiene todas las posibles configuraciones en que se puede hallar un sistema), o un "espacio de las fases", un "espacio matemático" que contiene todas las fases de un proceso o todas las fases por las que pasa un sistema determinado.

Tales "espacios matemáticos" se usan en física clásica y se usaban ya antes del descubrimiento de la teoría cuántica; describir el movimiento de un cuerpo extenso, que tiene muchas partes, por medio del movimiento de un solo "punto", es una simplificación que se hace por conveniencia; de igual manera, para describir un sistema de muchos cuerpos, podemos invertir las cosas, y en lugar de definir el movimiento de N cuerpos, requiriendo 3 números para dar las coordenadas de posición de cada uno, podemos describir el sistema entero como un "punto" que se mueve o evoluciona en un "espacio matemático" de 3N dimensiones. Se pueden requerir más dimensiones si hay que especificar todos los grados de libertad posibles en el sistema considerado.

De manera semejante, y por las razones que hemos comentado, las "funciones de onda" o "vectores de estado" de la mecánica cuántica evolucionan en el llamado "espacio de Hilbert $\infty$ - dimensional", una entidad matemática que tiene estructura de "espacio vectorial", lo que significa que tiene las mismas propiedades fundamentales, desde el punto de vista matemático, que los vectores tridimensionales que nos son familiares, pero pasando del espacio tridimensional a un "espacio matemático" de infinitas dimensiones.

Además la estructura que toma la ecuación de Schrödinger incluye la unidad imaginaria "$i = \sqrt{-1}$ ", y pertenece al dominio de los números complejos; debido a esto, para calcular la "probabilidad" de un resultado determinado, hay que multiplicar la función de onda por su conjugada compleja (la misma función, pero cambiada de signo), a fin de obtener un número real positivo comprendido entre 0 y 1, como exige el cálculo de probabilidades.

El hecho mencionado antes de que las "partículas individuales" estén tan imbricadas en la "función de onda", conduce a fenómenos sumamente paradójicos del tipo EPR (nombrados así debido a que fueron expuestos por primera vez por Einstein, Podolsky y Rosen), como el "entrelazamiento": si, por ejemplo, un sistema de dos fotones está descrito por una función de onda, y esta evoluciona de tal modo que los dos fotones se separan a gran distancia, la función de onda los mantiene vinculados, de modo que si se mide alguna propiedad de uno de los fotones, automáticamente se obtiene información sobre el estado del otro, incluso aunque se haya ido al otro extremo del Universo; debido a que el experimentador puede decidir qué tipo de experimento hacer y qué medir, parece como si el fotón que se encuentra a años-luz de distancia "supiese" automáticamente la decisión que ha tomado el experimentador y su resultado, y actuase en consecuencia, de modo que si otro experimentador le midiese a él, obtendría el resultado que la función de onda del sistema requiere; acerca de  las "partículas cuánticas" se puede decir que "una vez juntas, siempre juntas"; es semejante al tipo de comportamiento misterioso que se percibe en el famoso experimento de la doble rendija, donde se hace que interfieran las ondas de luz que salen de cada rendija, de modo que en la pantalla colocada enfrente aparece un patrón de franjas iluminadas alternándose con franjas oscuras, debido a la interferencia, que pone de manifiesto el carácter ondulatorio de la luz; pero cuando el experimento se realiza rebajando  la intensidad luminosa a solamente "un fotón", se detecta un impacto localizado en la pantalla; si seguimos enviando un fotón tras otro, con las dos rendijas abiertas, al final el conjunto de impactos puntuales de cada fotón individual reproduce el patrón de franjas de interferencia; parece como si cada "fotón", al que imaginamos pasando por una de las dos rendijas, "supiese" si la otra rendija está abierta o cerrada, y actuase en consecuencia, impactando en cualquier punto de la pantalla si solo hay una rendija abierta, pero impactando solo en las zonas que corresponden a las franjas iluminadas, si están abiertas las dos.

**¿ Qué parecen decirnos la Relatividad y la Teoría Cuántica sobre la naturaleza de la realidad?**

Cuando Paul Dirac formuló una ecuación para el electrón, que tenía en cuenta los principios de la mecánica cuántica y también los de la relatividad especial, además de predecir la existencia de antipartículas, que después fueron halladas, se esclarecieron aspectos muy importantes de la mecánica cuántica, como el del "espín" del electrón y su relación con el "principio de exclusión" de Pauli.

Las investigaciones que intentan hacer lo mismo con la Relatividad General, para encontrar una teoría correcta de Gravedad cuántica, condujeron, entre otras muchas cosas, al planteamiento del llamado "principio holográfico", que surgió en el estudio de la entropía del "agujero negro", y que sugiere que la información sobre los fenómenos físicos que acontecen en un volumen tridimensional, puede estar codificada en la superficie bidimensional que le rodea, tal como un holograma realizado con láser, codifica en una placa fotográfica bidimensional, la información necesaria para "reconstruir" una imagen tridimensional.

Esta idea y otras parecen sugerir que el elemento constituyente fundamental del Universo no es otra cosa que "la información", y se habla del Universo como un gran computador cuántico que procesa información.

El comprender cómo funciona esto podría ayudar a esclarecer muchos de los misterios de la teoría cuántica de los que hemos hablado.

El "espín" se consideró originalmente un auténtico giro del electrón en torno a su eje en dos sentidos distintos, lo que le dotaba de un momento magnético adicional, que explicaría un desdoblamiento observado de los niveles de energía en presencia de un campo magnético intenso. Pero a la luz de lo que venimos explicando el electrón se empezaba a parecer más a un conjunto de valores numéricos llamados "observables", que resultan de nuestras posibilidades de medición, que a una cosa u objeto, en el sentido habitual de la palabra; lo que en realidad se quiere decir es que lo que llamamos "electrón" no es algo así como una pequeña bolita girando en torno al núcleo atómico.

Pero la propiedad de originar dos líneas espectrales de diferente energía sigue ahí, y requiere una explicación. En el espíritu del planteamiento algebraico abstracto, el que está más en la línea de Heisenberg y Dirac, empezaremos simplemente admitiendo que el electrón tiene un momento angular intrínseco y lo incluiremos en las ecuaciones de la teoría. Para ser consistentes usaremos una fórmula similar a la que se usa en teoría cuántica para el momento angular orbital (2L + 1); para el "espín" (mantenemos el nombre) pondremos (2S + 1); recordamos que esa fórmula sirve para calcular el número de posibles orientaciones según el valor de L. En el caso del espín del electrón, la experiencia dice que solo hay dos posibilidades, por lo que el valor obligado que tenemos que asignar a S es ½, y las dos orientaciones posibles son +1/2 y -1/2, medido en las unidades en que se mide el momento angular en teoría cuántica: h/2π. Como a toda cantidad susceptible de medición en teoría cuántica, le asignamos un operador, el operador de espín; cuando este operador actúa genera los dos posibles valores del espín; el operador se puede expresar también como una matriz.

Las llamadas "matrices de espín" de Pauli se aplican a la función de onda de coordenadas. Cuando incluimos el espín, la función de onda de coordenadas por lo tanto se desdobla en dos (por cada estado posible de coordenadas hay dos posibles estados de espín). La función de onda total consta pues de dos componentes

A ese objeto matemático se le llama espinor; ahora podemos entender que el valor de espín se refleja en el número de componentes y estructura del espinor. Como se verá, en la teoría aparecen otras "particulas" con otros valores de espín como 1 y 2 y 3/2, y los espinores que las representan lógicamente varían en el número de componentes, y en su comportamiento frente a las rotaciones. Una partícula de espín ½ volverá a su estado original después de dos vueltas de 360°; una de espín 1 lo hará en una sola vuelta y una de espín 2, volverá a tener el mismo aspecto después de solo media vuelta. Esa estructura del campo cuántico influye decisivamente en su comportamiento.

La naturaleza matemática de la teoría cuántica, y la necesidad de usar el cálculo de probabilidades, se pone de manifiesto aún más cuando consideramos sistemas de dos o más "partículas". Consideremos el siguiente experimento: tenemos dos dispositivos que pueden lanzar electrones individuales, y a cierta distancia tenemos dos aparatos detectores; imaginemos que tenemos dos fuentes o emisores, cada uno de los cuales emite una partícula (por ejemplo un electrón), y a cierta distancia colocamos dos detectores. Después de ser emitidos cada electrón entra en uno de los detectores; pueden ocurrir dos cosas: o bien el electrón del emisor 1 entra en el detector 1 y el del emisor 2 en el detector 2, o bien el electrón del emisor 1 entra en el detector 2 y el del emisor 2 entra en el detector 1. El problema es que los dos electrones son idénticos, con las mismas propiedades. Todos los electrones del Universo tienen la misma masa y la misma carga; son totalmente indistinguibles, de modo que no hay manera de saber qué electrón ha ido a cada detector. De hecho no importa, porque el resultado físico será el mismo, aunque puede ocurrir de dos maneras distintas. Sin embargo este hecho debe tenerse en cuenta al calcular la probabilidad. La probabilidad de que detectemos un electrón en cada detector será una combinación de la probabilidad de cada una de las maneras en que puede ocurrir el proceso. Tal como la función de onda de una sola partícula, permite calcular la probabilidad de encontrar la partícula en determinado lugar, a la expresión matemática que permite calcular la probabilidad de detectar dos partículas, se le llama también "función de onda" del sistema de dos partículas. Estas ideas a su vez se pueden generalizar a sistemas con más partículas. . Un proceso puede ocurrir de dos maneras distintas, totalmente indistinguibles. En un verdadero cálculo de probabilidades hay que incluir en el cálculo del resultado final todas las posibilidades. Para que se cumpla el principio de exclusión de Pauli, al que obedecen partículas como los electrones (pues de otra manera no sería posible explicar la tabla periódica, como ya dijimos), el proceso intercambiado tiene que alterar el signo. Por el contrario otro tipo de "partículas" como los fotones no obedecen este principio: los fotones no forman átomos escalonándose en diferentes niveles de energía, como hacen los electrones; más bien forman ondas y campos electromagnéticos, y en una región donde la onda es más intensa decimos que se han concentrado un mayor número de fotones (cuantos de energía electromagnética) individuales. Para que pueda haber "partículas" (funciones de onda), que no se anulen al fundirse en una, las funciones de onda individuales se deben sumar; solo así se logra que no se anule la función resultante, aunque haya dos "partículas" con los mismos números cuánticos. Y lo contrario también es cierto en el caso de los electrones: para que se cumpla el principio de exclusión, las funciones de onda individuales de dos "partículas" se deben restar, porque es la única manera de que se anule la función de onda resultante cuando hay dos "partículas" con los mismos números cuánticos, lo que indica que la probabilidad de tales estados para un sistema de electrones es cero, o sea no puede existir; en un sistema de dos o más electrones todos tienen que estar en diferentes estados de energía (números cuánticos distintos), para que se cumpla el principio de exclusión y el arreglo estructural necesario para explicar la tabla periódica sea posible. Como vemos que en la naturaleza se dan las dos situaciones, ya que existen átomos de materia y también campos y ondas electromagnéticos (además de otros), la teoría cuántica debe incluir las dos posibilidades. El proceso intercambiado se puede considerar geométricamente como un "giro" del sistema de coordenadas, que puede cambiar el signo de la función de onda o dejarlo invariable; podemos decir que al hacer el intercambio la onda resulta multiplicada por un factor de fase constante; La probabilidad no resulta afectada, porque se calcula a partir de la amplitud y no de la fase. El único requisito que se exige al factor de fase es que la "onda" vuelva a su estado original si se hace otra vez el intercambio. Eso reduce las posibilidades para el valor del factor de fase a + 1 y - 1

Llegamos a entender también como a partir de estas leyes tan fundamentales de la física subatómica emergen los dos conceptos que nos son tan familiares en la física clásica, en nuestra concepción del mundo cotidiano que experimentamos, el concepto de "partícula" y el de "onda". En este sentido se podría considerar la teoría cuántica como un avance más en nuestro entendimiento de lo que es el "mundo", tal como se dijo de la teoría de la relatividad. Las dos nos permiten entender mejor como surgen en nuestra mente los conceptos de "espacio", "tiempo", "materia", "campo", "posición", "trayectoria", "partícula", "onda", las ideas que conforman nuestra concepción esencial del mundo.

## Interpretaciones de la teoría cuántica

Desde un principio se propusieron interpretaciones de la mecánica cuántica; ya hemos visto que Luis De Broglie sugirió que el electrón era una partícula real, cuyo movimiento era dirigido de alguna manera por una onda (teoría de la onda piloto); Einstein propuso que la incertidumbre cuántica tal vez solo lo era al nivel que se había llegado a estudiar, pero que a un nivel más profundo podían existir variables no descubiertas o variables ocultas, que regían el comportamiento de las partículas atómicas de una manera completamente determinista; Bohr, por el contrario defendía que no había que buscar más, había que considerar el mundo atómico como distinto al mundo de la física clásica; como argumentaba Heisenberg, carecía de sentido intentar visualizar ese nivel de realidad, porque pudiera no ser visualizable, al ser más bien el conjunto de leyes y reglas matemáticas que da origen a nuestro nivel de realidad, nuestro mundo clásico perceptible; antes de hacer una medida con algún aparato detector, para conocer la posición de un electrón, este tenía que ser descrito por la función de onda, como una onda extendiéndose, pero una vez que el electrón era detectado en un lugar específico, había que considerar que la "onda desaparecía", pues nunca se la consideró una onda real, sino solo un instrumento de cálculo, un indicador de nuestro desconocimiento de la posición del electrón, que desaparecía en el momento en que dicha posición era detectada y por tanto conocida (de hecho se consideraba que la "posición del electrón" no existía, pues no se manifestaba en nuestro mundo de percepciones, hasta que era medida); esto se conoce como "colapso de la función de onda" (colapso que se produce en el momento de la medida), y a esta interpretación se la llamó "la interpretación de Copenhague", por el físico Niels Bohr. Predominó durante décadas y aún sigue siendo una de las interpretaciones que se consideran; pero desde un principio no satisfizo a todos, y hubo físicos que siguieron investigando sobre otras posibles interpretaciones; en la interpretación de Copenhague, si no podemos decir que la "posición del electrón", o el "electrón en un sitio", existen hasta que no son medidas, entonces hay que entender que antes de eso, lo que existe es una superposición de posibilidades, de todos los posibles lugares en los que puede ser hallado el electrón, posibilidades englobadas en la función de onda; pero las leyes cuánticas se deben aplicar igual a sistemas con más de un electrón; por ejemplo, un sistema de dos electrones tendrá que ser descrito por una única función de onda que incluya todas las posibles configuraciones en las que se podría hallar el sistema al ser observado, y tales configuraciones deben incluir no solo sus posibles posiciones, sino también otras variables como por ejemplo los espines, y de hecho todas las características del sistema estudiado; y por lo dicho antes habría que describir igual un sistema formado por miles o millones de átomos y moléculas, hasta incluso un organismo vivo; para poner de relieve lo paradójico que es esto, Schrödinger ideó un experimento mental: en un recinto o una caja cerrada hay un gato, y un dispositivo con un elemento radiactivo que tiene cierta probabilidad de desintegrarse espontáneamente; si se desintegra, el dispositivo está preparado para que accione un martillo que golpeará y romperá un recipiente que contiene un veneno que matará al gato: aplicando las reglas cuánticas de acuerdo con la interpretación de Copenhague, el sistema entero debe ser descrito por una "función de onda" que incluya todas las posibilidades, y hasta que no destapemos la caja y observemos si el gato está vivo o muerto, la única descripción del sistema que podemos hacer, es que se encuentra en una superposición de todas las posibilidades: el gato está vivo y muerto a la vez; el hecho de que sea el acto de observación el que haga que se reduzcan todas las posibilidades que coexisten, a una sola, llevó a algunos a pensar que podría ser la mente, al hacer una observación consciente, la que causa el colapso de la función de onda; con el tiempo fue posible reducir tanto la intensidad de la luz, que el experimento de la doble rendija se podía hacer enviando un solo fotón cada vez, fotón a fotón, y se puso de relieve, no solo la validez de la teoría cuántica, sino también lo paradójica que efectivamente es; cuando las dos rendijas están abiertas un fotón impacta en un punto de la pantalla detectora y pensamos que ha pasado por una sola de las rendijas; a medida que seguimos lanzando fotones estos van impactando en lugares específicos, pero no en otros, de forma que al final se forma el característico patrón de interferencia de franjas iluminadas y oscuras alternándose; ¿significa esto que cada fotón pasa por las dos rendijas a la vez e interfiere consigo mismo?; si se colocan detectores para saber por cual rendija pasa el fotón, entonces se observa que solo pasa por una, pero entonces ya no aparece al final el patrón de interferencia; al colocar un detector en la rendija, este interacciona con el fotón y altera el resultado final; parece que la teoría cuántica tiene una fuerte naturaleza holística: cuando se monta un dispositivo para hacer un experimento determinado, todo el montaje tiene que ser descrito por una determinada función de onda, pero si añadimos o cambiamos algo ya se trata de otro experimento diferente, que habrá que describir por una función de onda distinta, y el resultado será distinto; el hecho de que, lo que consideramos diferentes partes de un sistema, estén tan imbricados en la función de onda, hace que mantengan una especie de vínculo permanente que da lugar al fenómeno conocido como entrelazamiento cuántico, que fue indicado por Einstein, Podolsky y Rosen, y que se ha confirmado experimentalmente; En general no se duda de la validez de las leyes de la teoría cuántica, confirmadas por los experimentos, aunque se sigue buscando más comprensión; hay problemas sin resolver en física y nuevos descubrimientos podrían revelar aspectos que hasta ahora se desconocen; se han propuesto interpretaciones alternativas a la interpretación de Copenhague; Hugg Everett propuso considerar la función de onda como algo real, y no solo como un artificio de cálculo; de acuerdo con esto todas las posibilidades para un sistema, contenidas en la función de onda, se realizan; cuando se hace un experimento el observador debe ser incluido en la función de onda como parte del sistema, y por tanto también se encuentra en un estado de superposición; cuando se hace una medición u observación, por ejemplo en el experimento de la doble rendija fotón a fotón, cada "fotón" efectivamente interfiere consigo mismo; está en un estado de superposición en el que está a la vez en todos los lugares y estados de su función de onda; pero también todos los elementos del dispositivo, la pantalla detectora y el observador están en un estado de superposición que contiene todas las posibilidades, y todas se realizan: hay un observador que detecta un fotón en un punto de la pantalla, y otros que lo detectan en otros puntos; todos los estados en los que podría encontrarse un observador coexisten, como si fueran observadores que perciben cosas distintas en "universos" ligeramente distintos, pero por definición, cada observador solo es consciente de sí mismo y de su montaje experimental, sus resultados, sus percepciones y su universo; es como si cada uno estuviese en una frecuencia distinta, como cuando las ondas de diferente frecuencia de telecomunicaciones pueden coexistir sin apenas afectarse unas a otras; solo en situaciones muy particulares, como en los experimentos prístinos de laboratorio se perciben fenómenos de interferencia entre universos; es la teoría de los universos paralelos de la mecánica cuántica; de acuerdo con ella, en el experimento del gato de Schrödinger, o en cualquier otro, el universo se ramifica; en una de las ramas el gato está vivo y en otra está muerto. Por extravagante que parezca muchos piensan que esta interpretación permite comprender los fenómenos cuánticos mejor que cuando se miran bajo el prisma de la interpretación de Copenhague. Además , cuando se siguen estudiando las consecuencias de tomarla en serio, va emergiendo una comprensión mayor; si seguimos adelante, en un sistema macroscópico hay que tener en cuenta también su interacción con el entorno; por ejemplo, cada uno de nosotros no existe como una entidad aislada; estamos rodeados de otros seres y otras cosas e inmersos en un entorno o ambiente de miles de millones de moléculas; para hallar la función de onda de ese gran sistema, con nosotros incluidos, hay que sumar una cantidad inmensa de ondas que se afectan unas a otras; el resultado es que, si antes de hacer la suma hubiera en alguna parte ondas coherentes, con un orden muy particular, manteniéndose en fase, su interacción con el entorno hará que pierdan la coherencia; se harán decoherentes y no mostrarán indicios de interferencia como los que se ven en el experimento de la doble rendija; eso explicaría que en nuestro mundo cotidiano no veamos fenómenos de interferencia cuántica, y se comporte en general en acuerdo con la física clásica; la decoherencia podría aportar aclaración adicional sobre por qué los universos paralelos no se perciben unos a otros: si en una situación o experimento determinado tenemos una superposición de estados descrita por una sola función de onda, cuando incluimos la interacción con el entorno, debido a que en general los entornos (o sus partes) serán distintos, y también los diversos estados que forman la superposición son ligeramente distintos, el resultado de la interacción serán dos (o más) funciones de onda diferentes; así, se considera que la decoherencia, aunque no elimina los universos paralelos, los separa de tal modo que no se perciben entre sí; también se está considerando que la decoherencia deshaga, por decirlo así, la configuración de muchos sistemas, y solo permita que sobrevivan aquellos que tengan un buen encaje entre sus diferentes partes y con sus entornos; esta idea se conoce como darwinismo cuántico, y su principal proponente, Wojciech Zurek, ha sugerido vagamente que tal vez guarde relación con el darwinismo biológico (quizá sea la raíz del encaje correcto de los seres vivos con su entorno, y el encaje correcto empiece a nivel cuántico); si estas ideas fueran ciertas tal vez se explicarían muchas cosas: Julian Barbour cuando considera las moléculas complejas y su correcta ordenación, indica que la teoría cuántica tiene el potencial de explicar su existencia, pues esas configuraciones están ya ahí de antemano, en la gran superposición de todas las posibilidades; si unimos esto con los estudios de Zurek, se eliminan la mayor parte de las posibles configuraciones por no encajar bien entre sí, ni en ningún entorno, y sobreviven solo los sistemas de encaje correcto; se eliminarían los universos paralelos salvo uno tal vez, pero seguirían existiendo a niveles microscópicos explicando así los fenómenos cuánticos; creo que alguien ha dicho que esto satisfaría tanto a Bohr como a Einstein (¿y a Everett?).

Parecería que el "darwinismo cuántico" de Zurek, va un paso más allá de la decoherencia, ya que podría explicar, no solo que una superposición de estados cuánticos se haga tan distinta al interaccionar los estados con entornos diferentes, de modo que se produzca un "colapso aparente", sino que de hecho podría ser un proceso físico que conduce a un colapso real de la función de onda a un solo estado, sobreviviendo solo los estados cuánticos que tienen un encaje idóneo con el ambiente con el que interactúan, y esto podría explicar muchas cosas o prácticamente todo, resolver el problema de la medida en teoría cuántica, el problema del origen de la información del ADN y de todo el aparato celular necesario simultáneamente para ser operativo: en la teoría cuántica todas las alternativas posibles están ya ahí presentes, incluidas todas las ordenaciones posibles de bases en el ADN, y de aminoácidos en las proteínas etc., pero solo sobreviven las que tienen un encaje idóneo para que no se autoliquiden por no ser funcionales u operativas, un encaje idóneo que tiene que existir con su entorno, de hecho con todo el Universo, formando una unidad holística donde toda pieza tiene que encajar.

## ¿Qué es la realidad?

Por los escritos que nos han llegado sabemos que los antiguos griegos propusieron ideas sobre la realidad, y sobre los elementos fundamentales que componían todo lo que observamos. Pármenides de Elea relató en un poema, lo que según él le había revelado una diosa, en el que enfatiza una distinción entre lo que es, o existe, y lo que no es, o no existe, entre el Ser y el No ser; del No ser no puede originarse nada, puesto que no existe, por tanto el Ser (o lo que es, lo que sí existe) no se ha originado de lo que no es; de hecho, de acuerdo con Parménides el cambio es imposible, puesto que implica que algo deja de ser lo que es para convertirse en otra cosa, lo que requeriría (al dejar de ser lo que es), pasar de Ser a No ser y de No ser a Ser (a ser algo distinto), lo que contradice la conclusión anterior de que del "No ser" no puede originarse nada. Por tanto el Ser no puede haber tenido origen ni principio. Platón propuso posteriormente que el mundo de apariencias que percibimos puede ser algo así como un reflejo imperfecto de un mundo superior que da origen a nuestra realidad, el "mundo de las ideas", y entre las ideas que, al parecer, siempre han sido ciertas, como "verdades intemporales", cabe destacar los conceptos y relaciones que se estudian en matemáticas. Incluso hoy día muchos científicos comparten el punto de vista platónico de las matemáticas, y se ha llegado a proponer que la realidad que experimentamos no es otra cosa que matemáticas o información. Wigner expresó su asombro ante "la casi irrazonable efectividad de las matemáticas en la descripción del mundo físico", y John Wheller, cuando se le preguntó sobre cual creía que finalmente resultaría ser el elemento fundamental de la realidad, acuñó la famosa frase: "It from bit", para referirse al hecho de que la "información" es el fundamento de la realidad.

Hasta algo tan complejo como un ser humano, con cerebro incluido, podría ser descrito por unas relaciones matemáticas muy complicadas y elaboradas, pues estamos hechos de las entidades más fundamentales que hemos considerado, y que son descritas por relaciones matemáticas. Por supuesto al crecer en complejidad las estructuras matemáticas, aparecen nuevas capacidades y propiedades emergentes, que no parecen tener los entes más fundamentales; resulta sorprendente pensar que pudiéramos ser estructuras matemáticas que habitan en el mundo platónico, abstracto e intemporal que concibieron Parménides, Platón y otros filósofos posteriores, pero eso es lo que están considerando algunos científicos de hoy, sumamente impresionados por el poder de las relaciones matemáticas, por su potencia para describir el "mundo físico", lo que inspira una sensación de que tienen poder generador, y que su misma existencia, que parece ser una necesidad lógica, y el hecho de que describan con tanta precisión tal "mundo físico", podría estar realmente diciéndonos que este no es otra cosa que la mismísima manifestación del "mundo matemático", y que por lógica debe contener estructuras de tan alto nivel de complejidad que llegan a ser autoconscientes. Si es realmente así, cabe preguntarse por qué el Universo parece tener una "historia", y nosotros mismos no tenemos consciencia de haber existido siempre; pero eso podría estar relacionado con los "recuerdos". Platón mismo expuso su teoría de la reminiscencia, en la que proponía que ya habíamos vivido en su "mundo de las ideas", pero lo habíamos olvidado; hay casos de personas que pierden la capacidad de grabar nuevos recuerdos, y para ellos es como si el tiempo no existiese, como si cada pocos minutos todo empezase de nuevo; en filosofía se consideran los ejemplos que han sido llamados "Tierra de cinco minutos" y "cerebro en una cubeta", que sugieren que nuestra percepción de la existencia y la realidad serían las mismas que tenemos, si alguien o algo activase las regiones adecuadas de "nuestro cerebro", que podría estar en una cubeta, y la Tierra y todo lo demás, tener solo cinco minutos, pero "nuestros recuerdos" y otros registros hacernos creer otra cosa; hay neurocientíficos que hablan de que nuestro "cuerpo" y nuestro "yo" pudiera ser una creación del "cerebro", como en la "realidad virtual"; a veces se menciona que la realidad podría consistir en "instantes de experiencia" que contienen recuerdos de otros instantes; tales "instantes" podrían existir eternamente como estructuras matemáticas, y aunque fuesen experimentados una y otra vez, no lo notarían, pues cada "instante" no contiene el recuerdo de haber sido ya experimentado. Estas ideas, aunque han sido sugeridas por los descubrimientos en neurociencia, y por el avance de las simulaciones por ordenador, y las técnicas de "realidad virtual", "realidad simulada" y "videojuegos", no son nuevas; ya hemos hablado de la ideas de Parménides y de Platón, y también René Descartes consideró el ejemplo de un "geniecíllo" que nos hiciese experimentar el "mundo" a su antojo; Fred Hoyle, científico que también escribió libros de ciencia ficción, ilustró la idea que estamos considerando sobre la "realidad" y el "tiempo" de manera semejante; todos los "instantes de experiencia" están ya ahí, eternamente, como casilleros que contienen los recuerdos de otros instantes; sin importar el orden o el número de veces que cada casillero es "activado", los "sujetos" que "viven en ellos" experimentan su "mundo" tal como nosotros, con un "orden temporal" y una existencia construida de "instantes únicos".

Habrá que esperar a que sigan avanzando la ciencia y la tecnología para obtener más comprensión de estos interesantes temas; si somos algo parecido a los personajes de un súpervideojuego muy avanzado, el dueño puede apagar nuestra "realidad", para irse a dormir o a hacer alguna otra cosa, y en otro momento volverlo a poner en marcha; no notaríamos nada, pues habríamos estado "inconscientes" en ese intervalo, y al proseguir donde lo dejamos no experimentaríamos ninguna "discontinuidad temporal". Lo dejaremos aquí por el momento, para considerar otras cosas que se consideran más comprobadas.

## ¿Crea el "cerebro" la realidad? (Cerebro, tiempo y realidad)

Cuando leemos sobre el funcionamiento de las moléculas y estructuras de la vida, la replicación del ADN, el efecto de sustancias en el cerebro, o como se origina el potencial de acción y el disparo neuronal, todo se percibe como la operación de la fuerza electromagnética, operando entre estructuras con una determinada geometría muy específica, y los "cambios" de una conformación geométrica a otra, a través de varias conformaciones geométricas intermedias; así si viésemos una película del "proceso", cada fotograma contendría una conformación geométrica estática muy similar a sus contiguas (anterior y posterior), casi idéntica, solo ligeramente diferente; y si los descubrimientos en física nos han llevado a representar las cosas como una geometría espacio temporal estática, tal vez así se podrían representar esos "procesos que percibimos dinámicos" (incluso también la decoherencia y la eliminación de "ondas cuánticas" o formas ondulatorias, que llevan a la selección de las estructuras de encaje adecuado); eso también concordaría con la concepción platónica de que todas esas formas matemáticas o geométricas existen ya en algún sentido; en el caso de personas que tienen acinetopsia,, parece como si percibiesen un fotograma estático, y a continuación otro, pero según lo que se ve en algunos documentales, no parece que pasen, por decirlo así, a lo que sería el siguiente fotograma solo ligeramente distinto en una película, sino que parece como si saltaran de golpe a unos cuantos fotogramas más allá; así, tal vez el cerebro solo necesita procesar unas pocas imágenes estáticas no demasiado próximas o similares, y si las neuronas de movimiento se activan (y así sabe que debe pintar movimiento sobre la "escena", fundir en una secuencia de continuidad, las interpretaciones de estados neuronales que son las imágenes estáticas), entonces llega a interpretar "movimiento", y es como si supiera que tal como interpreta o llega a la conclusión de lo que "está ocurriendo ahí fuera", así es como debe presentarnos las cosas a nuestra percepción consciente, y así lo hace, porque eso es lo que necesitamos para "obrar en consecuencia", y es como si creara los "fotogramas intermedios", como hacen hoy algunos programas de ordenador. Se ha mencionado que hay un retardo temporal en las imágenes que percibimos, y que la imagen que pensamos percibida en el "presente", es un promedio a partir de las señales recibidas e interpretadas por el cerebro en ese lapso; Algunos neurocientíficos también dicen que el tiempo es una construcción cerebral, y que es fácilmente manejable y moldeable en los experimentos; libros y artículos de neurociencia dan muchos otros ejemplos que muestran el papel del cerebro en lo que percibimos como realidad, como una construcción cerebral, independientemente de si hay o no "algo ahí afuera", o de la naturaleza de lo que sea que la origine; se explica que los datos del "exterior" solo modulan o hacen pequeñas correcciones en la expectación que el cerebro ya tiene de lo que va a percibir, calculándose las diferencias entre los datos de entrada y la expectación previa que ya está en el cerebro; la diferencia con las "imágenes" de los sueños es que estas se generan por completo dentro del cerebro, y no son modificadas por ningún input adicional; son interesantes también las explicaciones que se dan sobre sinestesia, o sobre percepción del color por implante de un fotoreceptor en la retina de animales de laboratorio, y muchas otras de las cosas que se explican.

Cuando aprendimos sobre el vacío del átomo, la teoría cuántica y todo lo demás (relatividad, etc.),comprendimos que lo que hay que "crear" son las sensaciones: ellas son el "mundo experimentado o percibido" (incluso las "experiencias posibles previstas", aún no realizadas), y estas se "crean" o se "originan" a partir de un conjunto de relaciones matemáticas (estables, y por eso las llamamos "leyes", "normas de comportamiento"), y comprendemos que aunque tales interrelaciones no se parecen a lo que percibimos (átomo: mayormente espacio vacío o campos de fuerza o distribuciones de probabilidad), sí pueden dar origen a nuestras "sensaciones" o "percepciones" (mundo percibido, experimentado), nuestras experiencias, nuestra realidad, y de hecho si no fueran esas "leyes" (interrelaciones), el mundo sería distinto, y no podría haber electricidad, tecnología etc.

Y una vez comprendido eso, los descubrimientos en neurociencia nos dan indicios de que ni siquiera haría falta "algo externo a nuestro cerebro", sino que bastaría con que en él se generasen las "sensaciones" que hasta ahora pensábamos que provenían de una "estructura de interrelaciones externas". Bastaría con ese "órgano interrelacionador" o "estructura interrelacionadora" (y de ella, la "estructura" podrían ser las propias "interrelaciones" sin más, existiendo como "ideas" verdaderas y eternas, llegando a un máximo nivel de abstracción, ya que las matemáticas hacen abstracción de "características" innecesarias para captar las "relaciones fundamentales", que son lo que realmente importa, pues ellas generan las "sensaciones", las "experiencias", las "percepciones", el "mundo experimentado"). Estas ideas no son nuevas, y no solo los griegos sino filósofos posteriores como Berkeley, ya las expresaron.

¿Significa esto que se puede afirmar que no existe esa "estructura externa", o ni siquiera "un cerebro" y "campos de fuerzas", "distribución (campo) de probabilidades", etc.?. No; simplemente creo que no lo sabemos, o tal vez se podría decir que existen en el mismo sentido abstracto de todas las "relaciones, ideas y verdades eternas".

En realidad no sabemos plenamente como se genera la realidad, y hasta las mismas "experiencias" podrían ser generadas de diferentes maneras.

He puesto mi dedo presionando la parte inferior de mi ojo izquierdo hacia arriba, y los objetos se han duplicado y movido, y he "tocado" el que no "era", pero lo he "sentido con el tacto" y con la "vista" como algo real.

Hay muchos ejemplos de que "vemos cosas externas" que sabemos que "no están ahí", luego el cerebro las crea, incluso "rellenando" datos que no le llegan de los sentidos. De acuerdo con los hallazgos en neurociencia, la diferencia entre lo que vemos y experimentamos en los sueños y en la vigilia, es que cuando soñamos toda la experiencia, incluso de ver, es generada en el interior del cerebro; en el estado de vigilia la diferencia es que la generación interna del cerebro es modulada por un input adicional que le llega, ¿de dónde?; su expectativa es modulada, quizá solo ligeramente, y el cerebelo, computa la diferencia entre sus expectativas y los datos adicionales que recibe y envía esas diferencias a otras partes del cerebro; es posible que, como debe hacer esos reajustes, llegue a la conclusión, por decirlo así, que lo que experimenta en vigilia es más real que lo que experimenta en sueños, por eso lo siente más real porque lo cree más real y le atribuye un grado mayor de realidad; también, ante la pregunta de si todos percibimos lo mismo, hay ejemplos de mujeres que tienen un fotoreceptor adicional y ven más colores o matices de color que otros; hay un tipo de ceguera en el que los pacientes no saben que están ciegos, lo que indica que experimentan visión (la llamada "ceguera negada"), aunque no se corresponda con lo que la gran mayoría ven como existente "ahí afuera"; de hecho "vemos un mundo lleno de luz", iluminado, pero dentro del cerebro, que es el que realmente ve, "está oscuro"; aunque así lo experimentemos; por lo que se sabe hasta ahora , "ver" y en general experimentar un mundo externo es el resultado de señales eléctricas dentro del cerebro; el cerebro distingue de qué "sentidos" le llega cada conjunto de señales, y eso, al parecer es lo que hace que concluya, que algunas sean debidas a la textura de algo que toca, al sabor de algo que gusta, al olor de algo que huele, al sonido de algo que oye, o a la forma y color y movimiento de algo que ve; pero todo son señales del mismo tipo dentro del cerebro, de pequeños potenciales eléctricos; los sonoros, se interpretan como producidos por ondas mecánicas de presión de aire, los visuales por ondas de "luz" electromagnéticas, los táctiles, gustativos y olfativos por la interacción, que también es de tipo eléctrico de las moléculas de nuestros órganos correspondientes con las moléculas a las que se aproximan; el cerebro conjuga todas esas sensaciones eléctricas formando asociaciones entre algunas de ellas con otras: por ejemplo señales que interpreta como que le están indicando la forma y color de un objeto ("iluminándose" así el cerebro, con entendimiento de esas señales que le permiten construir un mundo de formas y colores y movimientos que son su guía para desenvolverse, y por tanto lo experimenta, cree en él y lo "ve"), señales que le indican qué textura tiene o presenta al tacto aquello que contacta con la piel; con todas las señales forma un conjunto de asociaciones e interrelaciones que "son" el "mundo exterior en el que vive", y que por tanto generan en él respuestas; sabe a partir de la interpretación de las relaciones y asociaciones de todas esas señales cuál debe ser su respuesta emocional o motora, y genera las señales correspondientes y adecuadas, para que en su interior se derramen las sustancias que van a hacer sentir las emociones que corresponden a cada situación, o las ordenes motoras que corresponden a la forma en que su "organismo" debe reaccionar; cabe decir que no haría falta, que haya un mundo exterior, o al menos si lo hay, que se parezca a lo que "a simple vista" nos parece; de hecho ya sabemos que, si lo hay, no es lo que nos parece; y en eso se incluye la aparente forma que nos parece que tiene un "cerebro", cuando lo vemos en fotografías o documentales, o cuando lo ve alguien que hace una autopsia; en realidad solo haría falta ese conjunto de señales adecuadamente interrelacionadas que conducen a toda esa interpretación, y la existencia de tales señales, nuestra sensación de ellas y de sus interrelaciones es realmente nuestra experiencia del "mundo"; solo es necesario que haya coherencia en ellas, que permitan que experimentemos un mundo y unas historias coherentes, y coincidentes también con lo que experimentan los demás; es como si "nuestro mundo y nosotros", fuésemos un conjunto de señales y sensaciones adecuadamente interrelacionadas; y en plan ciencia-ficción se podrían generar en cualquier estructura que ni siquiera ocupe espacio-tiempo, por ejemplo en los platónicos mundos de Platón, Barbour y Tegmark; bastaría con que esas interrelaciones simplemente "existan"; es interesante que cuando David Eagleman habla de la sinestesia y los sinestésicos, menciona que para ellos su percepción del color de un día de la semana, o del sabor de una melodía etc.. es muy real, que algunos viven toda su vida sin saber que son sinestésicos, y que se extrañan cuando les dicen que los demás no perciben el mundo igual que ellos; también menciona que se puede hacer que animales de laboratorio que no eran sensibles al color, que no lo experimentaban, no había diferencia para ellos entre un color y otro, puedan ser sensibles, por medio de "percibir la diferencia", por medio de implantar determinado fotoreceptor en su retina; habla también de personas con unas cámaras que según las imágenes que capten mandan impulsos eléctricos a la lengua (o a otro sitio), y esa persona "ve con la lengua".

El tallo encefálico es donde empieza toda la estructura y la conecta con la médula espinal; lo primero que hay a partir de ahí es el cerebelo o "pequeño cerebro", que al parecer se encarga de la funciones vegetativas inconscientes y el control automático del funcionamiento del organismo; también de las emociones, pero en relación estrecha y conexión con otras partes del cerebro; la amígdala tiene mucho que ver con esto y ante diferentes situaciones y percepciones genera que se viertan sustancias que, por su química hacen experimentar diferentes sensaciones; la adrenalina, que dilata los vasos sanguíneos, puede hacer que el corazón lata más deprisa y haya más aportación de sangre para los estados de alerta; la dopamina genera una sensación de calma y placer; la oxitocina al parecer se relaciona con el amor y la pasión; el cerebro también puede generar endorfinas, que son opioides del tipo de la morfina y pueden calmar la sensación de dolor; el cerebro se divide en dos hemisferios separados por el cuerpo calloso, y tiene muchos pliegues que permiten un mayor número de células cerebrales en menos espacio; hay un mayor número de células cerebrales conectadas a las partes del cuerpo que ejecutan los movimientos más precisos, como las manos y los músculos del movimiento de los órganos que se usan en el habla; también el procesamiento de la información visual es muy elaborado en los seres humanos, siendo la vista, para ellos, uno de los sentidos más importantes, una de las vías por las que recibimos mayor información del "mundo exterior", en comparación por ejemplo con el olfato u otros; los nervios ópticos que se conectan con los ojos en el llamado punto ciego de la retina, se cruzan en el quiasma óptico, de modo que la información del ojo derecho va al lado izquierdo del cerebro y viceversa; hay neuronas que reaccionan ante determinadas formas, otras ante los diferentes colores, de los tres fundamentales para los que el ojo tiene fotoreceptores (los bastones, células sensibles a la luz en la retina, se encargan de las formas, y los conos de los colores), de modo que se usa la tricromía y todos los colores se perciben a través de las proporciones de los tres fundamentales; otras neuronas se activan cuando "hay movimiento" (y a la inversa, siempre que están activas "vemos" movimiento aunque "sepamos que no lo hay"; es como si estas neuronas superpusieran o "pintaran" o añadieran movimiento sobre formas o imágenes estáticas); en realidad todo es una interpretación de señales, y, por decirlo así la presentación que se debe hacer según las señales que se perciban; se ha sugerido que el estado cerebral correspondiente a varios fotogramas del vuelo de un pájaro, pero contenidos todos simultáneamente, de hecho podría ser una interpretación de muchos estados cerebrales estáticos; las señales visuales al parecer reciben un primer procesamiento en la zona llamada V1, pero de ahí son enviadas a zonas más profundas, hasta V6, de modo que parece haber una elaboración amplia; el cerebro se divide en varios lóbulos con diversas funciones que se nombran según su ubicación: lóbulo frontal, temporal (de témporas, sienes), parietal y occipital; el área de Brocca y el área de Wernicke se relacionan al parecer con el lenguaje; las neuronas tienen un soma central y en su membrana unas ramificaciones llamadas dendritas por las que reciben señales de otras neuronas, por medio de sustancias neurotransmisoras, como la serotonina y otras; también tienen una ramificación más larga, llamada axón, por la que envían señales a otras neuronas; entre las neuronas hay una separación llamada sinapsis que contiene diversas sustancias por las que pasan los neurotransmisores; una neurona dispara su señal cuando alcanza el potencial de acción; la membrana, cuando la neurona está en reposo, está polarizada electronegativamente, debido a que entran del exterior de ella 3 iones positivos de sodio y salen solo dos de potasio y el efecto neto total es carga negativa; cuando recibe el estímulo adecuado este hace que se abran los canales de sodio y entren más cantidad de iones positivos, por lo que se despolariza y después cambia su polaridad a positivo y hasta se hiperpolariza (bomba sodio-potasio); cuando el potencial de membrana llega a cierto umbral se alcanza el potencial de acción y la neurona envía su señal por medio de los neutransmisores; como el proceso es oscilatorio y puede ocurrir a ritmos diferentes, por medio de un electroencefalograma se puede obtener un gráfico de estas oscilaciones y clasificarlas (en ondas alpha, etc), y estudiar a qué situaciones y estados cerebrales corresponden los diferentes ritmos y amplitudes de las oscilaciones; también actualmente se usa la resonancia magnética para ver el cerebro en acción y estudiarlo; aunque se creía que las neuronas no se regeneraban se descubrió que sí pueden generarse nuevas neuronas (neurogénesis); además el cerebro puede cambiar continuamente la disposición de sus conexiones, de modo que la cantidad de disposiciones o geometrías, y por tanto de estados cerebrales, parece infinita; a cada instante el cerebro ya no es el mismo pues cambia a otra configuración y contiene nuevos recuerdos e informaciones y su capacidad para experiencias diferentes y nuevas, y para aprendizaje, podría ser infinita ; cuando hay lesión, comienza un proceso de autoreparación que elimina las neuronas inservibles, y las ramificaciones de otras crecen y se extienden para asumir nuevas funciones (plasticidad cerebral); las células gliales no son solo células de soporte, sino que además realizan otras funciones; cuando alguien nos está comunicando sus pensamientos y sentimientos se activan las mismas neuronas que las de ella (neuronas espejo), lo que al parecer se relaciona con la empatía. Determinadas sustancias como los opiodes, los barbitúricos derivados del ácido barbiturico, las benzodiacepinas y otras sustancias, por sus propiedades químicas causan alteraciones en el cerebro; drogas potentes causan estados alterados de conciencia, lo que también indica algo sobre el papel del cerebro en "crear" la realidad.

Pero el estudio del cerebro tiene todavía un largo camino que recorrer, que sin duda revelará cosas muy interesantes.

## FISIOLOGÍA (EL CUERPO HUMANO)

## EL SISTEMA NERVIOSO

El cerebro está conectado por una red de nervios con el resto del organismo; hay terminaciones nerviosas que se insertan en los músculos.

Otros nervios conectan el cerebro con los diferentes órganos de los sentidos.

La extirpación o lesiones de determinadas áreas del cerebro, y también la estimulación eléctrica, han contribuido a determinar de manera general qué áreas del cerebro se encargan de cada función.

Actualmente las técnicas más avanzadas de neuroimagen, permiten una observación directa de las partes que se activan al realizar diferentes funciones.

Se ha comprobado que hay funciones localizadas en ciertas zonas, pero también parece cierta la idea holística de que hay cooperación a gran escala de todo el cerebro.

La electricidad atmosférica provocaba movimientos en las ancas de rana, en los experimentos de Galvani, cuando éste estudiaba los fenómenos eléctricos; hoy se sabe que el impulso nervioso que se transmite de neurona a neurona es de naturaleza electroquímica.

El cerebro es, por decirlo así, el centro de control del organismo. Las neuronas (células del sistema nervioso) se comunican enviándose impulsos electroquímicos.

El cerebro contiene unos 100.000 millones de neuronas, que pueden establecer unos 100 billones de conexiones.

Es un órgano sumamente activo, que consume un 20 % de la energía del cuerpo.

La forma de las neuronas fue descubierta por Ramón y Cajal, observándolas al microscopio, y aplicando un tinte celular que se había desarrollado recientemente.

Las neuronas tienen un conjunto de ramificaciones, llamadas dendritas, que reciben el impulso nervioso de otras neuronas, y una ramificación más larga, llamada axón, por el que transmiten el impulso nervioso.

Entre las neuronas, hay un continuo relampagueo electroquímico que viaja a unos 300 km por hora.

La separación entre las terminaciones de una neurona y otra es de unas dos millonésimas de cm, y se llama sinapsis.

 Algunas neuronas forman hasta 100.000 sinapsis con sus vecinas.

Cuando la señal eléctrica llega al extremo de una neurona provoca que se viertan en la sinapsis unas sustancias químicas llamadas neurotransmisores. Si un número suficiente de neurotransmisores se unen a los receptores adecuados de la neurona contigua, esta capta la señal.

En los pliegues de las neuronas se ocultan otro tipo de células llamadas glías. Hay unas diez por neurona y sirven para formar una especie de armazón inteligente (su nombre se deriva de la palabra para "pegar").

Sin embargo, su función no debe ser solo la de formar un soporte celular, pues de hecho también se envían impulsos entre sí.

Cada día se pierden entre 30.000 y 50.000 neuronas. Por tanto a los 65 años, una persona habrá perdido la décima parte de las neuronas que tenía en su juventud adulta.

Los comportamientos controlados por las neuronas que se pierden deberían resentirse, a no ser que haya otras neuronas que se sigan encargando de ellos.

Con los años se reduce también la cantidad de neurotransmisores en las neuronas que controlan el movimiento y el sueño.

En las regiones asociadas a la enfermedad de Parkinson desaparecen las moléculas receptoras de los neurotransmisores; algunas vías de neurotransmisor, como la colinérgica, también se debilitan y se pierde memoria.

Sin embargo muchas personas conservan bastante bien sus facultades, incluso a edad avanzada. Las conexiones neuronales no son inmutables. A algunas neuronas les salen nuevos axones o dendritas más largas cuando dejan de funcionar bien las de sus vecinas.

Hay investigadores que piensan que en realidad puede que haya un aumento en la densidad de sinapsis con el paso de los años, pues las neuronas pueden cambiar sus asociaciones sinápticas por otras sanas. Podría existir una capacidad de adaptación o "plasticidad neuronal".

Por otro lado hay casos muy curiosos, como el de niños con retraso mental que sin embargo tienen una capacidad extraordinaria para el cálculo rápido u otras actividades mentales complejas. Aunque no se sabe la explicación, esto podría indicar que el deterioro de alguna región cerebral tal vez origine una mayor actividad en otras neuronas.

El tallo cerebral es la parte de la médula espinal que entra por abajo en el cerebro; controla la respiración y los latidos del corazón.

Contiene también el sistema activador reticular que regula el dormir y el despertar, así como el locus coeruleus, un grupo oblongo de células que están conectadas con áreas mucho más arriba en el cerebro, y que dispara una rápida señal que alerta a los centros superiores siempre que algo nos alarma o excita.

Puede que tenga que ver con nuestro despertar, al interaccionar con determinados neurotransmisores para producir la vigilia.

 Aunque el tallo cerebral pierde pocas neuronas con la edad, a partir de los 65 años el 45 % de las células del locus mueren; no se sabe con certeza, pero eso podría estar relacionado con la pérdida del sueño en la edad avanzada.

Un poco más arriba y hacia un lado se encuentra el cerebelo; en él están las fibras de Purkinje, que son de las estructuras más complejas del cerebro, pues una sola de ellas puede comunicarse simultáneamente con otras docenas de miles y con los centros superiores del cerebro.

Mediante ellas el cerebelo procesa la información de los músculos, las articulaciones y los tendones y coordina nuestros movimientos.

Tal vez el cerebelo limite algunas funciones mientras se realizan otras.

Por encima del cerebelo se encuentra el diencéfalo, la capa más interna del cerebro, dominada por el hipotálamo. El tamaño del hipotálamo es aproximadamente como el de la uña del dedo pulgar, pero sus funciones son muchas e importantes.

Regula la presión sanguínea y la temperatura del cuerpo y controla el apetito. También tiene que ver con las emociones; si se estimula desde afuera se originan sentimientos como miedo o cólera; se comunica constantemente con la hipófisis, que es la glándula que regula las hormonas, y con otro órgano diminuto, la glándula pineal, que contiene una especie de reloj interno que es sensible a la luz.

Justo encima está el tálamo, que recibe y controla las señales procedentes de los sentidos. Cuando recibe, por ejemplo, las señales procedentes de los ojos las distribuye hacia las áreas del cerebro que se encargan de procesarlas. De igual manera controla la facultad auditiva, el olfato y los sentidos en general, de modo que es por medio de él que el cerebro interacciona con el mundo exterior.

Más arriba encontramos el sistema límbico, que también tiene mucho que ver con las emociones así como con la capacidad de aprender.

Si se aplica un electrodo del grosor de una aguja a determinada área del sistema límbico de un animal mostrará cólera, pero si se aplica en otra área mostrará alegría, y en otra miedo. También se ha hecho a veces con seres humanos y los resultados han sido semejantes.

El sistema límbico está asociado al hipocampo (o caballito de mar). Este órgano ha sido relacionado con la capacidad de transferir recuerdos desde la memoria a corto plazo a la memoria a largo plazo; puede que haya un vínculo neuronal entre las emociones y los recuerdos.

Y ya rodeando el sistema límbico está la "gigantesca" estructura del cerebro propiamente dicho, que está dividido en dos hemisferios, cada uno dividido a su vez en regiones específicas. Está cubierto por una envoltura, el córtex, que solo tiene un espesor de unas 2 décimas de mm, pero contiene casi el 70 % de las neuronas del sistema nervioso central.

Si lo desplegáramos abarcaría una superficie de unos 14 $dm^2$. Aunque parece uniforme, al microscopio se asemeja a una maraña de espinos, con regiones increíblemente especializadas.

El córtex parece ser la parte del cerebro que nos hace más específicamente humanos y nos diferencia de los animales, nos permite realizar actividades artísticas, preocuparnos por el origen de la vida y cosas así.

Las áreas visuales están en el córtex occipital, las auditivas en el lóbulo temporal, y las motrices en el córtex frontal; el córtex prefrontal está asociado a varios tipos de memoria.

A lo largo de la vida se pierden aproximadamente un 25 % de las fibras de Purkinje del cerebelo, lo que debe afectar a la capacidad para ejecutar movimientos precisos y en sucesión rápida.

En cambio el diencéfalo, que está solo a millonésimas de cm, no resulta tan afectado por la edad, y no se sabe por qué.

 A los 30 años empiezan a morir varias regiones del hipocampo, y en la vejez se habrán perdido un 30 % de sus neuronas, lo que tal vez se relacione con la pérdida de memoria y la capacidad de aprender.

Vamos a considerar ahora como controla el sistema nervioso las actividades motrices del cuerpo, tanto las voluntarias, que nos permiten realizar cosas que deseamos o necesitamos, como las involuntarias, que son esenciales para el funcionamiento correcto del organismo.

## LOS MÚSCULOS

Hay varias clases de tejido muscular; el tejido muscular liso se encuentra en los órganos que se ocupan de los procesos vasculares, gastrointestinales y reproductivos; se encuentra, por ejemplo, en las paredes internas del estómago, el útero, los vasos sanguíneos y los intestinos.

El tejido muscular cardiaco (del corazón), comparte con el tejido muscular liso mencionado, la capacidad de control involuntario, es decir, funcionan sin que intervenga nuestra voluntad consciente, gracias a la interacción de un conjunto especializado de nervios.

El tejido muscular esquelético, en cambio, forma los músculos que se encargan de los movimientos voluntarios. Está conectado a los huesos mediante ligamentos y tendones (los movimientos reflejos se deben a nervios que salen de un músculo y dan la vuelta y retornan a él).

Los músculos están formados por células cilíndricas (miofibras), que tienen muchos núcleos en su citoplasma, y que varían en tamaño: las hay tan pequeñas que cabrían cientos de ellas en la cabeza de un alfiler, pero otras son enormes a escala celular pues miden casi treinta cm.

Los músculos se contraen cuando reciben el impulso electroquímico adecuado de los nervios que se insertan en ellos. Las proteínas contráctiles que contienen, invierten su polaridad al recibir el impulso eléctrico, y se colocan en fila para ejercer su fuerza en conjunto y producir la contracción.

La energía necesaria para realizar esta función se genera en las mitocondrias de las células al reaccionar los nutrientes del alimento con el oxígeno que obtenemos al respirar.

Las moléculas deben pasar más allá unas de otras, de modo que realizan un trabajo, y necesitan por tanto la energía que se genera en esas estructuras del interior de las células.

Hay músculos de sacudida rápida, que ejercen fuerza, y otros de sacudida lenta que desempeñan diversas funciones.

Con el paso de los años las miofibras van muriendo y son sustituidas por tejido conectivo y después por grasa.

Como se pierden proteínas contráctiles disminuye la capacidad de ejercer fuerza.

## LOS HUESOS Y LAS ARTICULACIONES

En la edad avanzada, la creación y destrucción de hueso ya no están tan bien compensadas como en la juventud y aumenta la desmineralización, de modo que los huesos se hacen más frágiles.

Las células encargadas de hacer cierto tipo de cartílago van dejando de funcionar y por tanto la flexibilidad disminuye.

La nutrición sanguínea también es peor, y las mitocondrias no generan suficiente energía; las células y los tejidos mueren, y hay moléculas que al detectar inactividad van destruyendo el tejido muscular, que por tanto se convierte en tejido conectivo y grasa.

De modo que el sistema nervioso contrae o relaja los músculos para controlar así los movimientos; los músculos están conectados a los huesos, que por su dureza y resistencia constituyen el armazón del cuerpo.

El tejido óseo se regenera continuamente. Hay unas células llamadas osteoclastos que demuelen, pero otras llamadas osteoblastos, que depositan sales de calcio, reconstruyen el tejido, de manera que los huesos se regeneran cada siete años. Se componen de un 45 % de minerales (sobre todo calcio), un 30 % de tejido blando (células y vasos sanguineos), y un 25 % de agua.

Pueden ser largos y compactos (como los de los muslos y los brazos), cortos y esponjosos (por ejemplo, los de las muñecas y los tobillos), y planos (como en el cráneo y las costillas, con material esponjoso entre ellos); algunos también tienen curiosas formas irregulares, tanto esponjosos como compactos.

Las articulaciones son las regiones donde unos huesos se encuentran con otros. Las llamadas "diartrósicas" se mueven libremente como en las rodillas y los hombros; además están las anfiartrósicas, que solo se mueven un poco, por ejemplo en los discos que hay entre los huesos de la columna vertebral; las sinartrósicas no se mueven (por ejemplo en el cráneo las placas están unidas por un tejido conectivo que no se mueve).

El tejido de las articulaciones forma ligamentos, tendones y cartílago; además hay células que segregan un fluido en algunas áreas entre los huesos, el líquido senovial.

Los ligamentos son fibras cilíndricas que conectan un hueso con otro. El tejido conectivo que los forma consiste en células que crean un relleno extracelular con proteínas de colágeno y elastina.

Los tendones son cuerdas de tejido conectivo que unen el hueso a un músculo. Están hechos de colágeno y elastina. Algunos, como los de la muñeca y el tobillo están rodeados por un tejido conectivo fibroso muy robusto, o vainas tendinosas; entre tendón y vaina hay líquido senovial y gracias a esto pueden deslizarse con facilidad, y la vaina impide que se salgan del sitio.

 En la mayoría de los huesos de las articulaciones móviles hay una sustancia, el cartílago articular, que recubre los extremos de los huesos para reducir la fricción y erosión; hay células que lo segregan continuamente creando capas nuevas a medida que se desgastan las viejas.

Los huesos pueden soportar presiones de hasta 1700 kg por cm$^2$, cuatro veces más que el hormigón. Su fuerza y flexibilidad maravillan a los ingenieros.

 Con los años disminuye la regeneración de colágeno y elastina y por tanto disminuye la eficiencia de ligamentos, tendones y cartílago articular. También se reduce la regeneración ósea, pues se destruye más de lo que se construye. La osteoporosis afecta más a las mujeres, quizá por la pérdida de estrógenos.

# EL APARATO DIGESTIVO

Como ya hemos comentado la energía necesaria para que el cuerpo desarrolle todas sus funciones proviene de unas diminutas estructuras que se encuentran en el interior de las células: las mitocondrias; en ellas se combinan los nutrientes del alimento con oxígeno y se produce una reacción química que genera energía.

Pero, ¿cómo llegan los nutrientes y el oxígeno a las mitocondrias?.

Los alimentos que tomamos están formados por diversas estructuras químicas, como hidratos de carbono (o carbohidratos) y grasas, y otras sustancias.

Los carbohidratos y grasas de un pastel, por ejemplo, se trituran en la boca y se mezclan con la saliva, para formar una pasta; es la primera fase de la digestión química; la saliva contiene moléculas que protegen la boca de las infecciones bacterianas, y lubrica, disuelve y arrastra las partículas de comida, facilitando también que el sabor llegue a las papilas gustativas.

A continuación la comida ya triturada y lubricada pasa de la boca al estómago a través del esófago.

En el esófago hay unos músculos reflejos que ayudan a que pase la comida a su través en dirección al estómago. Este proceso se denomina peristaltismo, y gracias a él la comida puede avanzar incluso estando tumbados.

Entra en el estómago por el esfínter esofágico, un estrechamiento que deja pasar el alimento y entonces se cierra evitando así que los ácidos del estómago salgan; cuando no funciona bien parte de ellos llega a la garganta y sufrimos acidez.

El jugo gástrico es una mezcla de proteínas, hormonas, mucosidad y ácidos fuertes. La mezcla se remueve en el estómago hasta que la pasta recibida del esófago se convierte en una papilla fluida llamada quimo, que ya puede pasar al intestino.

El interior del intestino delgado contiene numerosos cilios que ejecutan un movimiento de vaivén. De esta manera hay una amplia superficie que está en contacto con el quimo el tiempo necesario para ir absorbiendo los nutrientes a medida que este avanza.

Simultáneamente otros órganos, como el páncreas y el hígado, segregan sustancias que realizan otras funciones útiles. La bilis amarilla del hígado emulsiona la grasa y además activa unas moléculas del mismo intestino que devoran grasa. Así se forman unas moléculas que, por su tamaño, pueden ser absorbidas con facilidad. La bilis que no se usa se almacena en la vesícula biliar. El páncreas derrama una sustancia que contiene bicarbonato sódico y neutraliza los ácidos que han llegado del estómago, y también una mezcla de moléculas que rompen los azúcares y las proteínas, y también las grasas, ayudando a la bilis.

Así todas las moléculas importantes son extraídas del alimento. Las células de las vellosidades internas del intestino son sustituidas cada tres, cuatro o cinco días, aún en la vejez.

Al envejecer, las glándulas parótidas segregan menos saliva, por lo que se tiene menos protección de infección bucal y se pierde sentido del gusto, y la sequedad dificulta el habla y la masticación.

Con los años, aunque en general el aparato digestivo sigue funcionando bien, los músculos que se encargan de remover, pierden algo de eficacia y disminuye la cantidad de componentes del ácido gástrico y de las moléculas de pepsina, que se usa para descomponer las proteínas. Como consecuencia la digestión puede ser algo más difícil. Se pierde la capacidad de absorber algunas moléculas del quimo, como por ejemplo el calcio; tal vez esto se deba a la ausencia de vitamina D, la sustancia que extrae el calcio. Quizá la pérdida del llamado "factor intrínseco" que segrega normalmente el estómago, impide que se absorba del quimo vitamina B12, que es importante para producir energía, así como para formar las células rojas de la sangre y ciertos neurotransmisores.

## EL APARATO RESPIRATORIO

Por otra parte el oxígeno entra en el cuerpo gracias al aparato respiratorio.

 Por debajo de los pulmones hay un músculo llamado diafragma que se expande creando un vacío; otros músculos intervienen también; automáticamente el aire que nos rodea tiende a llenar ese vacío y así se introduce en nuestro cuerpo. El diafragma vuelve a su posición original gracias al retroceso elástico, y así vuelve a empezar el ciclo.

El aire entra por la tráquea y llega por unas ramificaciones, los bronquios y los bronquiolos, a los alvéolos pulmonares, que son como unas bolsas de membrana fina que contienen muchos capilares, en los que tiene lugar continuamente el intercambio de gases.

Actúan como si fueran unas puertas giratorias, que permiten la entrada de oxígeno mientras expulsan el dióxido de carbono o anhídrido carbónico.

Si se extendiera el conjunto de ramificaciones que hay en los pulmones tendría el tamaño de una pista de tenis. Así se dispone de una gran superficie para recibir oxígeno. La pérdida de colágeno y elastina afecta al retroceso elástico y también se pierden con la edad alvéolos por lo que la capacidad de oxigenar se resiente.

Ya tenemos nutrientes digeridos y oxígeno en el interior del cuerpo; ¿cómo se consigue que lleguen ahora a cada célula del organismo?. El encargado de esto es el aparato circulatorio.

# EL APARATO CIRCULATORIO

En el interior del corazón hay cuatro cavidades, dos aurículas arriba y dos ventrículos debajo. En las cavidades izquierdas entra y sale la sangre desoxigenada y en las derechas la oxigenada. Contienen válvulas para conducir la sangre en una sola dirección.

En la superficie del corazón un conjunto complejo de nervios se encargan de que este continúe latiendo.

 La aorta es la arteria que conecta el corazón con todo el resto del sistema de arterias, arteriolas y capilares. La sangre sale por la aorta con oxígeno para distribuirlo por todo el cuerpo. El hueco interior de las arterias se llama lumen y está revestido por tres capas: la túnica íntima, la túnica media y la túnica adventicia, hecha principalmente de colágeno y elastina, las mismas proteínas que hay en la piel. Eso las hace elásticas para que se puedan dilatar o ensanchar y después volver a su posición.

Las venas son el conjunto de vasos que llevan de vuelta a los pulmones la sangre ya desoxigenada y los desechos (dióxido de carbono) del proceso de producción de energía celular. Tienen las mismas capas de tejido pero su elasticidad es menor que la de las arterias y no son tan fuertes, ya que cuando la sangre llega a las venas ha perdido gran parte de su presión.

Las venas tienen en su interior unas válvulas que impiden que la sangre retroceda hacia abajo en camino inverso; cuando funcionan mal se originan las varices.

Fue en el siglo XVII cuando William Harvey midió la sangre que manaba de su corazón en una hora y descubrió que equivalía a tres veces el peso de su cuerpo. Era evidente que para triplicar el peso de su cuerpo debía estar midiendo repetidas veces la misma sangre; así descubrió que la misma sangre se reciclaba en un circuito cerrado.

La eficacia del sistema circulatorio se calibra midiendo lo que se llama el "gasto cardiaco", que se obtiene multiplicando el volumen sistólico, que es la cantidad de sangre impulsada por el ventrículo izquierdo y la aorta hacia el cuerpo, por el pulso, que es el número de latidos por unidad de tiempo (gasto cardiaco = volumen X pulso).

Cuando envejecemos crece la pared del ventrículo y pierde elasticidad; como consecuencia disminuye el volumen sistólico y por tanto el gasto cardiaco, de modo que los tejidos reciben menos oxígeno; además las arterias se vuelven más rígidas y sus tejidos más gruesos, por cambios en el colágeno y los depósitos de calcio. En su interior disminuye el diámetro por la acumulación de moléculas de colesterol, triglicéridos y lipoproteínas, y ofrecen más resistencia al paso de la sangre.

El corazón humano tiene el tamaño aproximado de un puño cerrado, pero la ballena azul, el mayor animal de la Tierra tiene un corazón de media tonelada.

### SISTEMA NERVIOSO Y ORGANISMO

Para ejecutar todas sus funciones las células y las diferentes partes del organismo necesitan energía y materiales, para funcionar y para construir estructuras y renovarse; todo esto se obtiene por medio del aparato digestivo, el aparato respiratorio y el aparato circulatorio; el aparato digestivo descompone el alimento que tomamos, para prepararlo para que pueda ser llevado a cada célula; el aparato respiratorio introduce oxígeno en el cuerpo, al mismo tiempo que expulsa el anhídrido carbónico que se genera en las reacciones químicas que se realizan en el cuerpo; el aparato circulatorio transporta tanto los nutrientes como el oxígeno a cada célula; además, junto con el sistema linfático, en él se encuentran estructuras y células encargadas de eliminar sustancias y organismos ajenos al cuerpo, que podrían estorbar su comportamiento y funcionamiento adecuados, causando enfermedades, formando el sistema inmunitario o sistema inmune; los alimentos entran por nuestra boca donde se empieza a efectuar ya su transformación; son triturados por los dientes y muelas, y las glándulas salivares vierten sustancias que empiezan a descomponerlos, formando un bolo alimenticio que pasa por la faringe al tubo del esófago, que los transporta directamente al estómago; el interior del tubo esofágico contiene unas estructuras musculares que con sus movimientos ayudan a que los alimentos ingeridos lleguen al estómago, en un proceso llamado peristaltismo, haciendo posible que lleguen incluso si estamos tumbados; el hígado produce bilis que se almacena en la vesícula biliar; es una sustancia ácida con la potencia química necesaria para descomponer los alimentos; el páncreas produce otras sustancias que también tienen el mismo propósito; en el estómago se preparan de esta manera los nutrientes ingeridos para dejarlos en un estado en el que pueden pasar a los intestinos; los intestinos están muy replegados, de forma que todo el recorrido desde la boca hasta el lugar donde las sustancias desechadas se expulsan, es de unos 11 metros de largo; en el intestino grueso y después en el delgado, cuyas diversas partes reciben nombres distintos como duodeno, yeyuno, íleon y finalmente el recto, los alimentos son sometidos a un movimiento de vaivén por unas vellosidades que abundan en el interior de los tubos intestinales, de modo que así se van absorbiendo todos los nutrientes, y las sustancias no utilizables o de desecho se expulsan finalmente al exterior; los nutrientes pueden entrar por las paredes permeables o semipermeables de los vasos del aparato circulatorio; debajo de los pulmones hay un estructura muscular, el diafragma, que retrocede creando un vacío, y esto provoca que el aire del exterior entre por la nariz y por las fosas nasales y a través de la tráquea llegue a los pulmones; estos contienen numerosas ramificaciones con una especie de receptáculos o bolsas para recoger el aire, los bronquios y los bronquiolos; los alvéolos pulmonares son como unas puertas giratorias que dirigen el oxígeno hacia el interior y el anhídrido carbónico hacia el exterior; el oxígeno también llega a los vasos del aparato circulatorio, y tanto los nutrientes como el oxígeno son llevados por el torrente sanguíneo hasta los vasos más pequeños, los capilares, y finalmente llegarán a las células de todos los tejidos; para ello el corazón bombea continuamente para que la sangre circule, en unos movimientos rítmicos llamados sístole y diástole, originados por impulsos nerviosos controlados por el cerebro y el sistema nervioso; en las células se utilizan los materiales de los nutrientes, tanto para construir estructuras moleculares necesarias, como para obtener energía por medio de reacciones químicas con el oxígeno, que son auténticas combustiones, aunque a un nivel muy pequeño, pero que generan la energía necesaria; las reacciones que se producen pueden aprovechar la energía de los enlaces químicos de los reactivos que al descomponerse resultando en otros productos, liberaran una parte de su energía, para mover los componentes celulares para que realicen sus funciones; los productos de desecho son recogidos y transportados por las venas para su expulsión o eliminación; el sistema nervioso controla y regula todos los procesos internos del organismo; cuando se requieren movimientos determinados puede enviar impulsos eléctricos a través de los nervios; estos tendrán un efecto en las proteínas contráctiles de los tejidos musculares, cambiando su polaridad de modo que se acercarán por atracción eléctrica causando la contracción del músculo, o el proceso inverso si se requiere relajación del músculo; el esqueleto forma una estructura rígida que sirve de soporte al cuerpo, conteniendo sus células una alta proporción de los minerales necesarios, como el calcio; además en su interior, en la médula ósea, se generan nuevos componentes sanguíneos para renovación; los glóbulos rojos tienen la estructura adecuada para que se adhieran a ellos los átomos de oxígeno para llevarlos a las células; también hay una regeneración continúa de tejido óseo; hay unas células, osteoclastos y osteoblastos, que producen nuevo material óseo y eliminan el antiguo; los aparatos reproductivos, femenino y masculino, generan por meiósis, un tipo de división celular distinta a la mitosis, que garantiza que contengan la mitad de cromosomas, las células reproductivas, para que al unirse y formar el zigoto que será el origen del embrión, este tenga la cantidad correcta de cromosomas, aportando la mitad cada progenitor; además en la meiósis hay una recombinación del ADN, de forma que cada cromosoma en la descendencia tendrá una mezcla de material genético de ambos progenitores.

Durante el desarrollo del embrión muchas células se autoeliminan pasado un tiempo; el proceso se llama "apoptosis" (de una palabra griega que aludía a la caída otoñal de las hojas); esto parece indicar que desempeñan un papel determinado en una fase del desarrollo, y una vez que lo han cumplido, parecen estar programadas para eliminarse; la apoptosis ocurre también en el organismo adulto, cuando las células no reciben los "factores de crecimiento" adecuados, y quizá esto asegure que las células especializadas se coloquen en el lugar correcto, de modo que si no lo están desaparezcan.

# MATEMÁTICAS

## *ματεματιςασ*

Michael Faraday fue un investigador a quien debemos mucho del progreso en el entendimiento del mundo en que vivimos, así como del desarrollo tecnológico actual; sus descubrimientos experimentales sobre la relación entre la electricidad y el magnetismo revelaron cómo obtener corriente eléctrica haciendo girar una bobina de cobre entre los polos de un imán, la idea básica que está detrás de los actuales generadores de corriente; a la inversa, si se aporta corriente eléctrica de otra fuente, a un bobinado de cobre colocado entre los polos de un imán, éste comenzará a girar, y ese es el fundamento de los motores eléctricos.

Sus experimentos sobre la "electrólisis", la separación de los átomos de una molécula por medio de la electricidad, como por ejemplo la obtención de hidrógeno y oxígeno a partir del agua, fueron una clave muy importante para descubrir la naturaleza del enlace químico, así como el primer indicio de que había una unidad elemental de carga eléctrica, la cantidad de carga que corresponde a lo que posteriormente se llamó "electrón", y esto fue también una contribución muy importante para descubrir la estructura del átomo.

Introdujo el concepto de "campo", para referirse a la región en torno a un cuerpo con carga eléctrica, o a la región en torno a un material magnético, donde esas fuerzas invisibles (electricidad y magnetismo) se podían detectar; y ese concepto ha sido fundamental en la ciencia física hasta nuestros días, aplicándose al "campo gravitatorio" y al "campo electromagnético", y cuando se descubrió la teoría cuántica, el concepto siguió mostrando su validez y utilidad y condujo a la "Teoría cuántica de campos".

Se cuenta que en cierta ocasión, mientras estaba experimentando haciendo girar filamentos de cobre entre los polos de un imán, le

visitó una autoridad del gobierno de su país, y le preguntó para qué servía eso; según los relatos, Faraday respondió algo parecido a esto: "no lo sé; ¿para qué sirve un niño? (la respuesta más completa se obtendrá cuando crezca); no sé bien para que sirve esto, pero estoy seguro de que algún día su gobierno le pondrá impuestos"; los millones de facturas de la "luz" que se pagan en el mundo entero muestran que Faraday no se equivocó en su respuesta.

Sin embargo Faraday no había podido recibir una formación académica en las instituciones de enseñanza de aquel tiempo; su familia era de escasos recursos, y siendo solo un muchacho obtuvo un empleo para ayudar a la economía familiar; comenzó a trabajar como aprendiz y ayudante en un taller de encuadernación; el taller resultó ser una bendición para él, no solo porque apoyase económicamente a la familia, sino porque en sus ratos libres, leía los libros que se encuadernaban allí, que despertaron su curiosidad; y aprendió mucho de sus lecturas, que le parecieron tan interesantes que determinaron el rumbo que seguiría su vida, y que hicieron de él un gran descubridor e investigador.

Michael Faraday, debido a la forma en que obtuvo su educación, con gran esfuerzo y por sí mismo, hizo sus hallazgos sin contar con una formación avanzada en matemáticas, lo que compensó con una gran habilidad e intuición para diseñar y realizar experimentos.

Cuando el físico matemático James Clerk Maxwell (también genial), expresó los descubrimientos de Faraday sobre electricidad y magnetismo, en forma de ecuaciones matemáticas, lo que condujo a descubrimientos adicionales muy importantes, se dice que Faraday, que comprendió el valor del trabajo de Maxwell, preguntó si sería posible describir dicho trabajo y lo que revelaba, en lenguaje corriente, que todo el mundo pudiera entender, aunque no dominasen el simbolismo matemático.

Ya en nuestro tiempo, el famoso físico Stephen Hawking, explicó en uno de sus libros de divulgación, que su editor le había advertido que por cada ecuación que incluyese en el libro, las ventas se reducirían a la mitad, de modo que se propuso no escribir ninguna, aunque al final decidió incluir la que, según sus propias palabras, era la única ecuación matemática conocida en la calle, la famosa ecuación descubierta por Albert Einstein: $E = mc^2$ ; en lenguaje corriente dice que "la energía es igual a la masa, multiplicada por el valor de la velocidad de la luz elevado al cuadrado (es decir, dicho valor multiplicado por sí mismo)"; es un buen ejemplo para ilustrar una de las razones, aunque no es la única, que tienen los científicos para emplear el simbolismo matemático: comparemos la "longitud" de la ecuación, con su significado expresado en lenguaje normal.

Galileo Galilei, que vivió en el periodo al que los historiadores occidentales llaman el "Renacimiento", debido a que en Europa se produjo un auténtico renacimiento, sobre todo cultural, después de la llamada "época oscura" de la "Edad Media", dijo, basándose en sus propios hallazgos, que las matemáticas eran el "lenguaje" en el que estaba escrito el "libro de la naturaleza"; ¿qué quiso decir?; seguramente no se refería a los "símbolos matemáticos" en sí mismos; en su tiempo muchos de los que se usan hoy día en los libros de ciencia ni siquiera se habían inventado; las "matemáticas" no son exactamente esos símbolos; las "matemáticas" son más bien los conceptos e ideas y las relaciones entre conceptos, que se expresan mediante los símbolos; de hecho se pueden elegir otros símbolos distintos, con tal de que se especifique su significado.

Hay mucha belleza en el mundo natural: los tonos azules en el cielo del alba, el cielo nocturno repleto de estrellas, las puestas de Sol, impresionantes paisajes, las piedras preciosas, el colorido y variedad de la vegetación y del reino animal, el canto de los pájaros, la música, tantas cosas que generan en nosotros agradables e intensas y diversas emociones; y por si esto fuera poco, cuando se estudian las estructuras que contiene, para intentar descubrir cómo funciona todo, se descubre otro tipo de belleza, oculta, como la belleza oculta de las piedras preciosas que hay en el interior de una geoda, como la belleza de las amatistas; se desvela una armonía y coordinación que nos asombra; y es esa armonía, ese funcionamiento coordinado, esa interrelación entre las partes de las estructuras del mundo, lo que expresan de manera simbólica las fórmulas matemáticas cuando se están aplicando al estudio de la naturaleza.

Esas hermosas relaciones que se van desvelando poco a poco, se pueden también describir en lenguaje que todo el mundo pueda entender, y de hecho se hace, y es bueno que se haga; pero son tan complejas e intrincadas que no es fácil hacerlo; además, hasta los mismos especialistas en los diferentes campos de estudio, y en particular los que se dedican al que se suele decir que es la ciencia de la naturaleza más fundamental, la física, todavía luchan por entender ellos mismos el significado profundo de relaciones descubiertas haciendo experimentos, que pueden expresar con fórmulas matemáticas (fórmulas empíricas, derivadas de los resultados experimentales), pero ¿qué es lo que nos revelan sobre la naturaleza de la realidad?: se vislumbran ideas de una belleza sublime, pero todavía no se ha llegado al fondo, y ni siquiera se sabe si se llegará alguna vez, lo cual a muchos de ellos no les preocupa, porque la investigación misma es fascinante, y no se dejan de hacer descubrimientos, pero casi siempre llegan acompañados de nuevas preguntas; entender las matemáticas, comprender las ingeniosas y profundas relaciones que se descubren en la naturaleza, representadas por las expresiones matemáticas, proporciona el camino más directo, el mejor acercamiento posible, para captar esa "belleza oculta".

Los investigadores también se han dado cuenta de que un buen dominio de las técnicas matemáticas les proporciona una capacidad sorprendente para hacer nuevos descubrimientos; las matemáticas han resultado ser una poderosa herramienta para ellos, y muchos descubrimientos importantes se han hecho usando solamente papel y lápiz, trabajando con las fórmulas y ecuaciones, y las predicciones hechas por las matemáticas, después se han confirmado y verificado experimentalmente; por supuesto hay que partir de hallazgos experimentales previos, porque nosotros no inventamos el mundo; estaba ya aquí mucho antes de que nosotros llegáramos, y funcionando, suponemos, de acuerdo a las normas y leyes matemáticas que el hombre ha descubierto después; de modo que parece que se necesitan ambas cosas; es necesario hacer experimentos y observaciones, y hacen falta científicos hábiles para ello, como lo fue Michael Faraday, y también se necesitan las matemáticas; Albert Einstein, quizá el científico más famoso del siglo XX, hizo sus descubrimientos, de trascendental importancia para el entendimiento del Universo, usando solo papel y lápiz, además, por supuesto, de su perspicacia e intuición sobresalientes, y basándose en descubrimientos experimentales.

En nuestros días, muchos científicos se han esforzado por hacer llegar al público la comprensión de los interesantes hallazgos de la ciencia, escribiendo libros de divulgación, continuando así una tradición en la que destacó el bioquímico Isaac Asimov.

Los libros de divulgación son importantes por muchas razones; muchas personas están interesadas en obtener una mejor comprensión de las cosas que se han descubierto, y de las que se siguen descubriendo; este tipo de libros también resulta muy útil a los estudiantes, puesto que les proporciona, entre otras cosas, explicaciones sencillas de los temas que tienen que estudiar, así como información histórica sobre cómo fue avanzando el entendimiento del Universo y lo que hay en él, desde la antigüedad hasta nuestros días; esto puede ser de gran ayuda y facilitarles la comprensión de lo que tienen que estudiar en sus libros de texto; la lectura de libros de divulgación puede preparar y allanar el camino hacia la comprensión de los libros más técnicos.

Pero los estudiantes, quieran o no, tienen que enfrentarse al reto de aprender matemáticas.

Es bueno saber que también hay libros de divulgación sobre las matemáticas mismas; ¿se pueden comprender las matemáticas sin utilizar símbolos y ecuaciones?; ¿se puede dar una respuesta afirmativa a la solicitud que hizo Faraday, y de la que muchos hoy se harían eco?: "Sin ecuaciones, por favor".

Bueno, esto ya se está haciendo, y está dando buenos resultados; aunque los estudiantes que elijan una carrera científica, tendrán que adquirir habilidad y destreza en el manejo del simbolismo matemático, los libros de divulgación de matemáticas pueden allanar el camino y facilitar la comprensión de los libros de texto y técnicos.

# APRENDIENDO EL LENGUAJE DE LA NATURALEZA

Dicen que Galileo, (uno de los "gigantes" en "cuyos hombros se apoyó Newton" para poder ver más que otros al estudiar el Universo, según sus propias palabras), dijo que las matemáticas son el lenguaje en el que está escrito el "libro" de la naturaleza. Aprender idiomas es muy útil, porque nos permite hablar con personas de otros países o leer publicaciones que tal vez no hayan sido traducidas a nuestra lengua. Pero si además podemos obtener unos conocimientos fundamentales del lenguaje de la naturaleza, se nos abren las puertas al entendimiento de muchísimas cosas, y todos los que lo han hecho nos aseguran que merece la pena el esfuerzo.

Como todo lenguaje, las matemáticas expresan ideas y relaciones entre cosas; en realidad expresan las mismas ideas y relaciones que se pueden expresar en lenguaje corriente, pero lo hacen, por regla general, de manera mucho más abreviada y rápida, lo que permite trabajar con relaciones que a veces son muy complicadas. Como todo lenguaje, las matemáticas tienen sus propios símbolos, y también lo que podríamos llamar su "gramática", es decir, un conjunto de reglas para usar esos símbolos.

Todo lenguaje se aprende poco a poco, empezando con cosas sencillas y avanzando hacia un conocimiento cada vez más amplio. En matemáticas es especialmente importante hacerlo así. Las matemáticas más avanzadas serán un auténtico galimatías para todo el que no tenga una buena base de matemática elemental. Pero no creas que es tan difícil. Las explicaciones que siguen a continuación empiezan por cosas muy sencillas, considerando primero de manera breve algunos de los motivos que pudieron llevar a que la humanidad descubriera las matemáticas, para darse cuenta ya en la antigüedad de que "la clave secreta del Universo", al parecer se encuentra en ellas.

Enseguida pasamos a hacer una consideración preparada con intención de que ayude a entender bien los *"conceptos"*;

consideramos conceptos tan esenciales como lo que es una "ecuación", la regla fundamental para operar con ecuaciones, y para qué sirve tal regla (y los desarrollos de ella, para resolver sistemas de ecuaciones), lo que es una "función", y una "derivada". Se da énfasis al principio a la parte conceptual de las matemáticas, sin usar símbolos ni fórmulas.

Si los conceptos esenciales se entienden bien, estaremos preparados para lo que sigue: una consideración detallada del método de obtención de "derivadas", haciendo uso ya del simbolismo habitual en matemáticas, seguida del estudio de ecuaciones diferenciales, métodos de hallar soluciones a ellas, y la aplicación práctica del "cálculo infinitesimal" en los estudios de ciencias.

## EL DESCUBRIMIENTO DE LAS MATEMÁTICAS

Las crecidas anuales del río Nilo anegaban los campos de cultivo de los antiguos egipcios, pero cuando las aguas se retiraban dejaban expuesto un terreno sumamente fértil para los agricultores; es muy probable que tuviesen que volver a determinar los linderos de aquellos campos que hubiesen sido totalmente cubiertos por las aguas, y para ello tendrían que hacer uso de conocimientos de geometría.

La palabra "geometría", derivada del idioma griego, significa literalmente "medición de la tierra", y el conocimiento y uso de las técnicas geométricas no era exclusivo de los egipcios; evidentemente todas las civilizaciones de la antigüedad descubrieron y utilizaron las reglas que descubrieron, no solo para medir sus campos y territorios, sino también para las construcciones que realizaron, y para muchos otros propósitos útiles, y es evidente que hubo intercambio de ideas y descubrimientos entre las diversas naciones.

El comercio y otras prácticas de la vida cotidiana también hacían necesario medir, pesar y contar todo tipo de productos y artículos, y se desarrolló también la "aritmética" (palabra derivada del griego "arithmós: número", mientras que la palabra "cálculo" se deriva del latín "cálculus: piedrecita", pues se usaban pequeñas piedras para contar, sirviéndose de ellas seguramente para hacer operaciones de adición o sustracción).

Aquellas antiguas civilizaciones fueron dándose cuenta de que las reglas que descubrían eran útiles también para más cosas que las que originalmente motivaron su uso; por ejemplo podían medir distancias de objetos lejanos, y ya en la antigüedad se hicieron incluso estimaciones de los objetos astronómicos más cercanos, y del tamaño de toda la Tierra.

Se empezó a apreciar ya entonces que las "matemáticas" eran la clave del funcionamiento de todas las cosas, y con el paso de los siglos y el avance de la civilización, esta idea se ha confirmado de manera sorprendente, y ha hecho posible entender el funcionamiento del mundo en que vivimos, de la realidad, desde las gigantescas agrupaciones de astros del Universo, hasta las diminutas estructuras subatómicas, y la asombrosa complejidad y coordinación de tales entidades en los procesos biológicos, hasta un grado sorprendente.

Pero las matemáticas avanzadas, y su aplicación en cosmología, física, química, biología molecular, y otros muchos campos, no resultan fáciles; sin embargo si se empieza desde la base, y se va ascendiendo desde ahí, escalón por escalón, entendiendo la lógica que hay detrás del simbolismo matemático, su comprensión es posible para todos, y hasta se puede disfrutar de su estudio.

Se puede empezar con un breve resumen general, descriptivo, usando lenguaje corriente antes de emplear fórmulas y símbolos.

El cálculo de áreas y volúmenes en la geometría elemental, consiste básicamente en multiplicar "largo" por "ancho", en el caso de las áreas o superficies, y "largo" por "ancho" por "alto" en el caso de los volúmenes, aunque dependiendo de la forma de la figura la "fórmula" a utilizar será distinta, pero no nos detendremos ahora en los detalles; lo que queremos destacar es que la propiedad que queremos medir depende de los elementos de la figura, y de cómo se relacionan entre ellos, es decir de su dependencia funcional.

Por ejemplo, para calcular el área de un cuadrado basta con multiplicar el valor de la longitud de un lado por sí mismo, ya que en el caso del cuadrado "largo" y "ancho" son iguales: LARGO x ANCHO = LADO x LADO.

Esto nos sirve para ilustrar el concepto general de función: en el caso del cuadrado el valor de su superficie depende, o está en función del valor de la longitud del lado.

A veces se dice que una "función" en matemáticas, es una regla que permite calcular el valor de una magnitud, a partir de los diferentes valores que pueda ir tomando otra magnitud u otras magnitudes con las que está relacionada y de las que depende.

O una "aplicación" que asigna a cada elemento de un conjunto un elemento de otro conjunto: Por ejemplo, en el caso del cuadrado, podemos pensar en el conjunto de todos los valores posibles que puede tomar el lado, y en otro conjunto que es el conjunto de todos los posibles valores que toma el área; cada elemento del primer conjunto (los lados) corresponderá a un elemento del segundo conjunto (las áreas); habrá por tanto una correspondencia biunívoca (uno a uno) entre los dos conjuntos.

La dependencia funcional se puede representar en una gráfica:

Podemos trazar dos ejes perpendiculares entre sí, uno horizontal y otro vertical, que se cortan en un punto al que llamamos origen; hacemos unas marcas equidistantes en cada uno de estos ejes y las numeramos, como una regla de medir longitudes.

En el eje horizontal marcamos los valores que puede tomar una de las magnitudes de la "función", y entonces marcamos en el eje vertical el valor que toma la otra magnitud para cada valor de la primera; trazamos líneas perpendiculares desde cada punto del eje horizontal y del vertical, y unimos con una línea continua todos los puntos de intersección; esa línea es la gráfica de la función; nos muestra, en cada intervalo de posibles valores, si la magnitud representada en el eje vertical crece o decrece, y en qué proporción lo hace, al ir variando el valor de la magnitud representada en el eje horizontal.

En el estudio del mundo natural, la dependencia funcional de unas magnitudes respecto a otras, puede tomar muchas formas, así que es fácil comprender que las gráficas que representan esos procesos podrían, en principio, ser de formas muy variadas, quizá infinitas.

Sin embargo, toda esa rica variedad, comparte rasgos en común, que permiten agrupar las funciones matemáticas que representan o modelan esos procesos, en clases muy generales.

Por ejemplo en muchos procesos del mundo natural, se da lo que se llama un crecimiento (o a veces decrecimiento) exponencial; un ejemplo puede ser la formación de un organismo pluricelular a partir de una célula original; la célula se divide en dos, y cada nueva célula se sigue dividiendo en dos, de modo que primero pasamos de una a dos, después de dos a cuatro, entonces de cuatro a ocho, dieciséis, treinta y dos, sesenta y cuatro…….. y en poco tiempo tenemos billones de células; en el crecimiento exponencial el aumento puede parecer lento al principio, pero a cada nuevo paso el aumento se va haciendo muchísimo mayor, y un solo tipo de función matemática, la función exponencial, sirve para modelar y estudiar matemáticamente muchísimos fenómenos distintos.

En el mundo natural se dan también muchos procesos que se repiten de manera cíclica, o que oscilan, subiendo y bajando los valores de las magnitudes que los caracterizan; por ejemplo la propagación de una onda sonora a través del aire: un movimiento, como la vibración de nuestras cuerdas vocales, desplaza ligeramente las moléculas de aire que están en contacto con ellas, que a su vez desplazan a las contiguas, y así sucesivamente, de modo que a través del aire se propaga una onda de presión; la misma fórmula matemática, la fórmula de un oscilador, representa una amplia variedad de fenómenos cíclicos, vibratorios u oscilatorios: ondas sonoras, movimientos mecánicos variables, luz y otras ondas electromagnéticas, procesos atómicos y moleculares…..etc.

De modo que todo el trabajo matemático que se desarrolló, por ejemplo, desde la época de Newton y Leibnitz, para estudiar el movimiento planetario, o la vibración de una cuerda, después ha resultado ser útil, con las modificaciones adecuadas, para aplicarlo a la teoría cuántica y a las vibraciones de átomos y moléculas.

Las llamadas "funciones especiales", como las de Legendre, Laguerre y Bessel surgieron en el estudio de los movimientos planetarios, pero ahora se utilizan (Legendre y Laguerre) para resolver la ecuación de Schrödinger de la mecánica cuántica; son variaciones sobre un mismo tema: "funciones esféricas" o "ecuaciones de oscilador".

Si la gráfica de una función es continua en un intervalo, sin cortes, eso significa que existe un valor de la función para todo posible valor de la variable o variables de las que depende; pero hay infinitos números entre, digamos, dos números enteros, de modo que es algo parecido a lo que ocurre con $\pi$, el número que indica la proporción entre la longitud de una circunferencia y su diámetro: sus cifras decimales son infinitas; podemos aproximarnos todo lo que queramos, en principio, a su valor, por ejemplo inscribiendo polígonos de muchos lados en la circunferencia, y calculando su perímetro, o usando otros algoritmos, pero necesitaríamos un tiempo infinito para obtener los infinitos decimales.

De igual manera el valor de una función se puede obtener evaluando la integral correspondiente, si esto es posible, usando las técnicas del cálculo integral, o se puede aproximar con el grado de precisión que se requiera, por medio de un desarrollo en serie de potencias (suma de potencias), o, en particular si su gráfica "oscila" (sus valores suben y bajan, presentando máximos, mínimos y puntos estacionarios), por medio de un desarrollo en serie de Fourier, es decir una serie trigonométrica (una suma de senos y cosenos, multiplicados cada uno por sus correspondientes amplitudes o coeficientes de Fourier); esto es fácil de comprender ya que los valores de las funciones trigonométricas (seno y coseno) oscilan, y se puede representar prácticamente cualquier función, por un desarrollo o expansión de Fourier adecuado; también es fácil comprender que muchas funciones se puedan aproximar por series de potencias, pues si multiplicamos binomios, podemos obtener polinomios de cualquier grado y tamaño (Se conoce como "teorema fundamental del álgebra", la demostración que hizo Gauss de que todo polinomio de cualquier grado, puede ser factorizado como un producto de binomios).

Las matemáticas parecen tener poder generador: la existencia y veracidad de las relaciones matemáticas parece ser una necesidad lógica, algo así como las "verdades necesarias" de las que hablan los filósofos; el famoso teorema de Gödel de la lógica matemática no contradice esto; por el contrario, más bien lo que demuestra es que la riqueza de las matemáticas parece ser infinita, y ningún sistema finito de axiomas (un sistema formal) es suficiente para derivar todas las verdades matemáticas.

## MATEMÁTICAS SIN FÓRMULAS

### Calculando áreas y volúmenes

Quizá la figura geométrica más sencilla (aparte de una simple línea), sea el cuadrado; el cuadrado es la figura limitada por cuatro lados de igual longitud, y formando cada lado un ángulo recto con los lados que se unen a sus extremos; es fácil comprender que para obtener el valor de su superficie o área, basta con multiplicar "largo por ancho", y como en el cuadrado el largo y el ancho son iguales, basta con multiplicar "lado por lado", o como se suele decir "lado al cuadrado".

A continuación está el rectángulo, también de cuatro lados colocados en ángulos rectos, pero no de igual longitud; tiene dos lados largos de igual longitud, paralelos entre sí, unidos por dos lados más cortos, también paralelos entre sí; en este caso si llamamos a los lados largos "base" y a los cortos "altura" (o a la inversa), la multiplicación de "largo por ancho" será multiplicar "base por altura", y así se calcula el valor de su área.

Un rectángulo (y también un cuadrado), se puede dividir en dos triángulos iguales, simplemente trazando una línea recta desde uno de sus vértices (el punto donde se unen dos lados) de arriba, hasta el vértice que está en el lado opuesto y abajo. Como obtenemos así *dos triángulos iguales*, partiendo o dividiendo en *dos* el rectángulo: (de área: "base por altura"), el área del triángulo es "base por altura partido por dos".

Los dos triángulos así obtenidos son triángulos rectángulos, ya que uno de sus ángulos es recto, porque los hemos obtenido partiendo en dos un rectángulo, pero la misma fórmula es válida para todos los triángulos, aunque no tengan ángulo recto, porque si nos dan cualquier triángulo, podemos dibujar un triángulo igual pero invertido, y si los unimos los dos, obtenemos un paralelogramo, que es como un rectángulo, con la única diferencia de que sus ángulos no son rectos, y su área es también "base por altura"; o a la inversa: si nos dan un paralelogramo podemos partirlo en dos como hicimos con el rectángulo, y obtenemos dos triángulos iguales; de modo que: confirmado, el área de cualquier triángulo siempre es "base por altura partido por dos".

Hay figuras con más de tres ángulos, y más de cuatro; a todos se les llama de manera general polígonos (muchos ángulos), y de manera individual se les nombra según el número de ángulos, que se corresponde con el número de lados; si tiene cinco lados iguales: "pentágono", si tiene seis: "hexágono", y así sucesivamente; para calcular su área se hace algo parecido a lo que hicimos en el caso del triángulo; resulta que un pentágono se puede dividir en cinco triángulos iguales, un hexágono en seis, un heptágono en siete, y así se puede hacer con todos los polígonos; imagina un pentágono: desde su punto central trazamos cinco líneas rectas, una a cada uno de sus vértices, y obtenemos cinco triángulos iguales; como ya sabemos que el área del triángulo es "base por altura partido por dos", el área del pentágono será esa cantidad multiplicada por cinco; como los cinco lados del pentágono son iguales, resulta más sencillo multiplicar por cinco el valor de un lado; obtenemos así el valor de la suma de sus cinco lados o "perímetro", y como los cinco triángulos en que lo hemos dividido son también iguales y tienen la misma altura, se multiplica esa altura por el perímetro y se divide por dos; a la altura de los triángulos se le llama en este caso "apotema"; de modo que el área del polígono es "perímetro por apotema partido por dos".

Llegamos finalmente al área del círculo; para calcular su área se sigue una estrategia parecida a la que hemos seguido hasta ahora; si dentro del círculo inscribimos un polígono, el perímetro del polígono tendrá un valor aproximado al de la longitud de la circunferencia que limita al círculo, y el área del polígono se aproximará al valor del área del círculo; cuantos más lados tenga el polígono, estos tendrán que ser más cortos, para que el polígono quepa dentro del círculo; podemos considerar el círculo como un "polígono" de muchísimos lados, tan pequeños casi como "puntos"; su "perímetro" valdrá prácticamente igual que la longitud de la circunferencia que le limita, y su "apotema" será igual al radio del círculo (que es también el radio de su circunferencia correspondiente).

Se sabe desde la antigüedad que el valor aproximado de la longitud de una circunferencia es seis veces la longitud de su radio (o tres veces su diámetro, que es el doble del radio), porque se comprobó por experiencia directa que si se inscribe en el interior de ella un hexágono, la longitud del lado del hexágono es igual al valor del radio; de modo que la longitud aproximada de la circunferencia es "seis multiplicado por el radio", o "dos por tres, por el radio"; por supuesto el "tres" que se usa aquí solo nos da un valor aproximado, pero podemos aproximarnos más inscribiendo polígonos con más lados que el hexágono; al hacerlo la fórmula será la misma, pero en vez de tres, habrá que multiplicar "dos por el radio, por un número algo mayor que tres, es decir, por (3,1415……?); como no hay límite, en teoría, al número de lados del polígono que se puede inscribir, y cuantos más tenga habrá que añadir más cifras decimales a partir de la coma que sigue al 3, se sabe que la cantidad de estos decimales es infinita; se han calculado ya miles de ellos, pero hasta ahora, para fines prácticos usando solo unos pocos de los primeros que van a continuación de la coma, se obtiene un valor para la longitud de la circunferencia que es una buena aproximación. Aunque no conocemos todos los decimales, pues son infinitos, podemos "hacer como si los conociéramos", eligiendo un símbolo al que asignamos el significado del "valor verdadero"; se ha elegido la letra griega $\pi$, que es la primera letra de la palabra griega para "perímetro".

Pero merece la pena pararse un momento a pensar en esto; las circunferencias que trazamos sobre el papel son realmente "polígonos" de muchos lados, pero no una "circunferencia matemática" perfecta; podemos concebir en nuestra mente, al parecer con mucha facilidad, lo que es una circunferencia: una línea cuyos puntos están todos a la misma distancia de un punto, que es el centro de la circunferencia; y sin embargo no podemos trazar una "circunferencia matemática" perfecta, ni calcular el valor "exacto" de la longitud de la circunferencia, porque necesitaríamos las infinitas cifras decimales de $\pi$ .

Este es uno de esos aspectos misteriosos e intrigantes de las matemáticas, que da mucho que pensar, y que, como vemos, tiene que ver con el concepto de "infinito", y con el enigma de la mente humana, que puede concebir con facilidad cosas que no ha percibido directamente, y sugiere algún tipo de profunda conexión, que aún es objeto de investigación, entre la mente humana y el Universo del que ha surgido, un Universo que se ha mostrado profundamente arraigado en las "matemáticas".

Volviendo a la fórmula del área del círculo, ahora es fácil comprender que es una fórmula equivalente a la que se usa para calcular el área de un polígono: "perímetro por apotema partido por dos"; en el caso del círculo, el "perímetro" es la longitud de la circunferencia que le limita, y la "apotema" es el radio; como la longitud de la circunferencia es "dos por $\pi$, por el radio", esto es el perímetro; multiplicándolo por la "apotema" que es el radio, y dividiendo por dos, se obtiene como fórmula del área del círculo: "$\pi$ por el radio, por el radio", o lo que es lo mismo "$\pi$ por el (radio elevado al cuadrado)".

Las fórmulas para los volúmenes se obtienen con métodos similares, pero añadiendo una dimensión más; en general, para obtener el valor de un volumen, hay que multiplicar "largo por ancho por alto".

El cubo se puede considerar el "correspondiente" tridimensional del cuadrado, y la fórmula para su volumen es "lado por lado por lado", o "lado al cubo"; de igual manera, y extendiendo la analogía entre el cuadrado y el cubo, otros poliedros se podrían relacionar con el rectángulo y demás polígonos; añadiendo una dimensión más y con estrategias semejantes a las que ya hemos considerado se obtienen las fórmulas necesarias.

### ¿Qué es una ecuación?

La palabra "ecuación" se deriva de la palabra latina para "igual"; es casi como si dijéramos "igualación"; y de hecho el significado básico y general de la relación que se representa con una ecuación, es la relación de igualdad entre dos expresiones matemáticas, normalmente de apariencia distinta, pero que si hiciéramos los cálculos indicados para obtener el valor numérico de cada una, obtendríamos el mismo valor para ambas; para representar esa relación se ha elegido un símbolo que son dos rayitas paralelas *iguales* : " = "  ; ese símbolo se coloca entre las dos expresiones para indicar que los valores numéricos de las dos son iguales. A la expresión que se coloca a la izquierda del símbolo (el signo "igual"), se le llama "el primer miembro de la ecuación", y a la expresión colocada a la derecha, "segundo miembro de la ecuación" .

Cuando se trabaja con ecuaciones, dependiendo de lo que se necesite obtener, se hacen cambios en las expresiones colocadas a cada lado del signo "igual", o se pasan términos de un lado a otro, pero hay que respetar ciertas reglas.

Es fácil de entender si comparamos la ecuación con una balanza, una balanza de platillos; para que los dos platillos a cada lado de la balanza se mantengan en equilibrio y estén siempre a la misma altura, es necesario que las pesas que pongamos sobre uno de ellos, pesen lo mismo en todo momento, que las que coloquemos sobre el otro platillo, y así la igualdad entre los pesos totales a ambos lados se mantendrá, se mantendrá el equilibrio y el indicador de la balanza se mantendrá vertical y centrado, como cuando en los platillos de la balanza no hay nada.

Si tenemos la balanza equilibrada y añadimos una pesa a uno de los platillos, éste se desplazará hacia abajo y el indicador señalará el valor de la pesa añadida; si queremos recuperar el equilibrio tendremos que colocar una pesa del mismo valor sobre el otro platillo; la pesa añadida en un lado se compensará con la añadida en el otro, y se recuperará la igualdad.

Eso ilustra la regla más fundamental que hay que respetar al trabajar con ecuaciones: todo cambio que hagamos en un miembro de la ecuación, tiene que ser compensado con un cambio equivalente en el otro miembro, para que la igualdad se mantenga.

Si el primer miembro lo multiplicamos por dos, tendremos que hacer lo mismo en el segundo; como el valor numérico de cada expresión es el mismo al comienzo, si duplicamos el valor en un lado, pero hacemos lo mismo en el otro, los valores han cambiado pero en la misma proporción, de modo que seguimos teniendo a cada lado dos valores iguales; sigue siendo una "ecuación" y podemos seguir dejando ahí, entre las dos nuevas expresiones, el signo "igual".

Pero supongamos que al comienzo tenemos en el lado derecho, en el primer miembro de la ecuación, un dos que está *multiplicando* a todo el resto de la expresión matemática de ese lado, y lo quitamos de ahí y lo pasamos al otro lado, *dividiendo* a toda la expresión matemática de ese lado, del segundo miembro de la ecuación; ¿se seguirá manteniendo la igualdad de valores entre los dos miembros?; la respuesta es: "sí"; veamos por qué.

Una forma alternativa de quitar, suprimir o cancelar ese número dos en el primer miembro, que *multiplica* a todo el resto de la expresión en ese lado, y por tanto duplica su valor, es colocar un dos *dividiendo* a toda la expresión del primer miembro; entonces el dos que está multiplicando se cancelará con el dos que está dividiendo, puesto que la multiplicación y la división son operaciones inversas; pero ahora recordemos el ejemplo de la balanza: para que el equilibrio se mantenga, es necesario que cualquier cambio que hagamos en un lado lo compensemos con un cambio equivalente en el otro; de modo que si hemos colocado un dos dividiendo en el primer miembro, tendremos que colocar también un dos dividiendo en el segundo miembro; en el primero el dos añadido que divide cancela el efecto del dos que multiplica (pues uno duplica el valor del resto de la expresión en ese lado; pero el que añadimos dividiendo lo reduce a la mitad); de modo que podemos tachar o borrar los dos "doses" del primer miembro de la ecuación, el que multiplica y el que divide, pues se cancelan mutuamente entre ellos; pero el dos que multiplica estaba ya ahí desde el comienzo, y el valor total de la expresión en el primer miembro era igual al valor total en el segundo; si quitamos ese dos, el valor queda reducido a la mitad; de modo que para que la igualdad se mantenga tendremos que dividir por dos la expresión en el segundo miembro, para reducir también su valor a la mitad.

Pero eso es justamente lo que hemos conseguido en la primera operación realizada, cuando dijimos que el dos que estaba *multiplicando* en el primer miembro lo "pasamos" al segundo miembro *dividiendo*. Desaparece del primer miembro (como si lo dividiéramos por dos), y pasa a dividir a toda la expresión del segundo miembro.

Esa es la regla básica que hay que seguir al operar con ecuaciones: podemos "pasar" términos de un lado al otro, haciendo la operación inversa: lo que está multiplicando en un lado pasa al otro dividiendo, lo que está sumando en un lado pasa al otro restando, y lo mismo para cualquier otra operación.

¿Y para que nos sirve pasar términos o factores de un lado a otro?; pues para averiguar valores de magnitudes que no conocemos, a partir de su *relación* con otras magnitudes cuyos valores sí conocemos.

Veamos un ejemplo sencillo; supongamos que tenemos un amigo aficionado a proponer adivinanzas matemáticas, que nos dice: ¿A ver si sabes calcular qué "número" multiplicado por siete, sumando al producto ocho, y dividiendo todo por dos, da como resultado "once"; si nos hubiera dicho: ¿qué número multiplicado por dos da "diez"?, lo hubiéramos hecho de memoria sin ningún esfuerzo, y hubiéramos contestado enseguida: "cinco", pero como lo ha complicado un poco nos obliga a sacar papel y lápiz (las reglas del juego no permiten usar la calculadora del teléfono móvil).

Al número desconocido le llamamos de momento "$x$"; es la "incógnita" de la ecuación que tenemos que plantear; no sabemos su valor, pero sabemos su *relación* con las cantidades conocidas que nuestro amigo nos ha dado, de modo que escribimos: "(siete multiplicado por "$x$") mas ocho, y dividido todo por dos, es igual a once"; lo primero que hacemos es pasar el dos que divide, multiplicando al "segundo miembro de la ecuación", que es once, y como once por dos es veintidós, nos queda: "(siete multiplicado por "$x$") más ocho, es igual a veintidós"; a continuación pasamos el ocho, que va *sumado* al producto de "siete por "$x$"", al segundo miembro *restando*, y en el segundo miembro nos queda "veintidós menos ocho" que es "catorce"; así que la "ecuación" ahora es: "siete por "$x$" es igual a catorce"; finalmente, el "siete" que *multiplica* a la "$x$", lo pasamos *dividiendo* al "catorce" que tenemos en el segundo miembro y ya tenemos el valor numérico de "$x$" : "catorce dividido entre siete, que es igual a dos"; comprobamos que efectivamente : "dos por siete" son "catorce", "catorce más ocho" es igual a "veintidós", y "veintidós dividido entre dos es igual a once", como nos pedía nuestro amigo; hemos hallado el número que cumple las condiciones que nos ha planteado.

En el estudio del mundo natural se descubren relaciones muy complejas, que conducen al planteamiento de ecuaciones y sistemas de ecuaciones relacionadas entre sí; cuando se conoce la forma de esas relaciones y se expresan en forma de ecuaciones, se pueden averiguar los valores de unas magnitudes a partir de su relación con los valores de otras magnitudes ya conocidos, que se han podido medir experimentalmente, o se han deducido de alguna manera.

Para resolver sistemas de ecuaciones grandes y complejas se han desarrollado métodos que son, por decirlo así, extensiones avanzadas del método que hemos ilustrado aquí, con un ejemplo sencillo.

Cuando hay más de una incógnita, pero conocemos más relaciones que nos permiten plantear tantas ecuaciones como incógnitas, podemos usar una de las ecuaciones para dejar en el primer miembro una sola incógnita, pasando términos y factores al segundo miembro, de la manera que hemos considerado.

Así obtenemos una expresión para el valor de dicha incógnita, *en función* de los valores de las otras, y eso nos permite *sustituir* en el resto de ecuaciones, tal incógnita por la expresión obtenida.

Haciendo lo mismo repetidas veces (dependiendo del número de incógnitas y ecuaciones), finalmente obtenemos una ecuación con una sola incógnita, pues todas las demás han sido sustituidas por expresiones equivalentes en función de esa única incógnita, y la ecuación obtenida nos permite calcular fácilmente su valor numérico, que ahora podemos colocar en las demás ecuaciones.

Reiterando el proceso vamos hallando el valor numérico de todas las demás.

Como vemos, la clave está en obtener una ecuación con una sola incógnita, fácil de resolver, que será el punto de partida para ir resolviendo las demás.

Hay otras formas de obtener a partir del sistema de ecuaciones, una con una sola incógnita; por ejemplo, como en cada ecuación el valor numérico del primer miembro es igual al valor de la expresión del segundo miembro, podemos restar miembro a miembro dos ecuaciones entre sí, pues a cada miembro le estamos restando el mismo "valor", de modo que seguimos teniendo una "ecuación", pero tal vez así podemos ir eliminando incógnitas hasta obtener una ecuación con una sola, que como vimos antes nos permitirá ir hallando los valores de las demás.

Cuando hay que resolver sistemas de ecuaciones muy grandes, con muchas ecuaciones y muchas incógnitas, los métodos que hemos considerado requerirían mucho tiempo y muchas operaciones; hay un método más práctico para tales casos; veamos cual es.

La clave del método es la misma: toda operación que hagamos en un miembro de cada ecuación, tiene que ser compensada por una operación equivalente en el otro miembro; además los valores de todas las cantidades desconocidas (incógnitas, que representamos por letras al desconocer su valor numérico), debemos obtenerlos a partir de los valores numéricos que sí tenemos, de modo que podemos quitar (de momento), todas las letras, y dejar solo los números.

Nos queda así un conjunto de números colocados en filas y columnas; cada fila contiene los números correspondientes a una de las ecuaciones del sistema, sus coeficientes numéricos, despojados temporalmente de las "letras (incógnitas)" que los acompañan; (nos las arreglamos para que en el segundo miembro quede solo un número).

A esa tabla numérica se le llama "matriz"; a continuación elegimos las operaciones convenientes, que podemos ir aplicando a los números (siempre respetando la "regla de compensación"), con el propósito expreso de reducir a cero todos los números correspondientes al primer miembro de una ecuación salvo uno, de modo que en esa ecuación, si volviéramos a poner las letras, todas las incógnitas salvo una se eliminarían, al ser cero sus coeficientes, y así obtenemos el equivalente a una ecuación de una sola incógnita; reiterando el proceso en toda la matriz se van obteniendo los valores de todas las incógnitas.

Este método resulta muy útil para resolver sistemas grandes, usando ordenadores programados para efectuar las operaciones de eliminación con mucha rapidez.

Además de permitir hallar los valores desconocidos de magnitudes, la forma y estructura de las ecuaciones, permite entender mejor las estructuras que existen en la naturaleza, los procesos que acontecen en ella, y las leyes físicas que gobiernan esos procesos, pues las ecuaciones son una representación simbólica de tales estructuras, procesos y leyes.

### ¿Qué es una función?

Como vimos antes, (y daremos aquí un repaso a lo explicado arriba), para calcular el área de un cuadrado basta con multiplicar el valor de la longitud de un lado por sí mismo, ya que en el caso del cuadrado "largo" y "ancho" son iguales: LARGO x ANCHO = LADO x LADO.

Esto nos sirve para ilustrar el concepto general de función: en el caso del cuadrado el valor de su superficie depende, o está en función del valor de la longitud del lado.

A veces se dice que una "función" en matemáticas, es una regla que permite calcular el valor de una magnitud, a partir de los diferentes valores que pueda ir tomando otra magnitud u otras magnitudes con las que está relacionada y de las que depende.

O una "aplicación" que asigna a cada elemento de un conjunto un elemento de otro conjunto: Por ejemplo, en el caso del cuadrado, podemos pensar en el conjunto de todos los valores posibles que puede tomar el lado, y en otro conjunto que es el conjunto de todos los posibles valores que toma el área; cada elemento del primer conjunto (los lados) corresponderá a un elemento del segundo conjunto (las áreas); habrá por tanto una correspondencia biunívoca (uno a uno) entre los dos conjuntos.

La dependencia funcional se puede representar en una gráfica:

Podemos trazar dos ejes perpendiculares entre sí, uno horizontal y otro vertical, que se cortan en un punto al que llamamos origen; hacemos unas marcas equidistantes en cada uno de estos ejes y las numeramos, como una regla de medir longitudes.

En el eje horizontal marcamos los valores que puede tomar una de las magnitudes de la "función", y entonces marcamos en el eje vertical el valor que toma la otra magnitud para cada valor de la primera; trazamos líneas perpendiculares desde cada punto del eje horizontal y del vertical, y unimos con una línea continua todos los puntos de intersección; esa línea es la gráfica de la función; nos muestra, en cada intervalo de posibles valores, si la magnitud representada en el eje vertical crece o decrece, y en qué proporción lo hace, al ir variando el valor de la magnitud representada en el eje horizontal.

En el estudio del mundo natural, la dependencia funcional de unas magnitudes respecto a otras, puede tomar muchas formas, así que es fácil comprender que las gráficas que representan esos procesos podrían, en principio, ser de formas muy variadas, quizá infinitas.

Sin embargo, toda esa rica variedad, comparte rasgos en común, que permiten agrupar las funciones matemáticas que representan o modelan esos procesos, en clases muy generales.

Por ejemplo en muchos procesos del mundo natural, se da lo que se llama un crecimiento (o a veces decrecimiento) exponencial; un ejemplo puede ser la formación de un organismo pluricelular a partir de una célula original; la célula se divide en dos, y cada nueva célula se sigue dividiendo en dos, de modo que primero pasamos de una a dos, después de dos a cuatro, entonces de cuatro a ocho, dieciséis, treinta y dos, sesenta y cuatro……. y en poco tiempo tenemos billones de células; en el crecimiento exponencial el aumento puede parecer lento al principio, pero a cada nuevo paso el aumento se va haciendo muchísimo mayor, y un solo tipo de función matemática, la función exponencial, sirve para modelar y estudiar matemáticamente muchísimos fenómenos distintos.

En el mundo natural se dan también muchos procesos que se repiten de manera cíclica, o que oscilan, subiendo y bajando los valores de las magnitudes que los caracterizan; por ejemplo la propagación de una onda sonora a través del aire: un movimiento, como la vibración de nuestras cuerdas vocales, desplaza ligeramente las moléculas de aire que están en contacto con ellas, que a su vez desplazan a las contiguas, y así sucesivamente, de modo que a través del aire se propaga una onda de presión; la misma fórmula matemática, la fórmula de un oscilador, representa una amplia variedad de fenómenos cíclicos, vibratorios u oscilatorios: ondas sonoras, movimientos mecánicos variables, luz y otras ondas electromagnéticas, procesos atómicos y moleculares…..etc.

De modo que todo el trabajo matemático que se desarrolló, por ejemplo, desde la época de Newton y Leibnitz, para estudiar el movimiento planetario, o la vibración de una cuerda, después ha resultado ser útil, con las modificaciones adecuadas, para aplicarlo a la teoría cuántica y a las vibraciones de átomos y moléculas.

## El cálculo infinitesimal

Una de las "herramientas matemáticas" más potentes que utiliza la ciencia es el "cálculo infinitesimal", que consiste en dos partes íntimamente relacionadas, el "cálculo diferencial" y el "cálculo integral", derivadas e integrales, siendo una de las operaciones (hallar la derivada de una función), inversa de la otra (integrar una función, invirtiendo el proceso de derivación).

Sus raíces se remontan a la antigüedad; por ejemplo, como ya vimos antes, el método que se usaba para determinar el valor de $\pi$, aproximando el valor de la longitud de una circunferencia, por medio de inscribir en ella (y también circunscribir), polígonos con un número determinado de lados.

La primera aproximación podía ser un hexágono, y la longitud del lado del hexágono coincide exactamente con la longitud del radio de la circunferencia; por eso el primer número de $\pi$ es 3, puesto que el diámetro de la circunferencia, el doble del radio, es aproximadamente la tercera parte de su longitud; pero $\pi$ debe ser algo mayor que 3, ya que el perímetro del hexágono es algo menor que la longitud de la circunferencia.

Aumentando el número de lados del polígono inscrito, se pueden obtener aproximaciones cada vez más cercanas al verdadero valor de la longitud de la circunferencia, e ir obteniendo así valores más precisos de $\pi$, que irán añadiendo cifras decimales después de la coma del 3.

Pero no parece haber límite al número de lados del polígono que, en teoría, se podría inscribir, y por eso la cantidad de cifras decimales de $\pi$ es infinita.

Las circunferencias que trazamos son en realidad "polígonos" cuyo perímetro se aproxima mucho a la longitud de una verdadera "circunferencia matemática".

Un método semejante se podía utilizar para calcular áreas y volúmenes de figuras de cualquier forma posible, por irregular que pueda ser.

Medir el área de un campo perfectamente cuadrado, o rectangular, es fácil; solo hay que medir la longitud y la anchura y multiplicarlos.

Pero supongamos que un agricultor, que tiene que vender o comprar un campo, necesita saber cuánto mide, en metros cuadrados o en hectáreas, y la forma del campo es muy irregular.

Puede calcular su área inscribiendo en el campo rectángulos, pegados unos a otros, que pueden tener la misma anchura, pero diferentes longitudes; en las partes donde el campo se estreche las longitudes serán más cortas, y en las partes más amplias, las longitudes de los rectángulos inscritos serán más largas.

A continuación solo tiene que medir todas las longitudes, multiplicarlas por la base, y sumar las áreas de todos los rectángulos.

Si ha trazado rectángulos con una base relativamente ancha, por ejemplo de medio metro, obtendrá un valor de la superficie del campo muy aproximada, pero no exacta.

Pero si la base es de un milímetro, por ejemplo, aunque tendrá que medir las longitudes de muchos más rectángulos, obtendrá un valor prácticamente exacto.

Esta es la idea clave del cálculo infinitesimal. El estudio del mundo natural, de las formas geométricas irregulares que existen en él, por un lado, y de los múltiples procesos de cambio que acontecen, por otro lado, requiere utilizar este tipo de cálculo.

En realidad las dos cosas son equivalentes: un proceso de cambio, como por ejemplo, la velocidad a la que se mueve un planeta, o la velocidad de una reacción química, se puede representar gráficamente, tomando así el aspecto de una forma geométrica estática.

Se pueden trazar dos líneas rectas, dos ejes, perpendiculares entre sí (uno horizontal y otro vertical), que se cortan o intersectan en un punto; el eje horizontal puede representar el tiempo y el vertical la velocidad; graduamos los dos ejes con unas marcas a intervalos regulares, que representan los diferentes valores, de menor a mayor, que pueden ir tomando cada una de las dos magnitudes, la velocidad y el tiempo; y vamos indicando con un punto, que podemos situar por ejemplo a la derecha del eje "velocidad", y por encima del eje "tiempo", el valor de la velocidad en cada "instante" de tiempo, representado por la altura a la que situemos el punto frente al eje "velocidad", y por encima de la marca correspondiente a cada instante en el eje "tiempo", y unimos todos los puntos formando una línea; si, por ejemplo, la velocidad del proceso que se está estudiando, va decreciendo a un ritmo determinado, la gráfica se curvará hacia abajo, a medida que se avanza en el eje horizontal, es decir, a medida que transcurre el tiempo, y el grado de curvatura será tanto mayor cuanto más rápida sea la variación .

La tangente a la curva en un punto determinado (un instante determinado del eje "tiempo"), se inclinará más cuanto mayor sea la variación de la velocidad.

La gráfica es algo así como una "grabación cinematográfica" de todo el proceso, en la que estamos viendo todos los "fotogramas" a la vez, o para ser más exactos, es como si grabáramos a lo largo de todo el proceso los valores que indica el "velocímetro" junto a los que indica el "cronómetro".

Aunque, como hemos visto, las raíces del cálculo infinitesimal se remontan a tiempos antiguos, fue en la época de Newton y Leibnitz, cuando las investigaciones condujeron a su desarrollo.

Newton tuvo que hacer uso de este tipo de cálculo cuando descubrió las tres leyes del movimiento y la Ley de Gravitación Universal, y en los siglos que siguieron, las necesidades de la ciencia impulsaron un desarrollo aún mayor de estos métodos matemáticos.

El cálculo diferencial permite hallar el ritmo de cambio, o tasa de cambio, del valor de una función determinada, cuando el valor de la variable (o variables) de la que depende, experimenta un cambio infinitesimal.

Dicha "tasa de cambio" se obtiene sometiendo a la función a un proceso en tres pasos, que constituyen una especie de "receta", aplicable a todo tipo de funciones.

Los tres pasos de la "receta" son:

1- Se le suma a la variable un pequeño valor adicional; no hace falta especificar ningún valor particular; basta con sumar un símbolo que representa simplemente un incremento pequeño

2- Restamos a la expresión de la "función incrementada", la expresión de la "función original", y así obtenemos una expresión, que representa cuánto se ha incrementado la función al dar un pequeño incremento a la variable de la que depende; ese "incremento de la función" lo dividimos por el "incremento de la variable", y ese cociente representa en qué proporción cambia el valor de la función, cuando la variable experimenta un pequeño cambio

3- El último paso de la "receta" se llama "paso al límite"; ¿qué representa y cómo se hace?. Nos ayudará a entenderlo volver al ejemplo del agricultor midiendo el área del campo. Empezó usando rectángulos con una base demasiado ancha, y así obtuvo un valor aproximado; para obtener mejores aproximaciones tenía que usar más rectángulos, con una base más estrecha. Finalmente dio a las bases el valor más pequeño que le era posible medir con sus reglas: un milímetro; ese tamaño, a efectos prácticos, era lo bastante pequeño como para considerar el valor obtenido la mejor aproximación, prácticamente igual al valor real del área del campo. Un milímetro es una longitud muy pequeña para nuestra escala, pero si lo comparamos con los "tamaños" del mundo microscópico y submicroscópico, de microbios, células, moléculas y átomos, es una longitud enorme. De igual manera, en una escala temporal, un segundo es para nosotros un intervalo de tiempo muy breve, pero es un "intervalo de tiempo enorme" en el mundo atómico y subatómico, donde los procesos acontecen en millonésimas de segundo, y a velocidades incluso mayores. Así pues, ¿a qué límite tenemos que reducir el incremento de la variable, para poder utilizar el cálculo diferencial en el estudio del mundo físico?. La respuesta es simple: no tenemos que especificar ningún valor particular; simplemente consideramos que el incremento de la variable (según está representado por el símbolo elegido para designarlo), se va haciendo cada vez más pequeño, tendiendo a cero, hasta que su valor se hace tan pequeño que podemos ignorarlo sin pérdida sensible, de modo que simplemente lo quitamos de la expresión obtenida, en todos los lugares en los que aparece, y quitamos todos los términos que vayan multiplicados por ese símbolo. La operación de "paso al límite" se hace, en cierto modo, con la mente. Es importante aclarar que, tal como se entiende hasta ahora, el "incremento de la variable" no llega a ser cero; si fuera así toda la expresión podría, tal vez, reducirse a cero, dejándonos sin nada con lo que seguir trabajando. Más bien se considera que se ha hecho tan pequeño que, a efectos prácticos, podemos ignorarlo y quitarlo de la fórmula.

La expresión obtenida al seguir los tres pasos de esa receta se llama "derivada" de la función original de la que hemos partido. Se considera que el valor de la función original tiende a ese límite, cuando el valor de la variable tiende a cero.

De manera resumida, se puede decir que hallar la "derivada" es hallar "el límite de la razón de incrementos", el límite al que tiende el cociente entre el incremento de la función y el incremento de la variable, cuando éste último tiende a cero.

En la práctica se han calculado las derivadas de las funciones elementales que aparecen con más frecuencia, y se han hecho tablas de derivadas, de modo que solo hay que consultar la tabla y usar la fórmula que necesitemos; no es necesario "aplicar la receta" si necesitamos una derivada que ya ha sido calculada.

Y cuando se tiene suficiente práctica, las derivadas de las funciones elementales o las más frecuentes, se graban en la memoria y ni siquiera hay que consultar las tablas.

Pero al principio, cuando se empieza a estudiar este tipo de cálculo, sí es importante ver cómo se obtienen las derivadas principales, para entender por qué las derivadas toman la forma que toman.

Un resumen breve descriptivo puede ser útil.

En aritmética, la operación más básica es la suma, sumar dos o más cantidades; la resta es la operación inversa de la suma; la multiplicación se puede considerar como una suma reiterada un número determinado de veces, aunque por supuesto resulta muy útil memorizar las tablas de multiplicar y utilizarlas de la forma adecuada para obtener el resultado de esa "suma reiterada" con más facilidad y rapidez; la división es la operación inversa de la multiplicación: por ejemplo, cinco por dos (o "cinco dos veces") es igual a diez, y si dividimos diez entre dos, invertimos lo que hemos hecho y recuperamos el cinco; pero también la factorización es una operación inversa de la multiplicación, una operación difícil, porque consiste en averiguar qué factores se han multiplicado para obtener el número que se nos da.

La potenciación es la multiplicación de un número por sí mismo un número determinado de veces, y la radicación es la operación inversa.

Vemos que, en cierto modo, todas las operaciones de la aritmética son "variaciones sobre un mismo tema": la operación básica de sumar.

Clasificar las funciones, considerándolas también como "variaciones sobre un mismo tema", puede resultar útil para entender su significado, memorizar, y entender la estructura que toma la "derivada" de cada una de ellas.

Desde luego las funciones matemáticas pueden tomar seguramente infinitas formas, pero, en general, se pueden considerar como diversas combinaciones de las funciones más elementales: si sumamos dos o más funciones (suma-resta) obtenemos una nueva función; lo mismo ocurre si multiplicamos dos o más funciones, o si dividimos una función entre otra, obteniendo una función que es un cociente de funciones.

Una potencia de la variable $"x"$ , es decir, "x" elevado a un número determinado, es una de las funciones elementales más usadas; y debido a que las dos funciones trigonométricas que se suelen usar más, el seno de un ángulo, y el coseno de un ángulo, son funciones periódicas o cíclicas, cuyos valores se vuelven a repetir cada vez que se recorre un ciclo completo de los valores de un ángulo, desde $0°$ hasta $360°$, se utilizan también mucho, puesto que en el mundo natural se dan muchísimos procesos cíclicos, oscilatorios y vibratorios, que por tanto se pueden modelar matemáticamente por esas funciones.

(En un triángulo rectángulo, a los dos lados que forman el ángulo recto se les llama "catetos", y al tercer lado "hipotenusa"; se define el seno de un ángulo como el cociente entre el cateto que está enfrente del ángulo (el "cateto opuesto") y la hipotenusa; el coseno es el "cateto contiguo" al ángulo, dividido por la hipotenusa; si pensamos en un triángulo rectángulo colocado dentro de una circunferencia, tomamos el radio como la hipotenusa, y le asignamos el valor "uno", es decir , lo tomamos como la unidad de longitud, las fórmulas del seno y el coseno se simplifican, pues asignamos a la hipotenusa que está en el denominador, el valor "1", de modo que el valor del seno es simplemente la longitud del cateto opuesto, y el del coseno la del cateto contiguo; a medida que el radio gira en la circunferencia, llega a ser la hipotenusa de triángulos rectángulos con diferentes valores de los "catetos", es decir del seno y el coseno; cada valor corresponde al ángulo que el radio forma con el diámetro en cada punto del recorrido; los valores se repiten cada vez que el radio completa una vuelta en la circunferencia).

La derivada de una suma de  diversas funciones de la misma variable es igual a la suma de las derivadas de cada una de ellas por separado (y lo mismo aplica a la resta de funciones o a una combinación de sumas y restas). Este resultado (que se obtiene aplicando la "receta"), es lógico y fácil de entender: al incrementar la variable en cada una de las funciones de la suma, cada función variará de una manera determinada dependiendo de su estructura, y la variación en cada una será su "aportación" a la "variación total" de la función formada por la suma de funciones; de modo que sumando todas las "aportaciones" (todas las derivadas de cada una de las funciones de la suma) obtenemos la derivada (la variación total) de la función formada por la suma.

La derivada de un producto de dos o más funciones se obtiene haciendo una suma de productos, en la que en cada término de la suma se multiplica la derivada de una de las funciones, por las otras sin derivar, y en cada sumando se deriva una función distinta, y se incluyen tantos sumandos como funciones hay en el producto.

Por ejemplo, si es un producto de dos funciones, la derivada del producto tendrá dos sumandos, cada uno de ellos siendo el producto de una función por la derivada de la otra; si el producto es de tres funciones habrá tres sumandos, y en cada uno se deriva solo una de las funciones y se multiplica por las otras; y así sucesivamente para el producto de cualquier número de funciones, como se ha explicado arriba.

La lógica de este resultado (que también se obtiene aplicando la "receta", como todas las derivadas), se puede comprender si recordamos que un producto o multiplicación es como una "suma reiterada", de modo que ocurre algo semejante a lo explicado sobre la derivada de una suma de funciones.

Supongamos que tenemos una función "$y$", que es el resultado de multiplicar dos funciones de la misma variable, a las que podemos llamar "u" y "v"; si solo diéramos un incremento a la variable en la función "$u$" y le aplicásemos todo el proceso de derivación obtendríamos la derivada de "$u$"; ahora podemos preguntar: ¿cuánto ha variado la función "$y$" al derivar solamente "$u$"?; el cambio que origina en el valor de "$y$", se obtiene a partir de la expresión que hayamos obtenido para la derivada de "$u$", pero como "$u$" está multiplicada por "$v$", siendo "$y$" el resultado de ese producto, la variación en"$y$" al derivar solo "$u$" , es la derivada de "$u$" , repetida "v" veces.

o sea, la derivada de "$u$" multiplicada por "$v$" sin derivar; pero en realidad queremos obtener la derivada del producto, y derivando solo "u" y multiplicando el resultado por "v", solo hemos obtenido la aportación de "u" al cambio en "y"; ahora tendremos que calcular la aportación de "v", haciendo lo mismo que hemos hecho, pero en este caso derivando solo "v", y multiplicando el resultado por "u" sin derivar; y finalmente sumando las dos aportaciones tendremos la expresión que nos permitirá calcular el cambio total que se produce en "y", al dar una variación infinitesimal a la variable, o sea la derivada del producto, la derivada de "y" con respecto a la variable; hay que que derivar *por separado*, tal como se ha explicado, cada una de las dos funciones del producto, porque son funciones *distintas* de la *misma* variable, por tanto cada una dará un resultado *diferente* al ser derivada, pero hay que sumar la aportación de cada una de ellas a la derivada total.

Una vez conocida la regla del producto, es fácil obtener la derivada de un cociente de funciones, porque podemos transformar el cociente en producto, pasando el denominador al otro miembro, o elevándolo a exponente negativo.

A partir de la regla del producto se puede obtener la derivada de una potencia, porque por ejemplo, el valor de $x^3$ se obtiene multiplicando "x" por sí misma tres veces, de modo que derivándola como si fuera el producto de "x por x por x" obtendremos 3 sumandos, y en cada uno de ellos se derivará una de las "x" y se dejarán las otras dos sin derivar; los tres sumandos serán iguales; la derivada de "x" con respecto a "x" es igual a uno; (es lo que se llama la derivada de la función idéntica, y como en ese caso la función es igual a la variable, es la propia variable "x" sin más, al aplicar los pasos del proceso de derivación resulta que en la "razón de incrementos" se obtiene: "incremento de x, dividido por incremento de x", que es igual a uno, y el límite al que tiende seguirá siendo uno); de modo que en cada uno de los tres sumandos, la "x" que se deriva se convierte en 1, y las otras dos "x" sin derivar, multiplicándose, dan como resultado $x^2$, y como tenemos tres sumandos iguales, el resultado final es $3x^2$.

Por tanto la derivada de una potencia es: "el exponente multiplicado por la base, elevada al exponente menos uno". Se puede obtener de otras maneras, por ejemplo utilizando la fórmula de la potencia de un binomio (una suma o resta de dos términos), y se obtiene el mismo resultado.

Las derivadas del seno y el coseno son fáciles de recordar; la derivada del seno es igual al coseno, y la derivada del coseno es igual al "menos seno" (o sea, el seno pero con signo negativo); se obtienen aplicando el proceso de derivación en tres pasos, a ciertas fórmulas trigonométricas.

La lógica del resultado se comprende bien si imaginamos un triángulo rectángulo; si hacemos que la hipotenusa gire y se eleve un poco, aumentando así el valor del ángulo que forma con el cateto contiguo (que es el coseno), cambia el valor del ángulo, y por tanto también el del seno y el coseno; como hemos elevado un poco la hipotenusa, para "construir" el nuevo triángulo, tendremos que trazar una línea desde el extremo superior de ésta, hasta la base del triángulo, perpendicular a dicha base; esa línea será el seno del ángulo en el nuevo triángulo, puesto que es el cateto que está enfrente del ángulo formado por la hipotenusa y el cateto contiguo; la longitud del seno del nuevo ángulo será algo mayor que la del seno del ángulo anterior, mientras que la del coseno se reducirá, y en la misma proporción; el seno es perpendicular al coseno, puesto que es un triángulo rectángulo; si desde el extremo superior del seno, el punto en que se une con la hipotenusa, trazamos una línea perpendicular a ésta (a la hipotenusa), el ángulo que forma el seno con esa nueva línea será igual al ángulo formado entre el coseno y la hipotenusa, pues las dos líneas entre las que se encuentra son perpendiculares, una al coseno y otra a la hipotenusa, de modo que la inclinación respectiva que guardan entre sí es la misma; pero como la línea perpendicular al coseno es precisamente el seno, este segundo ángulo tiene el mismo valor que el primero, pero ahora el seno es contiguo a él, y por tanto desempeña el papel del coseno con respecto a él.

Eso permite comprender por qué la derivada del seno es el coseno y la del coseno es el "menos seno": el seno del ángulo aumenta proporcionalmente, a expensas de la disminución del coseno.

## Repaso general y uso de fórmulas

El valor numérico de unas magnitudes depende del valor numérico de otras con las que guardan una determinada relación.

Si conocemos cual es esa relación podemos expresarla en forma abreviada con un conjunto de símbolos a los que asignamos un significado determinado

Hay relaciones geométricas y relaciones aritméticas; las relaciones cuantitativas entre las partes de una estructura geométrica se pueden expresar como relaciones aritméticas, y también ocurre lo contrario

Como al estudiar cualquier estructura, unas partes guardan relación con otras, se puede decir que los valores de una están en función o dependen de los valores de otras; si se conoce la forma de las relaciones entre las diversas partes de una estructura, la forma de la dependencia funcional entre unas y otras, se puede deducir el valor numérico de unas a partir del valor de las otras

En "geometría" (palabra que significa "medición de la tierra"), por ejemplo, el valor del área de un campo, o del volumen de una caja, dependen del valor de los lados del campo o de la caja

En el estudio del movimiento (de los procesos de cambio), la velocidad, por ejemplo, se determina conociendo la distancia recorrida en un intervalo de tiempo

Hay formas geométricas cuya "regularidad" permite hallar unos valores que la caracterizan, a partir de otros de los que dependen, de una manera relativamente sencilla, pues la relación o dependencia funcional es sencilla

Pero cuanto más irregular es una forma geométrica esto se hace más difícil, lo que ha llevado a desarrollar métodos para tratar esas formas geométricas más irregulares: la idea clave es aproximar su valor a partir de "formas regulares" que se aproximen a la forma irregular

Cuando un móvil cambia de velocidad, deja de tener un movimiento rectilíneo y uniforme, al acelerar o decelerar, o al cambiar la dirección de su movimiento; el valor numérico de ese cambio se puede representar en un gráfico. El ritmo de variación "instantánea" de la velocidad de un móvil, se puede representar por la "rapidez" con que varía la "inclinación" de la tangente a la curva que representa los valores de la velocidad en cada "instante", la "inclinación mayor o menor" que experimenta dicha tangente al pasar de un "valor instantáneo" de la velocidad al siguiente valor, valores que en la gráfica corresponden a los "puntos" consecutivos que forman la gráfica curva; la altura de cada "punto" de la curva representa el valor de la velocidad en cada "instante"; al pasar de un "punto" al siguiente, la tangente se inclinará más o menos, dependiendo de si el "cambio de velocidad" o "aceleración instantánea" es mayor o menor

La clave de los métodos del cálculo infinitesimal, se basa en el hecho de que una "forma geométrica" (que también puede considerarse como una representación gráfica de procesos físicos de cambio), por irregular que sea, se puede considerar "compuesta" o "formada" por "figuras regulares", si las hacemos o consideramos del tamaño lo suficientemente pequeño, como se ilustra en el ejemplo del cálculo del área de un campo de forma irregular

Para poner esto en práctica se siguen tres pasos fundamentales; una expresión matemática que tiene, por ejemplo, esta forma:

$$y = 5x + 2$$

contiene dos variables y dos constantes; las constantes son el 5 y el 2, y las variables están representadas por la "y" y la "x".

Decimos que "y" es una función de "x", pues los valores numéricos que tome la variable "y", dependen de los que tome la variable "x", y por este motivo se llama a la "x" variable independiente; en cambio los valores que tome "y" dependen de los que tome "x"

Las funciones de "x" pueden tomar muchas formas distintas, por ejemplo:

$$y = 10 + \frac{x}{2}$$

$$y = \sqrt{x}$$

$$y = x^2 - 4;$$

y muchas otras formas

Se expresan todas, tengan la forma que tengan, como:

$$y = f(x)$$

"y" es una función cualquiera de "x", "y" es igual a "f" de "x"

Para calcular como varía el valor de la función "y", para variaciones infinitesimales del valor de "x", se hace sobre el papel algo parecido a lo que hicimos para hallar el área del campo de forma muy irregular; se inscriben dentro del campo un conjunto de figuras regulares juntas, como los rectángulos de diferentes alturas, de tal forma que se aproximen a la forma del campo, y después podemos aproximarnos progresivamente cada vez más, inscribiendo rectángulos cada vez más estrechos, y que se aproximen tanto a los bordes del campo, que la suma de todas sus áreas (que podemos calcular multiplicando la base por la altura), prácticamente equivale al área real del campo

Veamos cómo funciona esto para cualquier función de "x":

1- Damos a la función un pequeño incremento (un pequeño aumento de su valor), que representamos con el símbolo "$\Delta y$", por medio de dar un pequeño incremento a la variable "x":

$$y + \Delta y = f(x + \Delta x)$$

2- Restamos la función original de la función incrementada, para obtener el valor que se ha añadido a "y" al dar al valor de "x" un pequeño aumento:

$$y + \Delta y - y = f(x + \Delta x - x)$$

Como se ve, restamos, miembro a miembro, la función original: $y = f(x)$

Y como en el primer miembro de la ecuación la "y" que suma se cancela con la "y" que resta, y lo mismo ocurre en el segundo miembro con la "x", nos queda:

$$\Delta y = f(\Delta x)$$

3- Dividimos el incremento de la función por el incremento de la variable independiente, para calcular la proporción en que varía "y" al dar un pequeño incremento a "x":

$$\frac{\Delta y}{\Delta x}$$

y a continuación, como si estuviéramos llevando a cabo un proceso de aproximaciones sucesivas cada vez más precisas, haciendo el incremento de "x" cada vez más pequeño, escribimos una expresión que representa el valor límite al que llegaría "y", cuando "$\Delta x$" tuviera lo que podríamos llamar "su valor más pequeño posible", o como se expresa habitualmente, un "valor infinitesimal"

Esta operación se llama "paso al límite", y se expresa así:

$$\lim_{\Delta x \to 0} \frac{\Delta y}{\Delta x} = \frac{dy}{dx}$$

"límite, cuando incremento de "x" tiende a cero, de la razón de incrementos (la razón entre el incremento de "y" y el incremento de "x", representada por el cociente $\frac{\Delta y}{\Delta x}$); ese límite es la derivada de la función con respecto a "x"; nos proporciona la expresión matemática adecuada para calcular el valor en que varía "y", a medida que "x" va variando por pequeños pasos infinitesimales; ese valor está expresado por el "cociente diferencial":

$$\frac{dy}{dx}$$

Y ahora que ya hemos visto cómo se aplica la "receta general", pero esta vez utilizando ya las fórmulas, vamos a ver un ejemplo práctico: la obtención de la derivada de un producto, que como vimos antes, puede utilizarse para obtener a partir de ella, otras derivadas, como la derivada de una potencia.

## Derivada de un producto de funciones

Supongamos que tenemos una función "y" que se puede expresar como el producto de dos funciones distintas de "x", a las que llamaremos "u" y "v".

De modo que:

$$y = u\,v\,; \quad u = f(x)\,; \quad v = F(x)$$

Damos a "x" un incremento "$\Delta x$" y obtenemos así las tres funciones incrementadas, pues cada una de ellas, al ser una función de "x", se incrementa en una cantidad determinada al incrementarse "x" :

$$y + \Delta y = (u + \Delta u)(v + \Delta v)$$

Hacemos la multiplicación de las expresiones entre paréntesis del 2º miembro de la ecuación, multiplicando cada término de un paréntesis, por cada término del otro:

$$y + \Delta y = u\,v + v\,\Delta u + u\,\Delta v + \Delta u\,\Delta v$$

Restamos la función primitiva: $y = u\,v$

$$y + \Delta y - y = u\,v + v\Delta u + u\Delta v + \Delta u\,\Delta v - u\,v$$

En el primer miembro de la ecuación la "y" con signo positivo se cancela con la "y" que resta, y lo mismo ocurre en el segundo miembro con el producto "u v", quedando:

$$\Delta y = v\,\Delta u + u\,\Delta v + \Delta u\,\Delta v$$

Dividimos los dos miembros de la ecuación por "$\Delta x$" para obtener el cociente de incrementos:

$$\frac{\Delta y}{\Delta x} = v\,\frac{\Delta u}{\Delta x} + u\,\frac{\Delta v}{\Delta x} + \frac{\Delta u}{\Delta x}\,\Delta v$$

Y pasando al límite, todos los cocientes de incrementos se convierten en las derivadas de esas funciones con respecto a "x":

$$\lim_{\Delta x \to 0} \frac{\Delta y}{\Delta x} = \frac{dy}{dx} = v\,.\,\frac{du}{dx} + u\,.\,\frac{dv}{dx} + \frac{du}{dx}\,.\,\Delta v$$

Fijémonos en el último término (o sumando) del 2º miembro de la ecuación: en los dos primeros sumandos las derivadas están multiplicadas por "v" y por "u" respectivamente. No hay razón para pensar que esos productos de una función por una derivada se anulen.

En cambio en el 3º sumando la derivada está multiplicada por "$\Delta v$", que al ser un infinitesimal tenderá a cero cuando "$\Delta x$" tienda a cero. Como consecuencia el producto $\frac{du}{dx}\,.\,\Delta v$ también tenderá a cero, por lo que una vez más podemos omitirlo sin pérdida sensible, y la ecuación queda así:

$$\frac{dy}{dx} = \frac{d(u\,v)}{dx} = v\,.\,\frac{du}{dx} + u\,.\,\frac{dv}{dx}$$

Como vemos se obtiene el resultado que consideramos en la sección "MATEMÁTICAS SIN FÓRMULAS", para la derivada de un producto, y la lógica del resultado la hemos analizado allí.

Ahora veremos un último ejemplo, que es sencillo, pero puede resultar muy útil a veces: la derivada de la función inversa

## Derivada de la función inversa

Supongamos que resolvemos una ecuación, $y = f(x)$ dada, y obtenemos: $x = F(y)$.

Las funciones "f" y "F" definidas de esta forma, se llaman "inversa" una de la otra:

$$f'(x) = \lim \frac{\Delta y}{\Delta x} = \lim \frac{1}{\frac{\Delta x}{\Delta y}} = \frac{1}{\lim \frac{\Delta x}{\Delta y}}$$

Pero: $\quad \lim \frac{\Delta x}{\Delta y} = F'(y)$. Sustituyendo pues, "y", por su valor $f(x)$, resulta finalmente:

$$f'(x) = \frac{1}{F'(y)} = \frac{1}{F'[f(x)]}$$

Cuando conociendo la derivada de la función $F(y)$, se desconozca la de $f(x)$, y se desee tener esta, bastará escribir la inversa de $F'(y)$, reemplazando en ella "y" por "$f(x)$".

## DERIVADAS Y ECUACIONES DIFERENCIALES

### Solución de ecuaciones diferenciales

Una ecuación diferencial es una ecuación que contiene derivadas, o sea expresiones diferenciales.

Veamos cómo hallar soluciones que satisfagan la ecuación diferencial.

La idea es encontrar métodos o tácticas (estrategias) para hallar soluciones a la ecuación diferencial

Las que pueden resolverse por métodos elementales son:

- Las lineales
- Las separables

Ecuaciones diferenciales de 2° orden (el mayor exponente que aparece es 2):

- Forma general:

$$\frac{d^2y}{dx^2} + a\frac{dy}{dx} + by = r(x)$$

(no homogénea: r (x) no es cero)

$$\frac{d^2y}{dx^2} + a\frac{dy}{dx} + by = 0$$

(homogénea [y lineal])

Siempre es posible encontrar una solución de la forma: $e^{\lambda x}$ , siendo $\lambda$ una constante adecuada

*Ejemplo*:

$$y_1 = e^{2x}$$

$$y_2 = e^{3x}$$

son dos soluciones

$$\frac{d^2y}{dx^2} - 5\frac{dy}{dx} + 6y = 0$$

Se eligen los coeficientes 5 y 6, porque, como veremos, dan las soluciones adecuadas

Solución 1:

$$y_{1=e^{2x}}$$

$$\frac{dy_1}{dx} = 2 \cdot e^{2x}$$

$$\frac{d^2y_1}{dx^2} = 4e^{2x}$$

$$\frac{d^2y_1}{dx} - 5\frac{dy_1}{dx} + 6y_1 = 4\,e^{2x} - 5 \cdot (2e^{2x}) + 6\,e^{2x} = e^{2x}(4 - 10 + 6) = 0$$

Solución 2:

$$y_2 = e^{3x}$$

$$\frac{dy_2}{dx} = 3\,e^{3x}$$

$$\frac{d^2y_2}{dx^2} = 9\,e^{3x}$$

$$\frac{d^2y_2}{dx^2} - 5\frac{dy_2}{dx} + 6y_2 = 9\,e^{3x} - 15\,e^{3x} + 6\,e^{3x} = e^{3x}(9 - 15 + 6) = 0$$

(se elige una exponencial porque su derivada es ella misma, y su derivación, por lo explicado aquí, siempre va a dar el mismo resultado, o un múltiplo de él, y esto permite sacar la exponencial como factor común; lo mismo ocurre para la segunda solución)

### Vamos a verlo con más claridad:

En la primera solución, la derivada de 2x es 2; la derivada de la exponencial es ella misma; $e^{2x}$ es una "función de función", porque $e^{2x}$ es una función de "x", pero a su vez, la expresión en el exponente: 2x, es otra función de "x" ella misma; por lo tanto hay que aplicar la regla de la cadena para derivarla:

$$e^{2x}$$

$$e^{u}$$

$$u = 2x$$

$$\frac{de^u}{du}\frac{du}{dx}$$

$$\frac{de^u}{du} = e^u$$

$$\frac{du}{dx} = \frac{d(2x)}{dx} = 2 \; . \; \frac{dx}{dx} + x \; . \; \frac{d(2)}{dx} = 2 \; . \; 1 + x \; . \; 0 = 2$$

[Puesto que $\frac{dx}{dx} = 1$, (derivada de la función idéntica), y $\frac{d(2)}{dx} = 0$, (derivada de una constante)]

$$\frac{de^u}{dx} = \frac{de^u}{du}\frac{du}{dx} = e^u \; . \; 2 = 2e^{2x}$$

Esto ilustra que siempre es posible hallar dos soluciones particulares, eligiendo adecuadamente los coeficientes constantes

Si la multiplicamos por una constante, la nueva función es también una solución:

$$y_3(x) = c\, y_1(x), \quad c\text{: una constante}$$

$$\frac{dy_3}{dx} = \frac{d(cy_1)}{dx} = c\,\frac{dy_1}{dx}$$

$$\frac{d^2y_3}{dx^2} = c\,\frac{d^2y_1}{dx^2}$$

Por tanto:

$$\frac{d^2y_3}{dx^2} + p(x)\frac{dy_3}{dx} + q(x)y_3 = c\left[\frac{d^2y_1}{dx^2} + p(x)\frac{dy_1}{dx} + q(x)y_1\right] = 0$$

Puesto que la expresión entre corchetes es cero, como se vio antes

$y_1$ e $y_3$   no se consideran diferentes porque cada una es sencillamente un múltiplo de la otra: son "linealmente *dependientes*"

En general, dos funciones "$y_1$" e "$y_2$" lo son, si:

$$a_1 y_1(x) + a_2 y_2(x) = 0$$

Si $a_1$ y $a_2$ no son ambos cero.

Si solo se cumple cuando $a_1 = a_2 = 0$, son "linealmente *independientes*", y ninguna es múltiplo de la otra.

### **Principio de superposición:**

Cualquier combinación lineal de dos soluciones de una ecuación lineal homogénea, es también solución:

Combinación lineal:

$$y = c_1 y_1 + c_2 y_2$$

$c_1$ , $c_2$: constantes arbitrarias

$$\frac{dy}{dx} = c_1 \frac{dy_1}{dx} + c_2 \frac{dy_2}{dx}$$

$$\frac{d^2 y}{dx^2} = c_1 \frac{d^2 y_1}{dx^2} + c_2 \frac{d^2 y_2}{dx^2}$$

Sustituyendo las expresiones para las derivadas primera y segunda en la fórmula general:

$$\frac{d^2 y}{dx^2} + p(x) \frac{dy}{dx} + q(x)y = 0$$

$$\left(c_1 \frac{d^2 y_1}{dx^2} + c_2 \frac{d^2 y_2}{dx^2}\right) + p(x)\left(c_1 \frac{dy_1}{dx} + c_2 \frac{dy_2}{dx}\right) + [q(x)](c_1 y_1 + c_2 y_2) = 0$$

Haciendo las multiplicaciones para quitar paréntesis y corchetes:

$$c_1 \frac{d^2 y_1}{dx^2} + c_2 \frac{d^2 y_2}{dx^2} + p(x)c_1 \frac{dy_1}{dx} + p(x)c_2 \frac{dy_2}{dx} + q(x)c_1 y_1 + q(x)c_2 y_2 = 0$$

Recolocando los términos de la suma para agrupar juntos los que van multiplicados por $c_1$ y después los que van multiplicados por $c_2$:

$$c_1 \frac{d^2 y_1}{dx^2} + p(x)c_1 \frac{dy_1}{dx} + q(x)c_1 y_1 + c_2 \frac{d^2 y_2}{dx^2} + p(x)c_2 \frac{dy_2}{dx} + q(x)c_2 y_2 = 0$$

Y sacando factor común:

$$c_1[forma\ general] + c_2[forma\ general] = 0$$

$$(\ forma\ general = \frac{d^2 y}{dx^2} + p(x)\frac{dy}{dx} + q(x)y = 0\ )$$

No se cumple para ecuaciones no homogéneas, o/y no lineales

Pero sí es la solución general, aunque $y_1$ e $y_2$ sean linealmente independientes, pues en tal caso los coeficientes $a_1 = a_2 = 0$, o ($c_1 = c_2 = 0$), también dan como resultado cero al multiplicar por las expresiones entre corchetes

Solución general:

$$\frac{d^2 y}{dx^2} + p(x)\frac{dy}{dx} + q(x)y = 0$$

Tiene la forma general de la ecuación de 2° grado, aunque con diferenciales:

$$ax^2 + bx + c = 0$$

Cuya solución es:

$$x = \frac{-b \pm \sqrt{b^2 - 4ac}}{2a}$$

Expresión que representa las dos soluciones posibles, según el signo que se use ante la raíz cuadrada:

$$x_1 = \frac{-b + \sqrt{b^2 - 4ac}}{2a}$$

$$x_2 = \frac{-b - \sqrt{b^2 - 4ac}}{2a}$$

Ya hemos visto que:

$$y = e^{\lambda x}$$

es solución, si:

$$e^{\lambda x}(\lambda^2 + a\lambda + b) \rightarrow (\lambda^2 + a\lambda + b) = 0$$

$$(\lambda^2 + a\lambda + b) = 0$$

es la "ecuación característica" o "ecuación auxiliar" de la ecuación diferencial, y al tener la forma de la ecuación de 2° grado:

$$ax^2 + bx + c$$

Con $a = 1$, $\lambda = x$, $a = b$, y $b = c$ , es decir, haciendo esas sustituciones, se pueden dar 3 casos de soluciones, dependiendo del valor (o forma) del discriminante (la expresión bajo la raíz en la fórmula de la solución de la ecuación de 2° grado)

$$a^2 - 4b > 0$$

$$a^2 - 4b = 0$$

$$a^2 - 4b < 0$$

Esto corresponde a la expresión: "$b^2 - 4ac$", de la fórmula de la solución de la ecuación de 2° grado, al hacer las sustituciones: $b \to a$, $a \to 1$, $c \to b$

Si ponemos que "b" es "$a$" $= 1 = c$ en la "ecuación característica", y "$x \to \lambda$":

$$x = \frac{-b \pm \sqrt{b^2 - 4ac}}{2a} \quad \to \quad \lambda = \frac{-b \pm \sqrt{a^2 - 4b}}{2}$$

y los posibles valores de "$\lambda$" son:

$$\lambda_1 = \frac{1}{2}\left(-a + \sqrt{a^2 - 4b}\right)$$

$$\lambda_2 = \frac{1}{2}\left(-a - \sqrt{a^2 - 4b}\right)$$

## Soluciones particulares:

Por el principio de superposición, se puede considerar:

$$y(x) = c_1 y_1(x) + c_2 y_2(x)$$

una forma de expresar la solución general

Las dos constantes arbitrarias $c_1$ y $c_2$, se determinan normalmente en aplicaciones físicas por dos condiciones (al ser dos las constantes), de alguna de las 2 maneras siguientes:

1- **Condiciones iniciales**: Se especifican los valores de la función $y(x)$ y también de su derivada $y'(x)$, para algún valor de "x":

$y(x_0) \rightarrow$ *condición o valor inicial del que se parte*

$y'(x) = y_1$

*Ejemplo:*

Resolver el problema de valor inicial:

$$y'' + y' - 6y = 0$$

Fijamos $y(0) = 0$, $y'(0) = 5$, (según la naturaleza y lo que sepamos del problema a tratar)

*Ecuación característica*:

$$\lambda^2 + \lambda - 6 = 0$$

*Factorizada*:

$$(\lambda - 2)(\lambda + 3) = \lambda^2 + 3\lambda - 2\lambda - 6 = \lambda^2 + \lambda - 6$$

Para que sea cero debe cumplirse: $\lambda_1 = 2$, $\lambda_2 = -3$

Obtenemos así sus valores:

$$\lambda^2 + \lambda - 6$$

(1): $2^2 + 2 - 6 = 4 + 2 - 6 = 6 - 6 = 0$

(2): $-3^2 + (-3) - 6 = 9 - 3 - 6 = 6 - 6 = 0$

**Solución general:**

$$y(x) = c_1 e^{2x} + c_2 e^{-3x}$$

Pues: $y_1 = e^{\lambda_1 x}$, $y_2 = e^{\lambda_2 x}$

*Derivada primera*:

$$y'(x) = 2\,c_1 e^{2x} - 3\,c_2 e^{-3x}$$

(usando la regla de la cadena, pues hay que derivar "función de función", obtenemos el producto de las derivadas; las exponenciales permanecen; la derivada de:

$2x$ *es* $2$ *y la de* $-3x$ *es* $-3$)

Entonces:

$y(0) = 0 = c_1 + c_2$ (para $x = 0$, *las exponenciales $e^0 = 1$,*

en la solución general: $y(0) = c_1 e^o + c_2 e^0 = c_1 + c_2$ )

*Derivada primera:*

$$y\,'(0) = 5 = 2\,c_1 - 3\,c_2$$

(pues:

$$y'(0) = 2c_1 e^{2x} - 3c_2 e^{-3x} = 2c_1 e^0 - 3c_2 e^0 = 2c_1 - 3c_2 \quad )$$

Y como hemos fijado como condición inicial:

$$y'(0) = 5$$

debe cumplirse:

$$c_1 = 1, \qquad c_2 = -1$$

de modo que:

$$y'(0) = 2c_1 - 3c_2 = 2 - (-3) = 2 + 3 = 5$$

Sustituyendo en la Solución General, la solución del problema de valor inicial es:

$$y(x) = e^{2x} - e^{-3x}$$

Las condiciones iniciales se asocian normalmente con aplicaciones en dinámica, siendo "x", la variable "tiempo": cómo evoluciona el sistema en el tiempo para los valores iniciales fijados.

## 2- Condiciones de contorno:

En muchas aplicaciones, la situación física se determina por el valor de y(x) en la frontera del sistema

*condiciones de contorno:*

$$y\,(x_1) = y_1, \qquad y(x_2) = y_2$$

$x_1$ y $x_2$ *son los extremos del intervalo* $x_1 \leq x \leq x_2$, en el cual está definida la ecuación diferencial

### *Ejemplo:*

$y'' - 2\,y' + 2\,y = 0$, en el contorno $y(0) = 1$, $y\left(\pi/2\right) = 2$

$y'' - 2\,y' + 2\,y = 0$; *ecuación característica:*$\lambda^2 - 2\lambda + 2 = 0$

$(\lambda^2 + a\lambda + b = 0, \quad b = a = c = 1)$

Las raíces son:

$$\lambda = \frac{1}{2}\left(2 \pm \sqrt{4-8}\right)$$

De acuerdo con:

$\lambda_1 = \frac{1}{2}\left(-a + \sqrt{a^2 - 4b}\right)$ , $\lambda_2 = \frac{1}{2}\left(-a - \sqrt{a^2 - 4b}\right)$,

como en $\lambda^2 - 2\lambda + 2 = 0$ , el 2 tiene signo negativo, en las expresiones "$-a$", cambia a positivo; y dentro del radical $\sqrt{a^2 - 4b}$ es $\sqrt{4-8}$, pues $a = -2, a^2 = 4$ , y, $4b = 8$, pues $b = 2$

$\lambda_1 = 1 + i$; $\lambda_2 = 1 - i$; pues $\sqrt{4-8} = \sqrt{-4}$; $\sqrt{-4} = \sqrt{4}\,i$

$$\lambda_1 = \frac{2 + \sqrt{4}\,.\,i}{2} = \frac{2 + 2\,i}{2} = \frac{2(1+i)}{2} = 1 + i$$

$$\lambda_2 = \frac{2 - \sqrt{4}.i}{2} = \frac{2 - 2i}{2} = \frac{2(1 - i)}{2} = 1 - i$$

Por tanto 2 soluciones independientes son :

$$y_1(x) = e^{\lambda_1 x} = e^{(1+i)x}$$

$$y_2(x) = e^{\lambda_2 x} = e^{(1-i)x}$$

linealmente independientes

La solución general:

$$y(x) = c_1 e^{(1+i)x} + c_2 e^{(1-i)x} = e^x \left( c_1 e^{ix} + c_2 e^{-ix} \right)$$

En forma trigonométrica, utilizando la relación:

$$e^{\pm ix} = \cos x \pm i \, sen \, x$$

tenemos:

$$
\begin{aligned}
y(x) &= e^x [c_1(\cos x + i \, sen \, x) + c_2(\cos x - i \, sen \, x)] \\
&= e^x [(c_1 + c_2) \cos x + i(c_1 - c_2) \, sen \, x] \\
&= e^x (d_1 \cos x + d_2 \, sen \, x)
\end{aligned}
$$

donde:

$$d_1 = c_1 + c_2$$

$$d_2 = i(c_1 - c_2)$$

son (nuevas) constantes arbitrarias.

### Ejemplo de problema de contorno:

$y'' - 2y' + 2y = 0$; fijamos los valores de la función en los

"extremos": $y(0) = 1$ , $y\left(\dfrac{\pi}{2}\right) = 2$

($y''$ significa la derivada segunda de "y", e $y'$ la derivada primera).

La ecuación es la resuelta en el ejemplo que aparece más arriba en el libro: (Volver a considerar su obtención, si es necesario)

$$y(x) = e^x(d_1 \cos x + d_2 sen\, x)$$

Aplicando las condiciones de contorno

1-  $y(0) = 1 = e^0(d_1 \cos 0^{\circ} + d_2 sen\, 0^{\circ}) = d_1,$

Pues  $\cos 0^{\circ} = 1$, $sen\, 0^{\circ} = 0$, $e^0 = 1$

2-  $y\left(\dfrac{\pi}{2}\right) = 2 = e^{\pi/2}\left(d_1 \cos {}^{\pi}/_2 + d_2 sen\, {}^{\pi}/_2\right) = d_2 e^{\pi/2}$

Pues:

$$^{\pi}/_2 = 90^{\circ}, \quad \pi = 180^{\circ},$$

$$2\pi = 360^{\circ}, \quad \cos 90^{\circ} = 0, \qquad sen\, 90^{\circ} = 1$$

$y\left(\dfrac{\pi}{2}\right) = 2 = d_2 e^{\pi/2}; \quad d_2 = \dfrac{2}{e^{\pi/2}} = 2e^{-(\pi/2)}$

$d_1 = 1;\quad d_2 = 2e^{-(\pi/2)},$ y la solución del problema de contorno es:

$$y(x) = e^x\left(\cos x + 2e^{-(\pi/2)} sen\, x\right)$$

*Esta es la solución del problema de contorno.*

En algunos casos, cuando en la ecuación diferencial hay parámetros por determinar, se necesitan una o más condiciones iniciales para especificar la solución.

Uno de los ejemplos más sencillos e importantes en ciencias físicas es:

$$\frac{d^2y}{dx^2} + \omega^2 y = 0$$

($\omega$, es un número real),

De solución general:

$$y(x) = c_1 e^{i\omega t} + c_2 e^{-i\omega y}$$

O la forma trigonométrica equivalente:

$$y(x) = d_1 \cos \omega x + d_2 \, sen \, \omega x$$

Utilizando las relaciones:

$$e^{i\omega t} = \cos \omega t + i \, sen \, \omega t$$

$$e^{-i\omega t} = \cos \omega t - i \, sen \, \omega t$$

$$y(x) = c_1(\cos \omega t + i \, sen \, \omega t) + c_2(\cos \omega t - i \, sen \, \omega t)$$
$$= (c_1 + c_2) \cos \omega t + i(c_1 - c_2) \, sen \, \omega t$$

Dónde:

$$c_1 + c_2 = d_1$$

$$c_1 - c_2 = d_2$$

Veamos ejemplos de esto:

Si $\omega$ es una constante dada, las dos condiciones iniciales o de contorno son suficientes.

Si $\omega$ es un parámetro por determinar es necesaria una condición adicional.

Cuando la situación física necesita que se cumpla una condición de contorno periódica (cíclica)

$$y(x) = (x + \lambda) = c_1 e^{i\omega(x+\lambda)} + c_2 e^{-i\omega(x+\lambda)}$$
$$= c_1 e^{i\omega x} e^{i\omega\lambda} + c_2 e^{-i\omega x} e^{-i\omega\lambda}$$

Donde hemos sustituido "$x$" por "$x + \lambda$" en la solución general, y teniendo en cuenta que:

$$e^{i\omega x} e^{i\omega\lambda} = e^{i\omega x + i\omega\lambda} = e^{i\omega(x+\lambda)} \;,y,\; e^{-i\omega x} e^{-i\omega\lambda} =$$
$$e^{-i\omega x + (-i\omega\lambda)} = e^{-i\omega x - i\omega\lambda} = e^{-i\omega(x+\lambda)}$$

La condición "$y(x + \lambda) = y(x)$", se cumple si "$e^{i\omega\lambda} = 1$", y "$e^{-i\omega\lambda} = 1$", simultáneamente, y esto ocurre si "$\omega\lambda$", es un múltiplo entero de $2\pi$:

$$\omega\lambda = 2\pi n \;; \quad n = 0,\; \pm1,\; \pm2,\; \pm3, \ldots \ldots$$

$$\omega_n = \frac{2\pi n}{\lambda}$$

(pues si "$e^{i\omega\lambda}=1$", $y$, "$e^{-i\omega\lambda}=1$", $y(x+\lambda) = c_1 e^{i\omega x} e^{i\omega\lambda} + c_2 e^{-i\omega x} e^{-i\omega\lambda} = c_1 e^{i\omega x} + c_2 e^{-i\omega x} = y(x)$ ).

Y las correspondientes soluciones son:

$$y_n(x) = c_1 e^{\left(2\pi n x / \lambda\right)i} + c_2 e^{-\left(2\pi n x / \lambda\right)i}$$

O en forma trigonométrica:

$$y_n = d_1 \cos \frac{2\pi n x}{\lambda} + d_2\, sen\, \frac{2\pi n x}{\lambda}$$

Las constantes $c_1$ y $c_2$ o $d_1$ y $d_2$ no están determinadas.

## El oscilador armónico

Es un cuerpo que se mueve en línea recta por la acción de una fuerza (oscilador armónico lineal simple).

La magnitud de la fuerza es proporcional al desplazamiento "x", con respecto al equilibrio (punto fijo 0); "k" es la constante de proporcionalidad (constante de la fuerza); el signo negativo se debe a que es una fuerza de recuperación hacia la posición de equilibrio (debido a la gravedad, muelle, fuerzas de elasticidad, etc.), y asegura que la fuerza actúa en dirección opuesta al desplazamiento:

$$F = -kx$$

Igualando con la otra expresión de fuerza de Newton:

$$F = m \frac{d^2 x}{dt^2}$$

(La fuerza es igual a la masa "m", multiplicada por la aceleración, que es la derivada segunda del espacio "x", con respecto al tiempo).

Igualamos las dos expresiones correspondientes a la "fuerza":

$$m \frac{d^2 x}{dt^2} = -kx$$

Haciendo las siguientes operaciones para dejar "cero" en el 2º miembro de la ecuación:

$$\frac{d^2x}{dt^2} = -\frac{kx}{m}$$

$$\frac{d^2x}{dt^2} + \frac{kx}{m} = 0$$

Y definiendo:

$$k/m = \omega^2$$

$$\frac{d^2x}{dt^2} + \omega^2 x = 0$$

Esta última ecuación obtenida es la forma estándar de una ecuación lineal homogénea con coeficientes constantes, ya estudiada al principio de esta sección sobre "ecuaciones diferenciales y sus soluciones", con solución general en forma trigonométrica:

$$x(t) = d_1 \cos \omega t + d_2 \, sen \, \omega t$$

Modela una gran cantidad de sistemas físicos: oscilaciones de una balanza de resorte (llamada entonces ley de Hooke), balanceo de un péndulo, oscilaciones de un trampolín o columpio, vibraciones atómicas, etc. (en moléculas de cristales)

$\omega$ es la velocidad angular, y multiplicada por el tiempo nos da el espacio recorrido, en grados o radianes, del proceso oscilatorio; si no es un movimiento lineal cíclico (de ida y vuelta), aunque éste sería representado por la misma ecuación y su gráfica.

**Problema de valor inicial:**

En el instante $t = 0$, $x(0) = A$, $x'(0) = 0$

Para el desplazamiento inicial:

$$x(0) = A = d_1 \cos 0^\circ + d_2 sen\ 0^\circ = d_1,$$

Pues en ese punto de la figura de un péndulo, o de cualquier oscilador, no hay velocidad (es el punto de partida), y $\omega t = 0$, $\cos 0^\circ = 1$, $sen\ 0^\circ = 0$

Para la velocidad (derivada primera de "x" con respecto a "t"):

$$x'(t) = -d_1\omega\ sen\ \omega t + d_2\omega \cos \omega t$$

$$x'(0) = -d_1\omega\ sen\ 0^\circ + d_2\omega \cos 0^\circ = d_2\omega = 0$$

La primera $\omega$ de cada sumando, aparece porque se deriva el producto $\omega t$; $\cos'x = -sen\ x$; $sen'x = \cos x$; $sen\ 0^\circ = 0$; $\cos 0^\circ = 1$

El espacio recorrido $\omega t$, "velocidad x tiempo", es cero al inicio en ese punto: $sen\ 0^\circ = 0$; $\cos 0^\circ = 1$, y la velocidad $x'(t) = x'(0)$, es cero ahí

Por tanto al inicio:

$$d_1 = A, \qquad d_2 = 0$$

$$x(t) = d_1 \cos\omega t + d_2 sen\omega t = A\ \cos\omega t + 0.\,sen\omega t = A\ \cos\omega t$$

(pues $d_1 = A$, y el 2° sumando se anula al multiplicarlo por 0)

A: (amplitud), desplazamiento máximo del cuerpo respecto al equilibrio

T. (periodo), tiempo necesario para una oscilación completa

$\tau = \dfrac{2\pi}{\omega}$, ya que $2\pi$ es la longitud completa de la circunferencia (un ciclo completo), por tanto $\omega\tau = 2\pi$, la velocidad angular por el periodo es igual al recorrido completo de un ciclo

$\nu$ (frecuencia): número de oscilaciones por unidad de tiempo

Por ejemplo: 2 oscilaciones o ciclos por segundo; el tiempo para una oscilación (periodo $\tau$), será entonces medio segundo, $\dfrac{1}{2}$ , de modo que como , para la unidad de tiempo elegida, un segundo, la frecuencia es 2 (ciclos), y el periodo (tiempo para un ciclo) es $\dfrac{1}{2}$ (seg.), la frecuencia es la inversa del periodo (en realidad, para cualquier "unidad" de tiempo elegida, aparecerá un "uno" en el numerador, y en el denominador, el número de ciclos realizados en tal unidad de tiempo: si la frecuencia fuese medio ciclo por segundo $\left(\dfrac{1}{2}\right)$, el periodo sería: $\dfrac{1}{1/2} = \dfrac{1}{1} : \dfrac{1}{2} = \dfrac{2}{1} = 2$, que, de nuevo es el inverso de la frecuencia)

$\nu = \dfrac{1}{\tau} = \dfrac{\omega}{2\pi}$; pues $\tau = \dfrac{2\pi}{\omega}$, y la frecuencia es su inversa

$\nu = \dfrac{1}{T} = \dfrac{\omega}{2\pi}$; $\qquad\qquad 2\pi\nu = \omega t \;\rightarrow\; frecuencia\ angular$

($\omega$ es la velocidad angular)

Como hemos definido:

$\dfrac{k}{m} = \omega^2$

$\omega = \sqrt{\dfrac{k}{m}}$ ; $\nu = \dfrac{\omega}{2\pi} = \dfrac{1}{2\pi}\,.\,\omega$

$$\nu = \frac{1}{2\pi}\sqrt{\frac{k}{m}}$$

Nos sirve para ver cómo se relaciona la frecuencia de oscilación con la constante de fuerza

Longitud de onda: distancia entre dos puntos de la gráfica que están en la misma fase (posición en un ciclo); el periodo transcurrido al completar un ciclo, es lógicamente:

$$\tau = \frac{2\pi}{\omega}$$

 pues:

$tiempo = \frac{espacio}{velocidad}$, por eso en el eje "t" de la gráfica, los intervalos son: $\pi/\omega$, $2\pi/\omega$, $3\pi/\omega$, ... ... ... $\rightarrow$

$longitud/velocidad$

## CONCLUSIÓN

Espero que la lectura y consideración de esta información te haya sido útil para ver la lógica que hay detrás del simbolismo matemático; cuando se comprende dicha lógica, las fórmulas y ecuaciones dejan de parecer un jeroglífico incomprensible e indescifrable, porque uno ahora "sabe leer ese lenguaje", y por tanto "entiende el significado", tal como cuando alguien aprende a leer lenguajes que utilizan otro alfabeto distinto al que se utiliza en el idioma que nosotros hemos aprendido desde niños, lo que llamamos nuestra "lengua materna", que dependerá del lugar del mundo en el que hayamos nacido, o en el que nos hayamos criado.

El simbolismo con el que se expresan las relaciones matemáticas, se puede considerar un lenguaje internacional, puesto que los libros y artículos de ciencia que usan matemáticas, aún si están escritos en otro idioma, usan en general los mismos símbolos en el mundo entero, de modo que el significado de las fórmulas y expresiones matemáticas puede ser entendido por todo el que haya aprendido el "lenguaje matemático" junto con su lógica; se puede decir que es el lenguaje internacional de la ciencia.

Además, de acuerdo con Galileo, es "el lenguaje de la naturaleza", y comprenderlo nos permite entender en todo su esplendor, la belleza y profundidad de las leyes universales, las que hacen posible la vida, y las muchas cosas de las que disfrutamos en nuestro hogar, la Tierra, cuando todo funciona adecuadamente.

Cómo un ejemplo del funcionamiento de las leyes más elementales, veamos las siguientes, que ya consideramos antes, pero ahora podemos ver su relación con la fórmula obtenida del oscilador armónico, lo que nos permitirá comprender la generalidad de esta fórmula, que se aplica tanto en física clásica, como en teoría cuántica, en la ecuación de Schrödinger :

### Los principios matemáticos

La velocidad se determina midiendo el espacio recorrido por unidad de tiempo: Si un coche recorre 180 Km en 2 horas, su velocidad promedio es de 180/2 = 90, 90 Km/h. La velocidad instantánea se obtiene midiendo el espacio recorrido en intervalos de tiempo cada vez más pequeños, hasta llegar al límite. Decimos que la velocidad instantánea es el límite, cuando el intervalo de tiempo tiende a cero, de la razón entre espacio y tiempo:

"velocidad = límite cuando incremento de t tiende a cero de incremento de x/incremento de t" o $v = dx/dt$

(límite cuando incremento de t tiende a cero de la razón entre incremento de x e incremento de t). En matemáticas esto se llama derivada. La velocidad por tanto es la derivada del espacio con respecto al tiempo, o sea la tasa de cambio del espacio recorrido a intervalos infinitesimales de tiempo. Este tipo de cálculo se conoce hoy como cálculo infinitesimal, que comprende cálculo diferencial y cálculo integral. Fue utilizado por Newton (e independientemente por Leibnitz) para analizar el movimiento.

A su vez la aceleración es el cambio de velocidad con el tiempo, o sea: aceleración = límite cuando incremento de t tiende a cero de incremento de v/ incremento de t, o $a = dv/dt$, es decir, la derivada de la velocidad respecto al tiempo, o la segunda derivada del espacio con respecto al tiempo (porque primero derivamos el espacio respecto al tiempo, para obtener la velocidad, y después volvemos a derivar para obtener la aceleración)

Ahora podemos escribir la 2ª ley de Newton (FUERZA = MASA x ACELERACIÓN) en forma diferencial:

$$F = m \, dv/dt$$

Esta expresión diferencial, se puede considerar como la diferencia entre los valores de la velocidad, cuando se mide entre dos intervalos de tiempo muy próximos:

$dv/dt$ = Velocidad final - velocidad inicial/tiempo final - tiempo inicial = V-Vo/T-To

En el cálculo infinitesimal, se considera que es el valor de la tasa de cambio en la velocidad, cuando el intervalo de tiempo se hace lo más pequeño posible, es decir cuando tiende a cero.

Cuando medimos la velocidad inicial y la velocidad final en dos puntos sumamente próximos, obtenemos la aceleración (o sea cambio de velocidad instantánea).

Al producto de la masa por la velocidad se le llama momento lineal, denotado habitualmente por p:

$$p = m \, v$$

de modo que podemos decir que la fuerza es la derivada del momento con respecto al tiempo:

$$F = dp/dt$$

(Se considera que la masa es una constante, de manera que en la variación del momento lo que varía es la velocidad).

Como puede verse, las magnitudes de velocidad, aceleración y fuerza se obtienen a partir de tres magnitudes fundamentales: el espacio, el tiempo y la masa (L, T, M), longitud, tiempo y masa.

Así: velocidad = L/T = L (T elevado a -1)

aceleración = (L/T)/T = L/ T elevado a 2 = L (T elevado a -2)

Fuerza = M (L/ T elevado a 2) = M L (T elevado a -2)

Estas expresiones indican lo que se conoce como el contenido dimensional de cada magnitud. Nos dicen en qué medida y relación contienen las magnitudes derivadas a las magnitudes fundamentales de longitud, tiempo y masa (L, T, M). A su vez, a partir de ellas se pueden construir otras magnitudes, como por ejemplo la energía, la acción y el momento angular.

Si aplicamos una fuerza a un objeto para moverlo realizamos un trabajo. El trabajo será tanto mayor cuanto mayor sea el espacio recorrido. Por tanto:

TRABAJO = FUERZA x ESPACIO

$$W = F . e$$

Le energía es la capacidad para producir trabajo, de modo que se define igual:

ENERGÍA = FUERZA x ESPACIO

$$E = F . e$$

A su vez la acción se define como la energía multiplicada por el tiempo durante el que actúa:

ACCIÓN = ENERGÍA x TIEMPO

Para los cuerpos que giran en torno a un centro conviene introducir otra magnitud llamada "momento angular". Es el producto del momento lineal por el radio de giro:

MOMENTO ANGULAR = MOMENTO LINEAL x RADIO

$$L = m . v . r = p . r$$

Introducimos estas tres nuevas magnitudes, porque los sistemas físicos cumplen tres leyes de conservación, que son fundamentales para entender el mundo:

Ley de conservación del momento lineal

Ley de conservación del momento angular

Ley de conservación de la energía

Imaginemos un conjunto de esferas de diferentes masas que se están moviendo en línea recta a diferentes velocidades, cerca unas de otras, pero en direcciones y sentidos distintos. Cada una lleva su propio momento lineal o cantidad de movimiento, que es el producto de su masa por su velocidad. Sumamos todos esos productos y obtenemos un número al que podríamos llamar momento lineal total del sistema. De acuerdo con la segunda ley de Newton, si al sistema no se le comunica ninguna fuerza adicional del exterior, no cambiará su momento lineal. Las esferas chocarán unas con otras y la velocidad de cada una individualmente puede variar. Las que tengan mucha cantidad de movimiento (mucha masa y mucha velocidad) pueden ceder parte de su cantidad de movimiento a las que tengan menos, ya que al chocar con ellas harán que su velocidad aumente, pero a cambio de ser frenadas un poco ellas mismas. Hay un intercambio o transmisión de cantidad de movimiento entre unas y otras, pero lo que unas pierden otras lo ganan, de modo que hay una compensación, de suerte que si volvemos a sumar la cantidad de movimiento de todas ellas, aunque los sumandos individuales varíen , la suma total será la misma que al principio. Esta es la ley de conservación del momento lineal.

Existe también una ley de conservación del momento angular, al que definíamos como el producto del momento lineal por la distancia al eje de giro o radio. Esta ley se cumple en los movimientos de rotación. En las rotaciones el efecto conseguido por una fuerza, no depende solo de la magnitud de la fuerza, sino también de su distancia (el punto donde la apliquemos) al eje de giro. Esto se observa en un ejemplo muy familiar, Si queremos hacer girar una puerta aplicamos sobre ella una fuerza a cierta distancia de las bisagras. Pero si acortamos la distancia al eje de giro, aplicando la fuerza sobre un punto más cercano a las bisagras, notaremos que tenemos que hacer más fuerza para conseguir la misma cantidad de giro. Conviene por tanto introducir, al estudiar el movimiento angular o de rotación, una magnitud a la que llamamos torque, que se define como el producto de la fuerza por el radio de giro:

$$TORQUE = FUERZA \times RADIO\ DE\ GIRO$$

$$T = F . r$$

Si aumenta el radio de giro, el torque será mayor y la aplicación de la fuerza será más efectiva. Así como el momento lineal varía si se aplica una fuerza, el momento angular varía si se aplica un torque. En ausencia de torque el momento angular no varía. Esta es la ley de conservación del momento angular. Explica muchas cosas. Por ejemplo, supongamos que alguien está girando con los brazos extendidos, sosteniendo un peso en cada mano. Si recoge los brazos hacia sí mismo su velocidad de giro aumentará; ¿por qué?; la fórmula del momento angular es:

$$L = m . v. r$$

No se ha aplicado ningún torque; el momento angular L por tanto no varía; de modo que si disminuimos el radio de giro r, la velocidad v tiene que aumentar para que el momento angular se conserve. El aumento de velocidad compensa la reducción del radio. Por eso una patinadora que está girando con los brazos extendidos, gira más deprisa con solo recoger los brazos. La conservación del momento angular explica que la Tierra tarde siempre el mismo tiempo en dar una vuelta alrededor de su eje, y así el día tenga siempre la misma duración; y lo mismo se puede decir de la duración del año, por citar un ejemplo más.

Ahora consideremos la tercera ley de conservación. Un cuerpo puede tener energía, o sea capacidad para realizar trabajo, si se está moviendo, porque puede golpear a otro y hacer que se mueva también, o si, aunque esté en reposo está colocado a cierta altura en un campo gravitatorio como el de la Tierra, porque si lo soltamos adquirirá una aceleración debida a la gravedad, que también puede usarse para realizar trabajo (como cuando se deja caer agua para hacer girar turbinas que generan electricidad). A la energía debida al movimiento se le llama energía cinética (del griego "Kineema": movimiento), y a la energía debida a la posición en el campo de gravedad se le llama energía potencial, porque es una energía en potencia, o sea latente, que puede reservarse, sin ser usada hasta que decidamos dejarlo caer. Calculemos la energía cinética en función de la velocidad.

Si un móvil parte del reposo su velocidad inicial es cero: Vo = 0, y llegará con una velocidad final V. La media entre la velocidad inicial y la final será por tanto :

$$\text{velocidad media} = (0 + V)/2 = \tfrac{1}{2} V \ (1)$$

El espacio recorrido será esa velocidad por el tiempo:

$$e = \tfrac{1}{2} V \cdot T \ (2)$$

La energía, según dijimos, es la fuerza por el espacio, de modo que la energía cinética será:

$$\text{Fuerza x espacio} = \text{masa x aceleración x espacio}$$

$$F \cdot e = m \cdot a \cdot e \ (3)$$

Como aceleración = velocidad/tiempo o a = v/t, podemos poner:

$$F \cdot e = m \cdot v/t \cdot e \ (4)$$

Sustituyendo ahora la expresión del espacio por la fórmula (2) obtenemos:

$$F \cdot e = m \cdot v/t \cdot \tfrac{1}{2} vt$$

y recolocando los términos y simplificando:

$$F \cdot e = \tfrac{1}{2} m v \cdot v \cdot t/t = \tfrac{1}{2} m v^2$$

De modo que la fórmula para la energía cinética en función de la velocidad es:

$$E = \tfrac{1}{2} m v^2$$

El uso de letras como abreviaturas, y signos de sumar, multiplicar y dividir, también nos permite ir más rápido, pero expresan las mismas ideas que cuando lo definimos con palabras.

Veamos ahora la relación entre estas dos formas de energía, cinética y potencial; consideremos el ejemplo de un columpio, como se representa esquemáticamente en el gráfico:

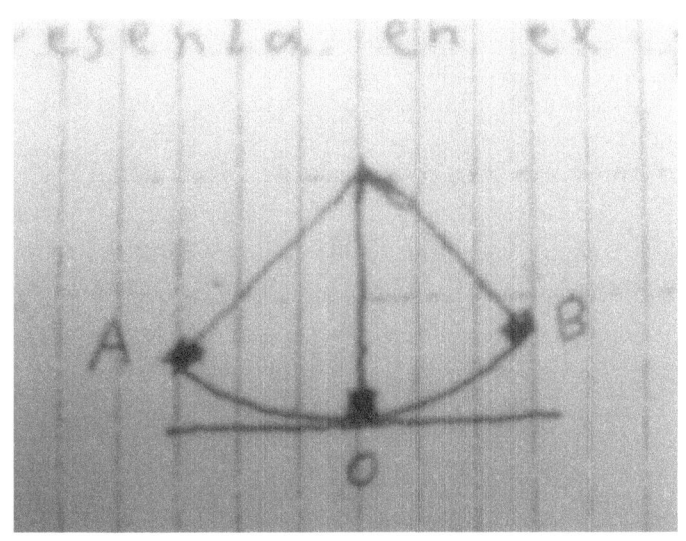

Primero tenemos que emplear nuestra energía muscular (que en definitiva se deriva de procesos químicos en nuestro cuerpo) para levantar el columpio hasta el punto A. La velocidad del columpio en ese punto es cero, de modo que no tiene energía cinética, pero ha adquirido una energía potencial por la altura a que ha sido elevado, Entonces lo soltamos y comienza a caer por acción de la gravedad. A medida que va ganando velocidad al caer, su energía cinética va aumentando, mientras que su energía potencial va disminuyendo conforme se reduce su altura. Al llegar al punto O, la energía potencial se ha reducido a cero y la energía cinética es máxima. El columpio empieza a ascender por el otro lado en dirección al punto B, y al hacerlo va perdiendo energía cinética pero de nuevo va ganando altura y energía potencial. Es como si la energía no desapareciese nunca, solo fuera cambiando de forma. Por eso en todo momento la suma de la energía potencial y la energía cinética permanece constante:

ENERGÍA POTENCIAL + ENERGÍA CINÉTICA = CONSTANTE

Sin embargo finalmente el columpio se para. ¿A dónde se ha ido la energía?. El columpio se detiene porque se va frenando por la fricción y rozamiento del enganche con el eje de giro y con el aire, pero si tocamos el enganche y el eje de giro notaremos que se han calentado con el rozamiento, y ese calor finalmente se transmite a las moléculas del aire y se disipa en ellas.

Empezamos empleando energía muscular de origen químico, la convertimos en energía potencial gravitatoria, que se fue transformando en energía cinética y viceversa, y finalmente terminamos con energía calorífica (o térmica). Este es un ejemplo del funcionamiento de una de las leyes más importantes de la física, la ley de conservación de la energía, que dice así: la energía ni se crea ni se destruye, solo se transforma.

Como puedes ver, una de las leyes más importantes del universo, la "ley de conservación de la energía", ilustrada aquí con el ejemplo del columpio, donde básicamente solo hay que considerar las dos formas más fundamentales que toma la energía, energía cinética y energía potencial, es una de las muchas aplicaciones de la última fórmula matemática cuya obtención hemos estudiado, la del "oscilador armónico": el "columpio" que ilustra la "ley de conservación de la energía", si sus oscilaciones son regulares, es un "oscilador armónico", y es la misma fórmula que se usa para representar matemáticamente muchos otros procesos del mundo físico, cómo las vibraciones y oscilaciones atómicas y moleculares, y en general todo proceso cíclico y periódico, y hay muchos ciclos en el Universo y en la Tierra.

Y cuando se modelan matemáticamente procesos que "oscilan", pero no de manera regular, cuyas representaciones gráficas son las de funciones con valores que suben y bajan, es decir con "máximos, mínimos y puntos estacionarios", pero con diferentes "alturas" en la gráfica correspondiente, la fórmula para cada función se puede obtener "sumando" los valores de las gráficas de "osciladores armónicos", cada uno de ellos con una "amplitud" (la "altura" de la gráfica ondulatoria) distinta, por medio de una "suma" de funciones trigonométricas, de "senos" y "cosenos", pues tales funciones "oscilan" en sus valores, y estos se vuelven a repetir cada vez que se hace un recorrido completo de los valores que puede tomar un ángulo, desde $0°$ hasta $360°$, o desde $0$ hasta $2\pi$ radianes; dicha "suma" es una "serie o expansión de Fourier".

Esto ilustra uno de los aspectos de las matemáticas que facilitan su estudio y comprensión: la generalidad que tienen, lo que permite modelar matemáticamente muchas estructuras o procesos en apariencia distintos, con la misma fórmula o expresión matemática.

La ecuación de Schrödinger de la teoría cuántica, cuya obtención ya consideramos antes en el libro, es también una ecuación de "oscilador amónico", pero no "clásico" sino "cuántico", puesto que se obtiene imponiendo la condición de "ondas confinadas", y eso da lugar a los valores discretos de la energía, como requiere la teoría cuántica.

En física clásica, la amplitud de una onda ε (x), se relaciona con el número de onda k por la ecuación diferencial:

$$(d^2 \, \varepsilon \, / \, dx^2) + k^2 \, \varepsilon = 0$$

(como ves, es una ecuación de oscilador armónico, pero que ahora cuantizamos, imponiendo la condición de De Broglie para ondas confinadas)

Como en la teoría cuántica "$p = \hbar \, k$", y por tanto "$k = p \, / \, \hbar$" la ecuación sería:

$$(d^2 \, \Psi / dx^2) + (\hat{p}^2 / \hbar^2) \, \Psi = 0$$

y como $\hat{p}^2 = 2 \, m \, (\hat{H} - V)$, sustituyendo obtenemos:

$$(d^2 \, \Psi \, / \, dx^2) + (2m \, / \, \hbar^2) \, \hat{H} \, \Psi = 0$$

que, pasando términos de un miembro a otro, se puede escribir en la forma:

$$\hat{H} \, \Psi = - \, ( \, \hbar^2 \, / \, 2 \, m) \, (d^2 \, \Psi \, / \, dx^2) + V$$

Así obtuvo una ecuación de onda que daba los valores correctos para la energía del electrón.

# EL UNIVERSO COMO UN COMPUTADOR CUÁNTICO

Las matemáticas parecen tener poder generador: la existencia y veracidad de las relaciones matemáticas parece ser una necesidad lógica, algo así como las "verdades necesarias" de las que hablan los filósofos; el famoso teorema de Gödel de la lógica matemática no contradice esto; por el contrario, más bien lo que demuestra es que la riqueza de las matemáticas parece ser infinita, y ningún sistema finito de axiomas (un sistema formal) es suficiente para derivar todas las verdades matemáticas.

Científicos como Eugene Wigner han expresado su asombro ante la "casi irrazonable efectividad de las matemáticas para describir el mundo físico". Einstein, Dirac, Roger Penrose y otros han manifestado pensamientos similares. Julian Barbour, John Barrow y algunos más, casi han llegado a sugerir que podríamos estar viviendo en el "mundo matemático" de Platón . Max Tegmark lo ha propuesto directamente.

Los científicos usan ahora los computadores para hacer simulaciones por ordenador de procesos físicos, como el tiempo atmosférico, el movimiento de los astros, el plegamiento de las proteínas, predicción de genes y muchas otras cosas, y esas simulaciones resultan muy útiles y precisas para calcular lo que ocurre realmente.

Parece que solo hay un paso muy corto desde ahí, a pensar que el Universo es realmente un gran computador.

Pero como ya expresara Richard Feynmann, si las leyes más básicas del Universo no son las leyes de la física clásica, sino las de la física cuántica (junto con la Relatividad), el Universo debería ser simulado, no por un ordenador clásico, sino por un ordenador cuántico.

Si la simulación fuese perfecta sería indistinguible del Universo real; de modo que el Universo tendría que ser considerado como un ordenador cuántico, y esto es lo que están proponiendo físicos y científicos que investigan en informática cuántica, pues, como ellos dicen: "la informática cuántica es mecánica cuántica"; en efecto un ordenador cuántico es un sistema que utiliza los "estados de superposición" típicos de la teoría cuántica antes de que se produzca la decoherencia, como "puertas lógicas". Las "puertas lógicas" son los circuitos eléctricos que un ordenador clásico usa para hacer sus computaciones; se les llama "puertas lógicas" porque son circuitos en los que entran, en forma de impulsos eléctricos, unos "datos" (información) determinados; según el "diseño" de cada circuito o "puerta lógica" la corriente eléctrica se encaminará o bifurcará por un lado o por otro, siendo así procesada (o sometida a un proceso), y saldrá por la parte del circuito a la que haya sido dirigida, con unos determinados valores u otros; el "microprocesador" del ordenador contiene muchos circuitos que además pueden ser remodelados o reconfigurados para hacer muchas cosas diferentes, dependiendo del "programa" que se utilice; según los valores de salida que tengan esos impulsos eléctricos, pueden hacer que cada punto de la pantalla del ordenador se ilumine con mayor o menor intensidad, y así aparezca en la pantalla una fotografía u otra, o hacer que las membranas de los altavoces vibren con diferentes frecuencias (con mayor o menor rapidez) y reproducir así el sonido; así es como un solo aparato sirve para hacer muchas cosas distintas, como ver imágenes y películas, escuchar música, escribir y muchas otras cosas; pero al descubrir la teoría cuántica, los científicos supieron que todo sistema físico, antes de ser sometido a la observación o a la medida, debe ser considerado como un conjunto de muchas posibilidades alternativas, aunque una vez que se interacciona con él al medirlo, tal vez solo una se manifiesta y se registra en los aparatos de medición; sin embargo, en condiciones muy especiales, y teniendo mucho cuidado, todo el inmenso conjunto de alternativas, que de alguna manera que se sigue investigando "están ahí", pueden usarse como "puertas lógicas"; al disponer de un número mucho mayor de tales "puertas lógicas" funcionando en paralelo (todas a la vez), la capacidad de un ordenador cuántico es muchísimo mayor.

El ingrediente más fundamental de la realidad podría ser el "qubit", o "bit cuántico", la unidad básica de información; y a nivel teórico, la informática cuántica está muy desarrollada. La dificultad para construir un ordenador cuántico se debe a que, según los conocimientos actuales, se requiere aislar el soporte físico para que la coherencia de las ondas cuánticas se mantenga el tiempo suficiente, sin ser afectada por el entorno. Esto solo se ha conseguido hasta ahora, a un pequeño nivel, en condiciones de alto vacío y temperaturas muy bajas.

Pero el entendimiento teórico ya puede ser útil para comprender mejor el Universo y sus procesos, pues todo lo que hemos relatado parece indicar que La Realidad se puede considerar como una inmensa red de intercambio de información, como Internet, pero mucho más complejo.

Entender cómo funciona esto ayudaría seguramente a entender muchos fenómenos que hoy todavía se consideran enigmáticos sobre el Universo, la realidad y la misma teoría cuántica.

Esto nos lleva a pensar de nuevo en lo que la teoría cuántica y la relatividad parecen decirnos sobre la naturaleza de la realidad, y daremos aquí un repaso:

En este sentido se podría considerar la teoría cuántica como un avance más en nuestro entendimiento de lo que es el "mundo", tal como se dijo de la teoría de la relatividad. Las dos nos permiten entender mejor como surgen en nuestra mente los conceptos de "espacio", "tiempo", "materia", "campo", "posición", "trayectoria", "partícula", "onda", las ideas que conforman nuestra concepción esencial del mundo.

### Interpretaciones de la teoría cuántica

Desde un principio se propusieron interpretaciones de la mecánica cuántica; ya hemos visto que Luis De Broglie sugirió que el electrón era una partícula real, cuyo movimiento era dirigido de alguna manera por una onda (teoría de la onda piloto); Einstein propuso que la incertidumbre cuántica tal vez solo lo era al nivel que se había llegado a estudiar, pero que a un nivel más profundo podían existir variables no descubiertas o variables ocultas, que regían el comportamiento de las partículas atómicas de una manera completamente determinista;

Bohr, por el contrario defendía que no había que buscar más, había que considerar el mundo atómico como distinto al mundo de la física clásica; como argumentaba Heisenberg, carecía de sentido intentar visualizar ese nivel de realidad, porque pudiera no ser visualizable, al ser más bien el conjunto de leyes y reglas matemáticas que da origen a nuestro nivel de realidad, nuestro mundo clásico perceptible; antes de hacer una medida con algún aparato detector, para conocer la posición de un electrón, este tenía que ser descrito por la función de onda, como una onda extendiéndose, pero una vez que el electrón era detectado en un lugar específico, había que considerar que la "onda desaparecía", pues nunca se la consideró una onda real, sino solo un instrumento de cálculo, un indicador de nuestro desconocimiento de la posición del electrón, que desaparecía en el momento en que dicha posición era detectada y por tanto conocida (de hecho se consideraba que la "posición del electrón" no existía, pues no se manifestaba en nuestro mundo de percepciones, hasta que era medida); esto se conoce como "colapso de la función de onda" (colapso que se produce en el momento de la medida), y a esta interpretación se la llamó "la interpretación de Copenhague", por el físico Niels Bohr. Predominó durante décadas y aún sigue siendo una de las interpretaciones que se consideran; pero desde un principio no satisfizo a todos, y hubo físicos que siguieron investigando sobre otras posibles interpretaciones; en la interpretación de Copenhague, si no podemos decir que la "posición del electrón", o el "electrón en un sitio", existen hasta que no son medidas, entonces hay que entender que antes de eso, lo que existe es una superposición de posibilidades, de todos los posibles lugares en los que puede ser hallado el electrón, posibilidades englobadas en la función de onda; pero las leyes cuánticas se deben aplicar igual a sistemas con más de un electrón; por ejemplo, un sistema de dos electrones tendrá que ser descrito por una única función de onda que incluya todas las posibles configuraciones en las que se podría hallar el sistema al ser observado, y tales configuraciones deben incluir no solo sus posibles posiciones, sino también otras variables como por ejemplo los espines, y de hecho todas las características del sistema estudiado; y por lo dicho antes habría que describir igual un sistema formado por miles o millones de átomos y moléculas, hasta incluso un organismo vivo; para poner de relieve lo paradójico que es esto, Schrödinger ideó un experimento mental: en un recinto o una caja cerrada hay un gato, y un dispositivo con un elemento radiactivo que tiene cierta probabilidad de desintegrarse espontáneamente; si se desintegra, el dispositivo está preparado para que accione un martillo que golpeará y romperá un recipiente que contiene un veneno que matará al gato: aplicando las reglas cuánticas de acuerdo con la interpretación de Copenhague, el sistema entero debe ser descrito por una "función de onda" que incluya todas las posibilidades, y hasta que no destapemos la caja y observemos si el gato está vivo o muerto, la única descripción del sistema que podemos hacer, es que se encuentra en una superposición de todas las posibilidades: el gato está vivo y muerto a la vez; el hecho de que sea el acto de observación el que haga que se reduzcan todas las posibilidades que coexisten, a una sola, llevó a algunos a pensar que podría ser la mente, al hacer una observación consciente, la que causa el colapso de la función de onda; con el tiempo fue posible reducir tanto la intensidad de la luz, que el experimento de la doble rendija se podía hacer enviando un solo fotón cada vez, fotón a fotón, y se puso de relieve, no solo la validez de la teoría cuántica, sino también lo paradójica que efectivamente es; cuando las dos rendijas están abiertas un fotón impacta en un punto de la pantalla detectora y pensamos que ha pasado por una sola de las rendijas; a medida que seguimos lanzando fotones estos van impactando en lugares específicos, pero no en otros, de forma que al final se forma el característico patrón de interferencia de franjas iluminadas y oscuras alternándose; ¿significa esto que cada fotón pasa por las dos rendijas a la vez e interfiere consigo mismo?; si se colocan detectores para saber por cual rendija pasa el fotón, entonces se observa que solo pasa por una, pero entonces ya no aparece al final el patrón de interferencia; al colocar un detector en la rendija, este interacciona con el fotón y altera el resultado final; parece que la teoría cuántica tiene una fuerte naturaleza holística: cuando se monta un dispositivo para hacer un experimento determinado, todo el montaje tiene que ser descrito por una determinada función de onda, pero si añadimos o cambiamos algo ya se trata de otro experimento diferente, que habrá que describir por una función de onda distinta, y el resultado será distinto; el hecho de que, lo que consideramos diferentes partes de un sistema, estén tan imbricados en la función de onda, hace que mantengan una especie de vínculo permanente que da lugar al fenómeno conocido como entrelazamiento cuántico, que fue indicado por Einstein, Podolsky y Rosen, y que se ha confirmado experimentalmente; En general no se duda de la validez de las leyes de la teoría cuántica, confirmadas por los experimentos, aunque se sigue buscando más comprensión; hay problemas sin resolver en física y nuevos descubrimientos podrían revelar aspectos que hasta ahora se desconocen; se han propuesto interpretaciones alternativas a la interpretación de Copenhague; Hugg Everett propuso considerar la función de onda como algo real, y no solo como un artificio de cálculo; de acuerdo con esto todas las posibilidades para un sistema, contenidas en la función de onda, se realizan; cuando se hace un experimento el observador debe ser incluido en la función de onda como parte del sistema, y por tanto también se encuentra en un estado de superposición; cuando se hace una medición u observación, por ejemplo en el experimento de la doble rendija fotón a fotón, cada "fotón" efectivamente interfiere consigo mismo; está en un estado de superposición en el que está a la vez en todos los lugares y estados de su función de onda; pero también todos los elementos del dispositivo, la pantalla detectora y el observador están en un estado de superposición que contiene todas las posibilidades, y todas se realizan: hay un observador que detecta un fotón en un punto de la pantalla, y otros que lo detectan en otros puntos; todos los estados en los que podría encontrarse un observador coexisten, como si fueran observadores que perciben cosas distintas en "universos" ligeramente distintos, pero por definición, cada observador solo es consciente de sí mismo y de su montaje experimental, sus resultados, sus percepciones y su universo; es como si cada uno estuviese en una frecuencia distinta, como cuando las ondas de diferente frecuencia de telecomunicaciones pueden coexistir sin apenas afectarse unas a otras; solo en situaciones muy particulares, como en los experimentos prístinos de laboratorio se perciben fenómenos de interferencia entre universos; es la teoría de los universos paralelos de la mecánica cuántica; de acuerdo con ella, en el experimento del gato de Schrödinger, o en cualquier otro, el universo se ramifica; en una de las ramas el gato está vivo y en otra está muerto. Por extravagante que parezca muchos piensan que esta interpretación permite comprender los fenómenos cuánticos mejor que cuando se miran bajo el prisma de la interpretación de Copenhague. Además , cuando se siguen estudiando las consecuencias de tomarla en serio, va emergiendo una comprensión mayor; si seguimos adelante, en un sistema macroscópico hay que tener en cuenta también su interacción con el entorno; por ejemplo, cada uno de nosotros no existe como una entidad aislada; estamos rodeados de otros seres y otras cosas e inmersos en un entorno o ambiente de miles de millones de moléculas; para hallar la función de onda de ese gran sistema, con nosotros incluidos, hay que sumar una cantidad inmensa de ondas que se afectan unas a otras; el resultado es que, si antes de hacer la suma hubiera en alguna parte ondas coherentes, con un orden muy particular, manteniéndose en fase, su interacción con el entorno hará que pierdan la coherencia; se harán decoherentes y no mostrarán indicios de interferencia como los que se ven en el experimento de la doble rendija; eso explicaría que en nuestro mundo cotidiano no veamos fenómenos de interferencia cuántica, y se comporte en general en acuerdo con la física clásica; la decoherencia podría aportar aclaración adicional sobre por qué los universos paralelos no se perciben unos a otros: si en una situación o experimento determinado tenemos una superposición de estados descrita por una sola función de onda, cuando incluimos la interacción con el entorno, debido a que en general los entornos (o sus partes) serán distintos, y también los diversos estados que forman la superposición son ligeramente distintos, el resultado de la interacción serán dos (o más) funciones de onda diferentes; así, se considera que la decoherencia, aunque no elimina los universos paralelos, los separa de tal modo que no se perciben entre sí; también se está considerando que la decoherencia deshaga, por decirlo así, la configuración de muchos sistemas, y solo permita que sobrevivan aquellos que tengan un buen encaje entre sus diferentes partes y con sus entornos; esta idea se conoce como darwinismo cuántico, y su principal proponente, Wojciech Zurek, ha sugerido vagamente que tal vez guarde relación con el darwinismo biológico (quizá sea la raíz del encaje correcto de los seres vivos con su entorno, y el encaje correcto empiece a nivel cuántico); si estas ideas fueran ciertas tal vez se explicarían muchas cosas: Julian Barbour cuando considera las moléculas complejas y su correcta ordenación, indica que la teoría cuántica tiene el potencial de explicar su existencia, pues esas configuraciones están ya ahí de antemano, en la gran superposición de todas las posibilidades; si unimos esto con los estudios de Zurek, se eliminan la mayor parte de las posibles configuraciones por no encajar bien entre sí, ni en ningún entorno, y sobreviven solo los sistemas de encaje correcto; se eliminarían los universos paralelos salvo uno tal vez, pero seguirían existiendo a niveles microscópicos explicando así los fenómenos cuánticos; creo que alguien ha dicho que esto satisfaría tanto a Bohr como a Einstein (¿y a Everett?).

Parecería que el "darwinismo cuántico" de Zurek, va un paso más allá de la decoherencia, ya que podría explicar, no solo que una superposición de estados cuánticos se haga tan distinta al interaccionar los estados con entornos diferentes, de modo que se produzca un "colapso aparente", sino que de hecho podría ser un proceso físico que conduce a un colapso real de la función de onda a un solo estado, sobreviviendo solo los estados cuánticos que tienen un encaje idóneo con el ambiente con el que interactúan, y esto podría explicar muchas cosas o prácticamente todo, resolver el problema de la medida en teoría cuántica, el problema del origen de la información del ADN y de todo el aparato celular necesario simultáneamente para ser operativo: en la teoría cuántica todas las alternativas posibles están ya ahí presentes, incluidas todas las ordenaciones posibles de bases en el ADN, y de aminoácidos en las proteínas etc., pero solo sobreviven las que tienen un encaje idóneo para que no se autoliquiden por no ser funcionales u operativas, un encaje idóneo que tiene que existir con su entorno, de hecho con todo el Universo, formando una unidad holística donde toda pieza tiene que encajar.

## CONCLUSIÓN

Hemos considerado los descubrimientos más fundamentales que se estudian en las carreras de ciencias. Hay todavía muchos enigmas esperando a ser desvelados, pero el conocimiento de nuestro mundo ha crecido exponencialmente desde la época de Newton, y en el siglo XX, la relatividad y la teoría cuántica, transformaron de manera sorprendente nuestra concepción de la realidad.

Los conocimientos adquiridos han hecho posible el desarrollo tecnológico actual, y mucha de esa tecnología amplía las posibilidades de investigación en campos tan importantes como la medicina, la biología molecular y la neurociencia.

Será interesante ver que se descubrirá en el futuro. !Hasta ahora, el estudio del mundo natural no ha dejado de sorprendernos!.

### El Palacio de escarcha

El secreto del Universo, el misterio de la existencia, el enigma de cómo se origina lo que llamamos "la realidad", ha intrigado a los seres humanos desde la antigüedad; los descubrimientos científicos han contestado muchas preguntas y han iluminado muchas cuestiones, pero la imagen que emerge a partir de tales descubrimientos es sumamente extraña y sorprendente; la solidez de la materia, tal como la experimentamos por medio de nuestros sentidos y la interpretación que hace el cerebro de la información que le llega de ellos, se desvanece cuando la examinamos de cerca, dejándonos solo con un conjunto de ideas y conceptos, y relaciones entre ellos, codificados en fórmulas matemáticas, y a partir de esas relaciones abstractas, se genera lo que experimentamos como materia; curiosamente las conclusiones a las que parece llevar la ciencia moderna sobre la naturaleza profunda de la realidad, se parecen mucho a las intuiciones a las que llegaron pensadores de hace siglos, lo que parece un indicio de una conexión íntima entre la mente humana y el mundo en que vivimos. El Universo material contiene estructuras de gran belleza y complejidad; aquí mismo, en la Tierra, hay paisajes impresionantes, adornados con una rica variedad de formas de vida vegetal y animal; es como un magnífico palacio de mármol; pero al examinarlo de cerca resulta ser un delicado palacio de escarcha, una especie de construcción mental, cuyos constituyentes se desvanecen si intentamos examinarlos muy de cerca, como si se escondiesen de nosotros a fin de guardar celosamente, como si se tratara del tesoro más valioso, el mayor de todos los secretos: el origen de "la realidad"; sin embargo "el palacio de escarcha", contrariamente a lo que parece sugerir la metáfora, es más sólido que "el palacio de mármol", porque la materia está en continuo cambio y es perecedera, pero las ideas que subyacen a ella y al parecer le dan origen, esas ideas y relaciones que codificamos en fórmulas matemáticas, permanecen y mantienen su validez siempre; las ideas son eternas.

# OTROS LIBROS DE JUAN VILLALBA DISPONIBLES EN AMAZON

## EL COLECCIONISTA DE INSTANTES: Miguel y "la construcción del tiempo"

(Un cuento corto de ciencia ficción que ilustra la manera en que el "tiempo" emerge a partir de algo "intemporal", y el papel que desempeña el cerebro en nuestra concepción de la realidad, así como el hecho de que los "viajes en el tiempo", los "universos paralelos" y "la vida en una realidad simulada", podrían estar relacionados; inspirado en los descubrimientos científicos en física, informática y neurociencia)

# ATLÁNTIDA ¿de sueño a pesadilla?

## (Reflexiones sobre el "progreso" y las "civilizaciones avanzadas")

### LA "ATLÁNTIDA" DE PLATÓN: ¿MITO O REALIDAD?

### LA SOCIEDAD HUMANA ACTUAL

### EL "LADO OSCURO" Y UNA REFLEXIÓN FINAL

#### Los hombres que estudiaban las estrellas

#### Las desigualdades de nuestra "civilización avanzada"

#### El agotamiento de los recursos del planeta

(Se considera  el origen del relato de Platón sobre la "Atlántida", el impacto que dicho relato tuvo en  algunos pensadores a lo largo de la historia, los acontecimientos históricos reales que llevaron al desarrollo de armas nucleares, la situación general de la sociedad humana actual, y las lecciones que, según algunos filósofos, deberíamos extraer del relato de Platón)

(El comienzo de lo que se llamó "La revolución científica" hizo pensar a muchos de los que vivían entonces, que la ciencia nos permitiría alcanzar la Utopía, o el esplendor de la Atlántida, que nos acercaría a ese "sueño", que al parecer la humanidad viene anhelando desde la antigüedad, pero la historia más reciente y la situación actual, parecen indicar por el contrario que el "sueño" se está convirtiendo en una "pesadilla".

Quizá todavía estemos a tiempo de invertir el rumbo. Los adelantos científicos y tecnológicos pueden hacer mucho bien, pero como hemos visto también pueden causar mucho daño.

Aunque no todo está en nuestras manos, que sea lo uno o lo otro sí depende en buena medida de la elección que nosotros hagamos, del uso que demos al conocimiento obtenido; las lecciones de la historia reciente muestran claramente que el don de un conocimiento aumentado solo nos hará bien si su uso está gobernado por elevadas normas morales; si no es así se ha demostrado que solo nos hará daño.

Hagamos todo lo posible porque la "pesadilla", se vuelva a convertir en "sueño".)


## LA REALIDAD INTRIGANTE: ¿QUIEN MUEVE LOS HILOS?


## MARIPOSAS, PÁJAROS DE LUZ, PECES DE FUEGO


## ÍNDICE

**CONTRADICTORIA, EXTRAÑA VIDA, QUE CONFUNDES, DAÑAS Y CASTIGAS, Y CUANDO QUIERES FASCINAS**

**TE BAJARÉ LAS ESTRELLAS**

(Para decirte hoy lo que te quiero…)

**CABALLOS BLANCOS EN LOS PATIOS DEL PALACIO DE LA NOCHE**